人間有知音

金耀基師友書信集

金耀基　著

中華書局

目錄

緣
起

八十歲之後，我沒有計劃寫回憶錄，卻有了編印師友書信的念頭。進入八十，雖仍無韓文公（愈）未到四十，「而視茫茫，而髮蒼蒼，而齒牙動搖」的老態，我知道，今日香港男士的生命預期已過了八十之歲，但到了八十，畢竟是進入老之「已至」之境了。進入老境，最顯著的徵象之一便是常會回憶往事，念想舊日的師友。

年來閒時，我會不經意去翻看往時師友給我的書信，有時因找不到一些心中曾有的手札，感到憮然有失。一年來，我幾次在大學的研究室、家中的書房，翻箱倒篋，真是「上窮碧落下黃泉，動手動腳找東西」，找到了可能找得到的百多封書信，但有幾位師輩的手札是找不到了，業師路逾（紀弦）及林語堂、徐復觀、殷海光諸先生的信定是在多次搬遷中散失了，當然我是有憾恨的。

我出生（一九三五）於中國大陸，讀書並短期工作於台灣（一九四九─一九六七，其間二度赴美留學），工作卅四年並退休於香港（一九七〇自美到港迄今）。此集所收的書信（只限中文手書）均來自兩岸三地結交的師友。我有緣結識的師友大致屬於三類：一類是我讀書求學結識的師友，一類是工作中結識的師友，一類是因我的書寫（學術、事〔政〕論、散文與書法）而結識的「同聲相應」的師友。

＊　　　＊　　　＊

本集所收的雪泥鴻爪，皆來自我長輩、同輩的師友，唯一例外是我先嚴**瑞林**（春山）先生（圖1）的家書，其實，父親也是我書法的啟蒙師。先嚴之於我，亦父亦師，不止教我寫字，更教我做人。父親幼受儒

圖1
金耀基父親金瑞林先生照片

學薰陶，有文才，鄉里稱美，雖窮困而不肯自棄，寡母賢德有識，忍心變賣祖田，助他走出天台縣嶺跟山區。父親攻讀法律、有意仕途，年輕時曾任東陽、海鹽縣長，當時縣長幾乎是集立法、行政、司法於一身，他以「父母官」自許，愛民如子，清正自守，政聲遠播。東陽縣長離任時，上千縣民夾道相送不捨，故後來有回任東陽之美事。抗戰勝利，以才能與清譽受宣鐵吾先生之邀請，出任上海警察局秘書長，當時官場有「五子登科」之說，但父親除房子、車子是公家提供之外，兩袖清風，連司機老劉因父親不肯應酬，無外快可收，度日拮据，不半年便哭求離調。父親一生信仰孫中山的三民主義，國民黨第一次行憲，召開國民大會，他決心返鄉競選國大代表，與他競逐的是天台縣國民黨委主任，其間波浪曲折，遠非他始料

所及，終因鄉民奔走相助，連老太婆都不懼山區跋涉之苦，投了父親一票。老太婆未必知道什麼是民主，她只知道父親是清官、好人。父親勝選後，還曾有過幾被取消當選人資格的鬧劇，父親對國民黨自然有他的感受，但

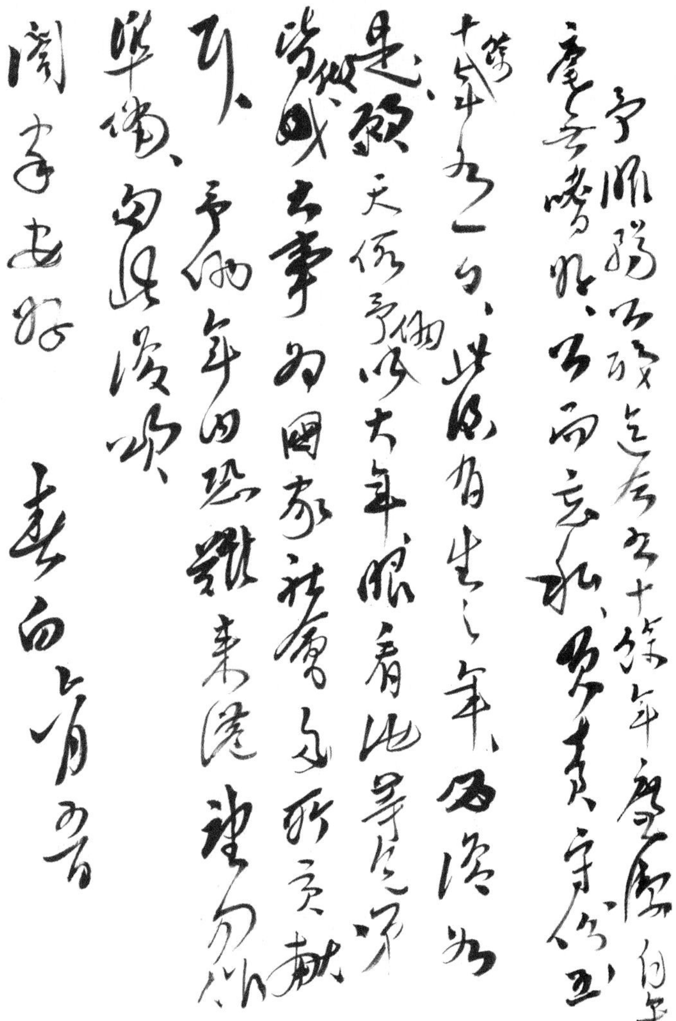

圖2

金瑞林信

一九四九年他還是隨國府遷居台灣，以後一直在台灣司法院任參事。安貧樂道，無怨無悔。父親一生最大遺恨是沒有再回到故國家園，這裏刊印的父親家書（圖2），正值文革浩劫時期，他的憂國思鄉的心情，躍然紙上。

　　在摩挲亡父手澤時，驚覺此集中的師友，半已不在人間（王雲五、錢穆、梁漱溟、朱光潛、費孝通、楊慶堃、浦薛鳳、鄒文海、陶百川、李卓敏、李國鼎、殷海光、楊聯陞、余紀忠、柳存仁、張佛千、牟潤孫、嚴耕望、鍾期榮、吉川幸次郎、小川澤樹、李亦園、朱堅章、劉述先、劉佑知、逯耀東、孫國棟、徐有守、包遵信、李洪林、湯一介、羅孚、江兆申）；半年來，兩位多年香港中文大學同事，桂冠詩翁余光中大兄與國學大師饒宗頤亦相繼謝世，魂歸天府，真不能無弘一大師所云「天之涯，海之角，知交半零落」的感慨，更猛覺「此身雖在堪驚」。我暗暗告訴自己，老矣！我必須儘早把這些師友書信編印出來，如果任其流失、湮滅，則豈止憾惜，直是罪過。

　　香港中華書局總編輯趙東曉博士得知我有編印師友書信集的念頭，當即表示願意全力配合。東曉是讀歷史的，又有編輯的專業修養與眼光，能得到他的鼎力幫助，何其幸哉！本集的編輯式樣便是東曉兄的構思。

讀書求學中的師友

翻開師友的信札，不期然會把我帶回到二十年、三十年、四十年，甚至半個世紀前的歲月，我的生命旅程在這些書札中隱約地一幕幕映現眼前。我此生是十分幸運的，我的師友中真有不少位是時代中有聲有光之人，在學術、文化、藝術、教育、經濟等領域，在在成就卓越，名重當代，足以傳世。收在這裏的手書，都是他們偶然留印在世間的雪泥鴻爪。

我於一九四九年隨父母從上海到台灣，時年十四，我的教育從成功中學到台灣大學到政治大學政治研究所，我一生結交的多位師友都與這三間學校有關。政研所畢業後曾到美國進修一年，回台後在政大與台灣商務印書館工作近三年。一九六七年再度赴美留學，學成後應聘到香港中文大學，就再未在台灣生活了。在台灣我生活了十八年，我的第一本學術著作《從傳統到現代》是一九六六年在台灣出版的，我父母都埋骨於台灣的青山，台灣是我第二故鄉。披覽台灣師友的信札，令我懷念不已的是我在政研所的浦薛鳳、鄒文海和王雲五三位老師。

浦薛鳳（逖生）師（圖 3）是政研所所長，他早年曾執教於北京的清華大學，其所著《西洋政治思潮》與蕭公權的《中國政治思想史》，可謂

圖 3

浦薛鳳照（一九八三年）

中西政治思想史的雙璧。逖師生性嚴肅，在教室中不苟言笑，但在他府上師生餐聚時，因有浦師母陸佩玉在旁，逖師就不覺笑容滿面，不時有歡愉的笑聲。七十年代，逖師在美橋港講學，我與胡述兆、張家洋、孟德聲幾位同學去橋港拜望，逖師適他往，未得一晤，後接逖師信，深以異鄉不遇為憾（圖4）。

其後，我曾在美國劍橋拜候逖師，逖師興致很高，要帶我去看他早年清華的一位傑出學生，也即是哈佛的漢學鉅子楊聯陞教授，這是我第一

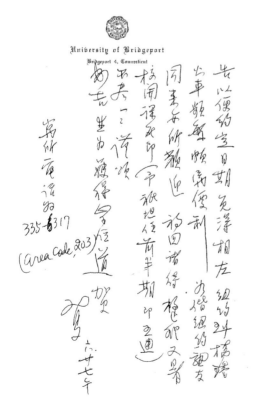
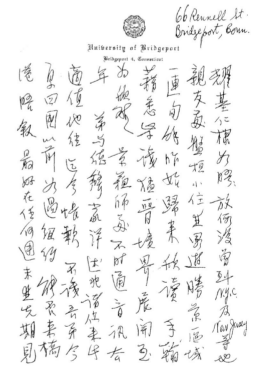

圖4

浦薛鳳信（第一封）

次，也是唯一一次見到聯陞先生。以後我與聯陞先生有數度往返通信，但未再有面對面之緣了。浦師在劍橋一面後，也從此天各一方，再無歡聚之日，其間，因得知遜師心愛的師母去世的消息（圖5），我曾寫了〈指南山麓的那段日子：懷遜師，憶師母〉一文誌念（現收入拙著《有緣有幸同斯世》文集中）。

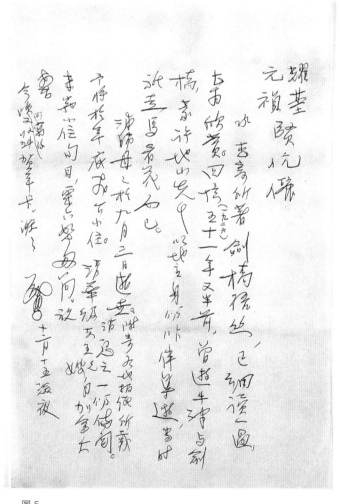

圖5

浦薛鳳信（第二封）

鄒文海（景蘇）師是一位純粹的學者，早年在英國政治經濟學院深造，親炙過當時世界著名的拉斯基教授，景蘇師的著作不算特多，但他的《代議政治》一書，文字優美，說理通透，實乃經典之作，論英國民主政治之書多矣，但無論中文、英文，罕見其匹。景蘇師和靄可親，一派天然，是師生間最「無隔」感的，他給我的信（圖 6），我深感師輩之情。景師去世時，我在美國，連夜含淚寫了〈天涯點滴悼景師〉一文，寄給陪侍在側最得景師真傳的朱堅章學兄。

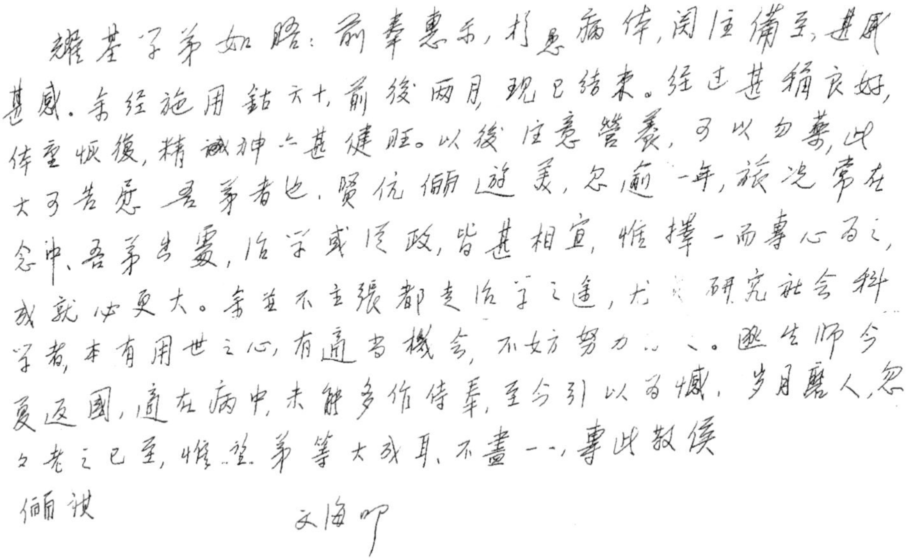
耀基学弟如晤：前奉惠示，猥恩病体，关注备至，甚感甚感。余经施用鈷六十，前後两月，现已结束。经过甚称良好，体重恢復，精神亦甚健旺。以後注意营養，可以勿药，此大可告慰吾弟者也。贤伉俪遊美，忽逾一年，旅况常在念中。吾弟出处，治学或从政，皆甚相宜，惟择一而專心为之，成就必更大。余並不主張都走治学之途，尤其研究社会科学者，本有用世之心，有適当機会，不妨努力为之。幽生师今夏返國，適在病中，未能多作侍奉，至今引以为憾。岁月磨人，忽忽老之已至，惟望弟等大成耳。不盡一一，專此敬候
俪祉
文海叩

圖 6
鄒文海信

　　王雲五（岫廬）老師在所裏開設《中國政治典籍》，他的大名自小就已聽聞，也讀過不少印有發行人王雲五三字的商務印書館出版的書，上他第一堂課，但覺他鬚髮皆白，而精神沛然，猶如仙界中人（圖7、8）。雲師講課，於平易中見深沉，博知多識，不作第二人想。他一生多采多姿，但他的志業所在是商務印書館，雲師早年入主商務，是他的著名學生胡適舉薦他以自代的。我有幸得雲師為我碩士論文的指導教授（論文後以《中國民本思想史》問世），亦從此結下終身不渝的師生情誼。

　　當他退出政壇，回到不忘初心的台灣商務印書館時，我第一次留美返台，執教於政大，雲師即召我到商務兼職，他自任總編輯，委我以副總編輯重任，並實際主持《出版月刊》編務，之後，雲師要我肩負《東方雜誌》之復刊之責。為了確保《東方雜誌》每期可有兩三篇言之有物的高水準文章，曾以雲師與我並列之名義，函邀四九年後在歐美大學已取得正教授身

圖7

王雲五照

圖 8

後排左起：王壽南、胡述兆、徐有守、曹伯一
前排左二起：金耀基、王雲五、陳寬強、陳水逢

份的中國學者賜稿，只期望他們每年抽時間供稿（中文）一篇。十分有幸，我收到的文稿及承諾的賜稿，已可確保《東方雜誌》兩年內文稿無虞。

《東方雜誌》復刊後一年，我在商務工作已三年，我第二度考取一個全額攻讀博士的美國國會獎學金，上年度考取一次，因雲師不贊同而放棄，但這次是美國在台所設獎學金最後一年，我去意已決，因我是絕無能力自費留美的，且我已逾而立之年。我不願當雲師之面請辭，寫了一封長信陳說我再度留美的原由。我信中說，我不能像雲師一樣，胸有萬卷，吐絲不絕，而只能學蜜蜂釀蜜，增加自己的學養（此信後來被收入《王雲五先生年譜》中）。雲師讀我信後，畢竟是諒解的，也賀我去美，只望我學成再有回館服務之日。一九七〇年我在匹茲堡取得博士學位後，受香港中文大學新亞書院之聘去了香港，雲師是不無希望落空之感的（圖 9），但他還是為我能在中大做我所喜的教研而感欣慰的，最令我驚訝的是，

一九七五年我因在中大取得一年的長假，並得李維厚基金會（Leverhulme）之資助，到英國劍橋大學訪學，雲師的來信（圖 10）上說：

　　耀基同學：奉讀四月四日來書，無任雀躍，猶憶十餘年前同游政研所，即已逆料蛟龍非池中物，及弟由港中大資送劍橋研究，更斷言終有一日，弟必擢任港中大甚至港大校長（名義上為副校長，英制如是），今僅初試其端耳。此不只為政大同學慶，雲五亦與有榮焉。謹賀！謹賀！

　　本年賤辰，弟有遠來道賀之意，此則萬不敢當，國事多艱，衰老無力挽救於萬一，更何忍言壽。至厚貺更不敢承，大作劍橋語絲承加入岫廬文庫已深感榮幸。此間諸同學知交厚愛有加，皆經固拒，獨以著作加榮，且可為商務張羅佳作，則樂為接受，惟以須按物出版通例，訂約受酬，則雲於公私兩當，同深感紐也。雲近以衰憊，艱於寫作，獨於春節前夕以二小時起草，致卡特（注：美總統）一公開信，另以五小時自譯為英文（英文久不寫作，荒張遲緩），現已印成當另寄奉一冊，又以病中消遣，將生平所為少時集刊記事詩一冊，連同所集岫廬已故知交百家手札自行付印，分贈知交，承教，後者不乏史料，想為弟所喜閱也，匆匆不盡欲言。順
頌
潭福

　　　　　　　　　　　　　　　　　　王雲五

　　　　　　　　　　　　　　　　　　四月十日

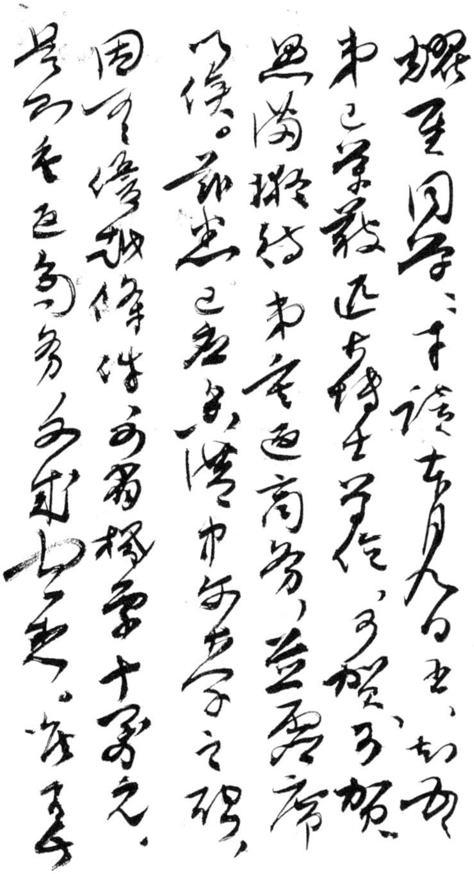

圖9

王雲五信（第一封）

釋文：

　　耀基同學：奉讀本月九日函，知吾弟已榮獲匹大博士學位，可賀可賀！愚滿擬待弟重返商務，並虛席以俟。慈悉已應香港中文大學之聘，因有優越條件，可省機票十萬元，是則重返商務，又成空想。惟如此特殊條件，愚亦深為諒解，台港非遙，聚首機會仍多，深望數年以後仍能共事也。東方（雜誌）近年由曹伯一主編，渠現得士丹佛研究所之聘，出國一年，不得已辭職，自二月起改聘阮毅成兄繼任，頃正改辦主編登記。因弟迭次堅辭，此後在事實上，亦難返台，祗得尊重弟意，一併解除，並祈鑒察，愚鑒於來日無多，故勤於寫作，政治思想史之後，繼以教育思想史，已出一冊，第二冊不久亦可發排。此書預計可達六冊，較政治思想史略減。此後仍能健在，執筆如故，尚擬從事經濟與法律之嘗試，藉此多讀古書，想弟亦以為然也。

　　匆匆即順

澤祉

　　　　　　　　雲五

　　　　　　　　五月一日

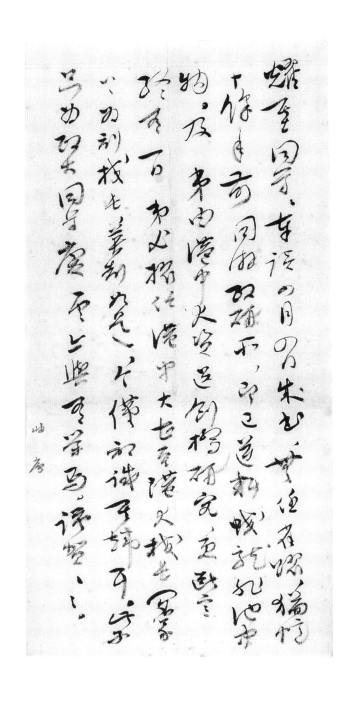

圖 10

王雲五信（第二封）（頁一）

圖10

王雲五信（第一封）（頁二）

圖 10

王雲五信（第二封）（頁三）

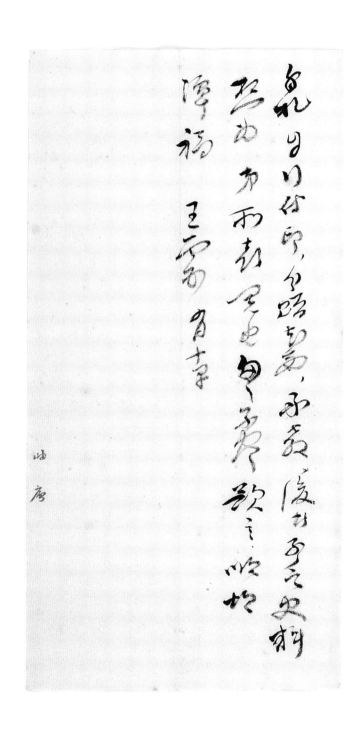

圖10

王雲五信（第一封）（頁四）

當年我讀此信時，只覺得雲師是對我獎掖逾恆，並不在意，四十年後再讀此函，便覺得真有些匪夷所思。我二○○二年出任中大校長，是在一非常情況下的決定，非我之初衷，我當年之應聘到中大，實因我喜歡做的是教書與著述，即使七十年代擔任新亞院長及八九十年代擔任大學副校長，都是兼任，我的本職仍是社會學系教授，在我服務中大三十四年裏，惟校長一職是全職的學術行政工作，對我而言，也決無餘力再做教研了。故我從來就沒有做校長的 aspiration。

後來有緣到了劍橋，便被劍橋的美吸引住了，我想起徐志摩，還看到未被志摩帶走的那一片雲彩，於是便一篇一篇寫起讚美劍橋的「語絲」來了，想不到雲五師在台灣的《中國時報》與《聯合報》上看到我的劍橋散文，歡喜讚賞之至，還以一個出版人的眼光表示，將來散文結集出書時，納為以雲師大號為名的《岫廬文庫》第一冊。雲師實是《劍橋語絲》的第一個知音。

一九七七年雲師九十歲，台灣商務印書館股東會為雲老鑄造了一個半身銅像，以示慶祝。像前方留有一空位，商務總經理張連生，遵雲師意，寫信到劍橋，請我以二百字左右寫雲老九十年的人生，並望我用毛筆書寫，以備鐫刻。我接信後，冥思苦索，用了好幾個長夜，數易其稿，最後以毛筆寫了二百零九個字的短文：

> 王雲五先生，號岫廬，公元一八八八年生。先生出身於平凡的學徒，自強不息，以牛馬駱駝之精神，苦鬥不懈，終成一代奇人。先生在學術文化政治教育上獨特之貢獻皆已化為時代共有的資產。惟千百年後，先生仍將被記得他是萬有

文庫的主編者；四角號碼檢字法的發明人；現代科學管理之先驅；雲五圖書館之締造人；商務印書館的偉大鬥士與化身。王雲五三個字已成為一空無依傍的人，憑一己之努力攀登社會巔峰的象徵。人生如壯遊，雲老九十年的壯遊，在歷史上已留下了無數的足印，但他還計劃着明日的旅程。

文章寄出後，即接到張連生電話說，雲老看了後很滿意，已經拿去鐫刻了。數日後，我收到了雲師的信（圖11）。

耀基同學：昨日由商務轉到手書，獲讀所為文，敬佩無量，以短短二百言，描述雲五九十年生涯，重要言行殆皆具備，至扼要而有力，堪稱能手，書法亦甚秀麗，是文可謂不朽之作，雲五得藉此而名垂不朽，幸何為之，勿復道謝，順頌

撰祺

王雲五

五月十六日

我多次展讀雲師書函，深佩他老人家八十之後，乃至九十之年，筆力依然健盛，他的草書流麗風動，極有筆墨趣致，甚可寶也。雲師於一九七九年八月十四日在台北長離人間，享年九十有二，我在香港悵望雲天，心送書翁歸返仙庭。雲師的墓誌銘是我恭撰的。

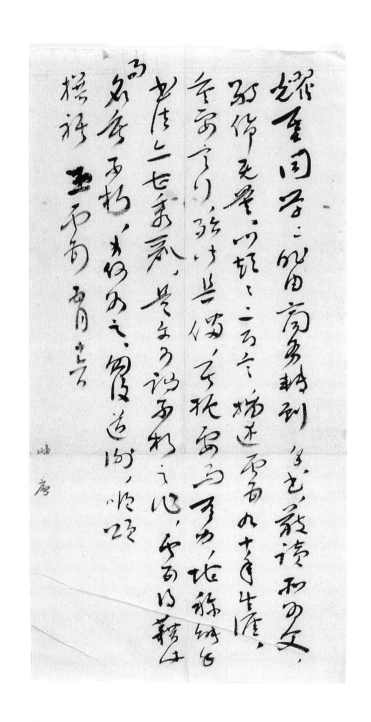

圖 11

王雲五信（第三封）

我在台灣讀書時間最長，台灣結交的友好，大都是成功中學、台灣大學及政大政研所的同學或學長。數十年來，分散於三地與海外，總是聚少離多，能終身友情不渝成為知交者，畢竟是太難有的緣份。所可欣慰者，此集所收書札的友輩，分別在自擇的事業上，都卓然有成，活出了人生、活出了精彩。

許倬雲先生（圖12）是我台大的學長，我們結識於六十年代中期，我們第一次見面好像是在雲五師的府上。那時他正是台灣學術界青年一代的領袖人物，而今則已是近九十的老師、宿學了。倬雲大兄的一生，可謂承受非常人所能承受的長期疾痛，完成非常人所能完成的非凡事業。

倬雲大兄以學術為終生之志業，著作等身，他歷史學專業是中國古代史，《西周史》、《漢代農業》、《中國古代社會史論》等書，深為中、

圖12
後排：李沛良、梁少光
前排：費孝通、許倬雲、金耀基
攝於香港中文大學祖堯堂

西史學界所重，二〇〇四年美國亞洲學會曾頒贈他傑出貢獻獎。古稀之年後，更連續出版《萬古江河》、《我者與他者》、《華夏論述》三書，風行海峽兩岸，是大歷史的書寫，也是中華文明史的新筆法，非胸中有古今，眼底有中西，不能有此本事！的然是中國歷史學大家。半個多世紀中，許先生教學研究之餘，不時有關乎時代、社會、人生的文章發表，無不風動一時，更且擔當起多項文教推展工作（如「蔣經國國際學術交流基金會」），精力之充沛，領導力之高卓，令人敬佩無已。他在匹茲堡大學

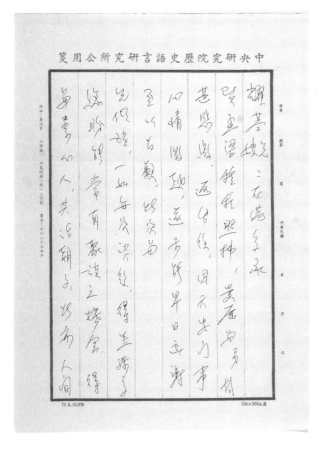

圖 13

許倬雲信（頁一）

退休之前之後，曾在美國、香港、台灣、大陸多間大學講學授課，春風化雨，育才無數，我有幸與他時有見面，他在中文大學擔任史學客席講座時，尤多晤聚（圖13）。二〇一四年他在做又一次大手術之前夕，又完成《現代文明的批判》一書，還邀我寫序，這也表誌了我們結交五十年的深摯友情。去年，倬雲大兄以八十七高齡再出版近三百頁的《中國人的精神生活》一書，這一方面可見他著書不輟，生命力之強盛；另一方面則可見許倬雲大兄於涵泳中西文化之後，似更認同於中國文化的精神價值了。

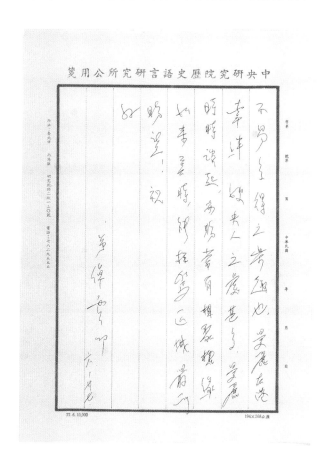

圖13

許倬雲信（頁二）

　　人類學者**李亦園**院士（圖 14），心理學者**楊國樞**院士和政治學者**胡佛**院士，與許倬雲大兄屬同齡代，他們在社會科學中國化上做了大量實證性研究，影響台灣不止一代的學術生態。我身在香港，因「同氣相求，同聲相應」，他們多次來信邀我參加各種學術活動（圖 15、16），共手推動中國現代社會科學的大業。八十年代，中國大陸改革開放後，他們更到大陸高等院校講學、授課，為因文化大革命停滯、停擺的學科重建，貢獻一己之力。

圖 14

坐者：李沛良（左一）、金耀基（左三）、李亦園（左四）、喬健（左五）

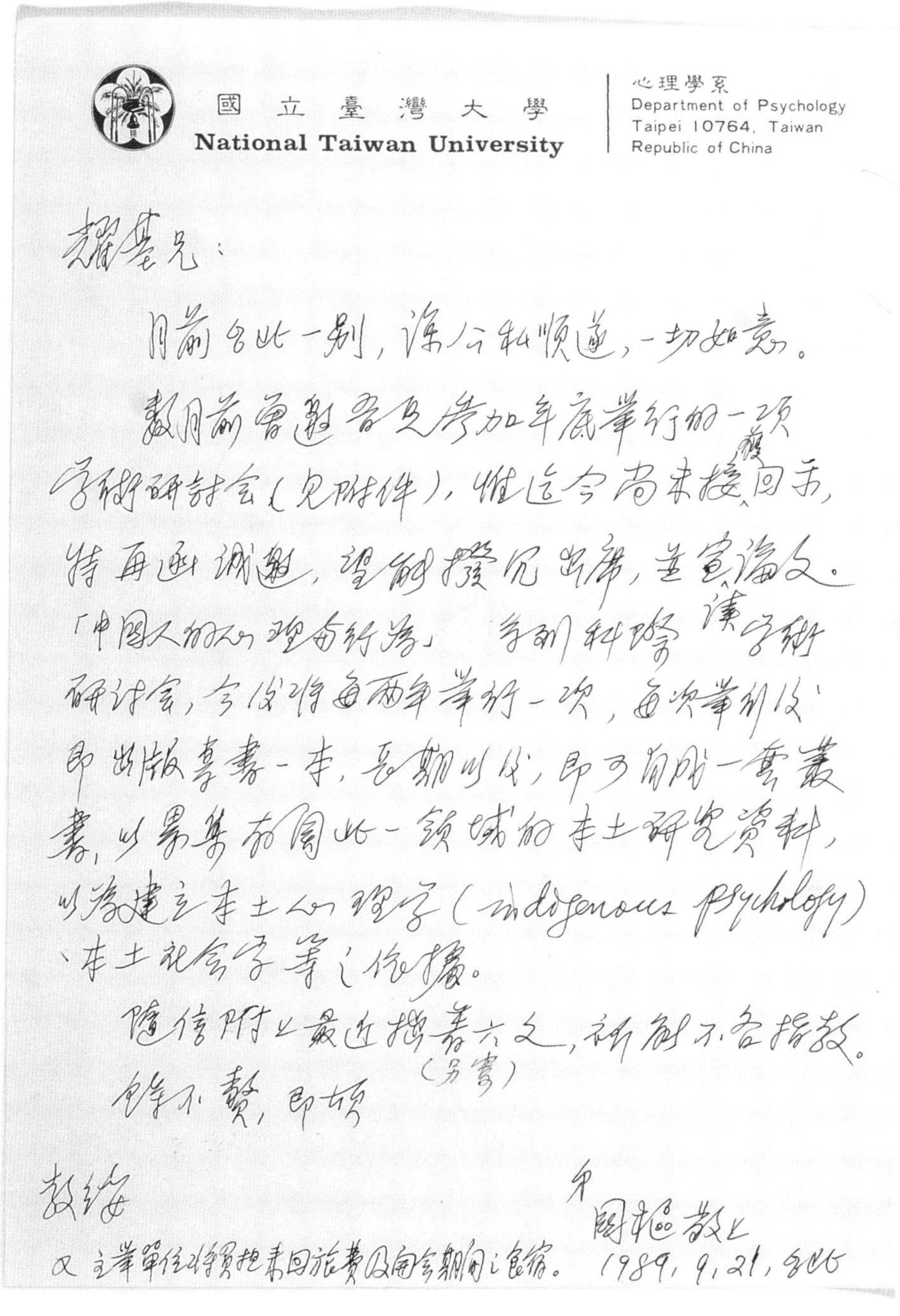

心理學系
Department of Psychology
Taipei 10764, Taiwan
Republic of China

國 立 臺 灣 大 學
National Taiwan University

耀基兄：

　　月前台北一別，諒公私順遂，一切如意。

　　數月前曾邀吾兄參加年底舉行的一項學術研討會（見附件），惟迄今尚未接回示，特再函誠邀，望能撥冗出席，並宣論文。「中國人的心理與行為」系列科際讀學術研討會，今後擬每兩年舉行一次，每次舉行後即出版專書一本，長期以往，即可有成一套叢書，以彙集有關此一領域的本土研究資料，以為建立本土心理學（indigenous psychology）、本土社會學等之依據。

　　隨信附上最近撰著六文，祈請不吝指教。（另寄）

　　餘不贅，即頌

　　教綏

　　　　　　　　　　　　　　　國樞敬上
　　　　　　　　　　　　　　　1989, 9, 21, 台北

又 主辦單位將負擔來回旅費及開會期間之食宿。

圖 15

楊國樞信

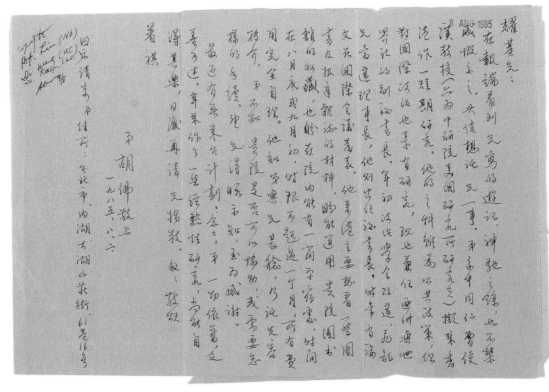

圖 16

胡佛信

　　去年（二〇一七）得悉李亦園大兄離世的消息時，自然地想起我們半個世紀的交往。在半個世紀中，亦園在台灣，我在香港，七八十年代初，台港兩地絕少學術交流，我與他在學術志趣上有不少交集，彼此心中可謂相知相重，他任台灣清華大學人文社會科學研究所所長時曾給我一信（圖17），邀我到清華講學，可憾因中大事忙，未能如願應約，實屬無可奈何之事。亦園兄主持中央研究院民族所時，我被聘為所外學術諮詢委員，回憶所及，我與中研院之結緣也是在那個時候，更記得一九九四年我當選為中研院院士，而提名我為院士候選人的正是李亦園與許倬雲、余英時幾位我素所敬重的學人。一九九二年，亦園大兄主持新成立的「蔣經國國

際學術交流基金會」，達二十年之久，我亦因此先後以諮議委員與董事身份參與基金會工作，與亦園共事多年。回想起來，我與亦園大兄結識五十年矣，我們相知相重，淡交如水的情誼是我平生所珍念難忘的。他大去後，中研院的友好門生為他辦了一個追思會，我寫了〈有幸與君同斯世〉一文與亦園大兄道別。人生一世，活在同世之人可說皆是有緣。與有的人同世是「有幸」；但與有的人同世則是「不幸」。亦園兄之於我，實屬有緣且有幸者。我把紀念亦園兄之文收入我的《有緣有幸同斯世》一書中。

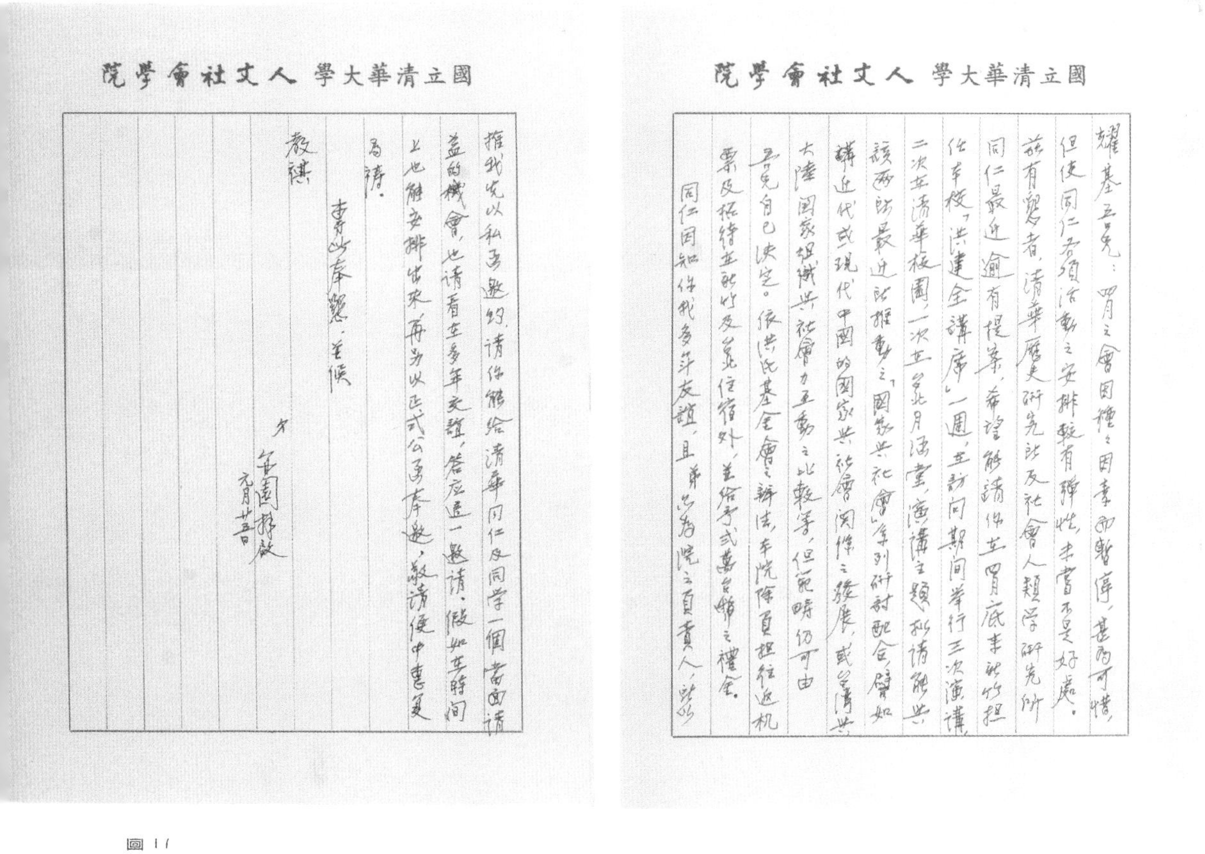

圖 17

李亦園信

　　此集中有張灝與林毓生兩位先生的手札。他兩位都是當年殷海光教授的學生中在美國卓然有立的名學者。張、林分別是美國俄愛荷大學與威斯康辛大學終身教授，也先後被選為中研院院士。

　　張灝先生治學深邃而多創見，面世著作多種，是第一流的重量級學者，他提出的「幽暗意識」最是卓識。張灝兄與我在台灣讀中學時曾有一年是同窗，他長年在美國，九十年代在香港科大擔任客座，我們才有了碰面機會（圖18）。張灝與乃師殷海光不盡相同，他對中國的文化傳統多

圖18

潘耀明、劉紹銘、胡菊人、張曉卿、高行健、金耀基、劉再復、張灝

同情與理解。他與他哈佛好友、漢學名家墨子刻十分契合。墨子刻是我認識的美國學者中，對中國文化、思想及當代中國發展問題都有深刻修為與識見者，在中國研究上是一獨立特行的豪傑之士。我與他在台灣初識時，便覺有許多共同語言。張灝給我的信中（圖 19），特別提到我們這位共同的朋友。墨子刻兄已多年未見了。他，常在我心。

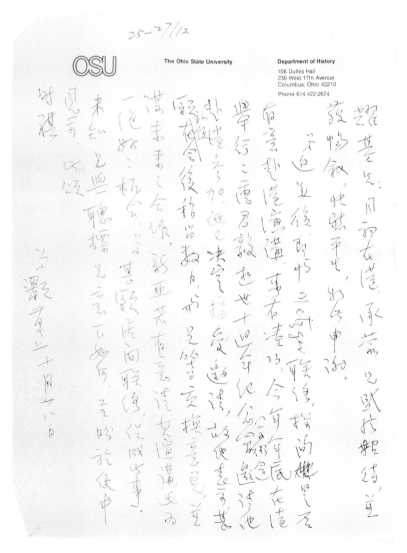

圖 19

張灝信

　　林毓生先生（圖20）的《中國意識的危機》是研究也是批判五四激進主義的思想模式形成與內容之書，深邃而有新思，享譽中外。毓生兄久居美國，我們鮮有交往，我也無法確記我們初識於何時，但毓生兄一直關心中國文化之發展，六七十年代我們都在台灣發表過不少文章，也因此彼此相知且間中互贈書文，他給我的信（圖21），當在我們都未入中研院之前，從此信可知他當年是深受殷海光先生魅力感染的。九十年代後，我們在中研院兩年一度的院士會議中總會碰頭，但我似乎從未向他說過我與殷先生晚年的一段交往。

圖20

陳方正、余英時、金耀基、林毓生

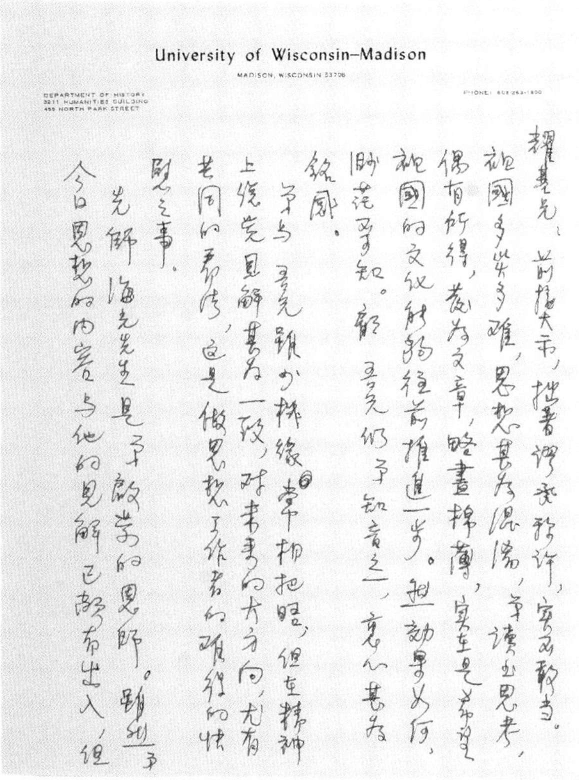
University of Wisconsin–Madison
MADISON, WISCONSIN 53706
DEPARTMENT OF HISTORY
3211 HUMANITIES BUILDING
455 NORTH PARK STREET
PHONE: 608-263-1800

耀基兄：

前接大示，拙著謬承稱許，實不敢當。祖國多災多難，思想甚為混亂，弟讀書思考，偶有所得，發為文章，略盡棉薄，實在是希望祖國的文化能夠往前推進一步。但效果如何，則非所知。能 兄視弟知音之一，衷心甚為銘感。

弟與 兄雖少機緣常相把晤，但在精神上總覺見解甚為一致，對未來的大方向，尤有共同的看法，這是做思想工作者的難得的快慰之事。

先師 海光先生是弟啟蒙的恩師。雖然弟今日思想的內容與他的見解已頗有出入，但

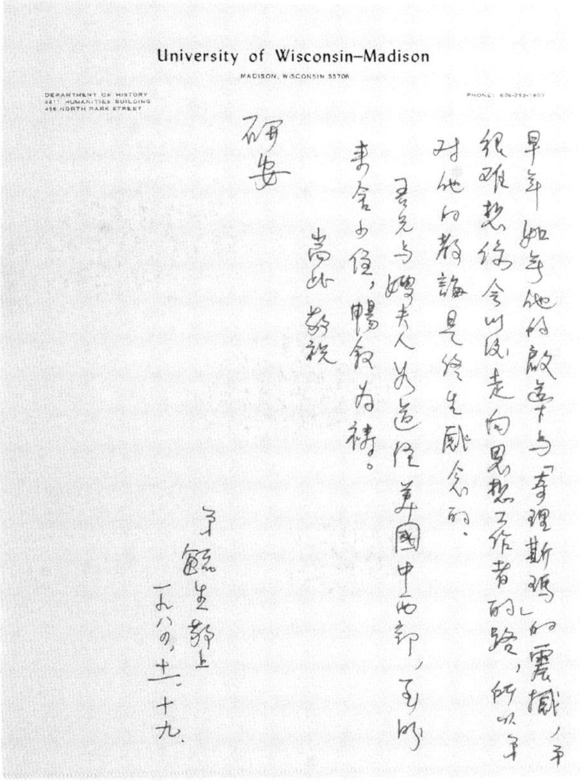
University of Wisconsin–Madison
MADISON, WISCONSIN 53706
DEPARTMENT OF HISTORY
3211 HUMANITIES BUILDING
455 NORTH PARK STREET
PHONE: 608-263-1800

早年如無他的啟蒙與「卡理斯瑪」的震撼，弟很難想像會以後走向思想工作者的路，所以弟對他的教誨是終生感念的。

兄與嫂夫人如赴美國中西部，至盼來舍小住，暢敘為禱。

端此 敬祝

研安

弟 毓生 敬上

一九八〇，十二，十九.

圖 21

林毓生信

　　在翻箱倒篋中見到沈君山教授的信是我意外的發現。**沈君山**先生是台灣的名士，當年他與連戰、陳履安、錢復有「四大公子」之稱。他是一位天才型的人物，物理學博士，卻又是世界橋牌頂級高手，他與鄧小平先生玩過橋牌。他不是政客，但曾與江澤民總書記暢談兩岸問題，還出過書。據說台灣以「中華台北」之名義參與奧運，就出自他的創思。沈君山先後擔任過清華大學理學院院長、大學校長（圖22），做得有聲有色，甚受師生之愛戴。天妒英才，一九九九年第一次中風後，便已從人們視線中隱出，迄今近二十年，他已是完全失去了意識了。沈君山是台灣學術界的一大痛。我與君山兄在台灣時並沒有往來，九十年代在香港，霍英東先生成立「霍英東獎金委員會」，委任當時香港科技大學校長吳家瑋為委員兼召集人，我與沈君山（還有幾位大陸名校校長）邀聘為委員，因此我與君山兄才在香港或南沙有定期的晤聚。我們每次都有愉快、認真的討論，記得會中無疑義地通過建議對錢學森、林懷民、余光中頒獎。我們對什麼

圖 22

沈君山照

是傑出，什麼是傑出人物很容易達到一致的看法。君山兄寄給我的信（圖23）或許就在九十年代那一段時間，說實話，他這封信，我沒有看得太明白，只覺得他是太高看我了。我今天心中的沈君山，是在上海新天地一個酒店門口，他與名揚奧運的「羚羊」紀政女士（他晚年的巾幗知己）一起向我揮手招呼的名士形象。

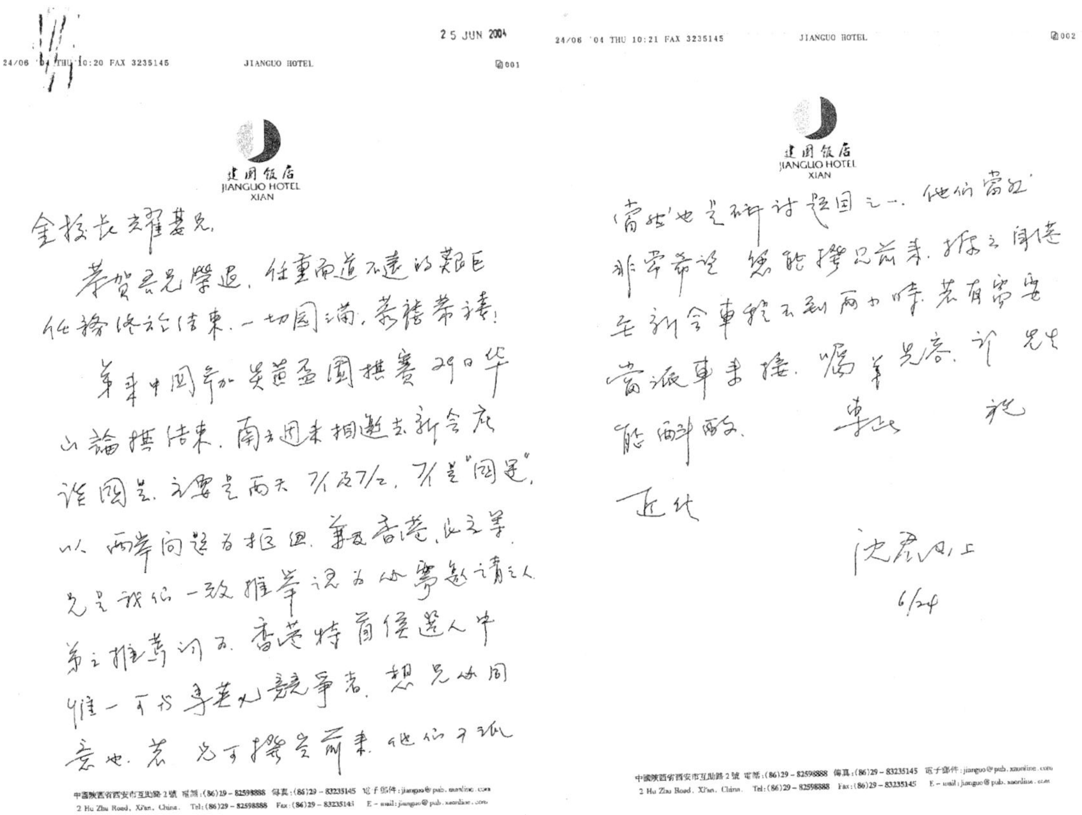

圖23

沈君山信

一　九六七年我第二度赴美留學。此後，再沒有回台灣長住了。但有幾位在青年結交的同學，他們或始終在台灣成家立業，或一度在美、港工作再返台展佈新猷的，他們都是我終身的朋友。

朱堅章先生是政大政研所的學長（圖24），他一生都奉獻給了台灣，他早年的碩士論文《歷代篡弒之研究》一書，是中國帝制政治研究中的一本傑作。堅章兄與鄒文海（景蘇）師最為投契，一度師生二人同授一課，鄒師過世後，他一個人補充完成了鄒師西洋政治思想未竟的遺篇，這是政大廣為流傳的佳話。堅章不止學問做得好，講課亦精彩，名播政大門外，他是學生心中的明星教授！堅章一生研究政治，但無意從政，只有在蔣經國晚年決心開展民主期間，曾例外地應邀在國民黨擔起改革工作，他給我的信（圖25、26）大約就寫在那個時期。堅章常以我不能留在台灣感到遺憾，但還是高興我在香港有我的事業。我與堅章相聚的時間不多，但他與我夫婦有深厚情誼。

圖24
站者：金耀基、胡述兆
坐者：王壽南、朱堅章、劉佑知

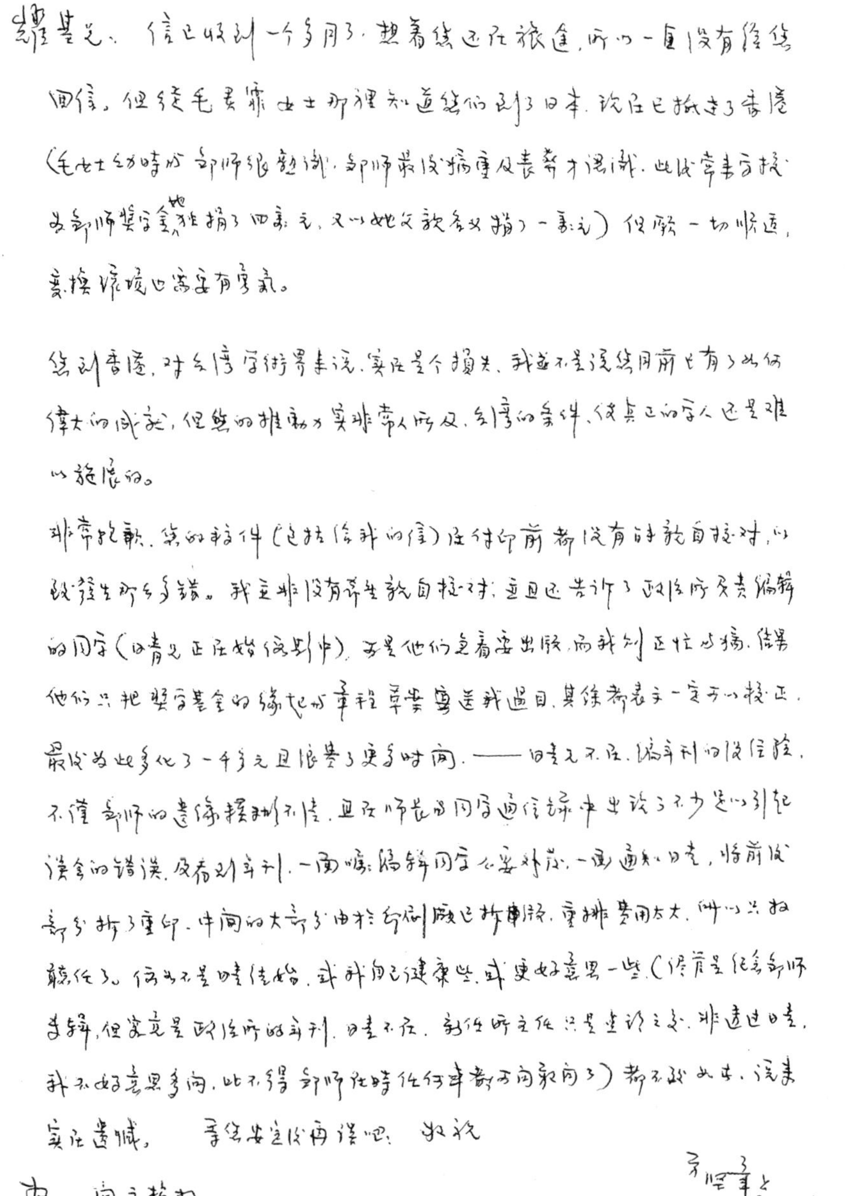

耀基兄：信已收到一个多月了，想着您还在旅途，所以一直没有给您回信。但从毛君霖女士那里知道您们到了日本，现在已搬去了香港（毛女士幼时就与邹师很熟识，邹师最后病重及丧葬才认识，此后常来学校为邹师奖学金（她）独捐了四万元，又以她父亲名义捐了一万元）但愿一切顺适，新换环境也满意有勇气。

您到香港，对台湾学术界来说，实在是个损失，我并不是说您因前已有了如何伟大的成就，但您的推动力实非常人所及，台湾的条件，使真正的学人还是难以施展的。

非常抱歉，您的稿件（包括给我的信）在付印前都没有时间亲自校对，以致发生许多错误。我并非没有希望亲自校对，並且还告诉了政治所负责编辑的同学（明是兄正在婚假期中），可是他们急着要出版，而我则正忙出稿，结果他们只把奖学基金的缘起与章程草案寄送我过目，其余都表示一定可以校正，最后为此多化了一千多元且很费了更多时间。——明是兄不在，编辑刊物没经验，不仅邹师的遗像模糊不清，且在师长与同学通信录中出现了不少足以引起误会的错误，及发现到刊，一面嘱编辑同学小心补救，一面通知明是，将前后部分折了重印，中间的大部分由於印刷厂已拆版，重排费用太大，所以只好认了。信中不是明是结婚，我们自己健康些，或更好意思一些（您看是纪念邹师专辑，但究竟是政治所的刊物，明是不在，新任所主任只是坐镇之意，非透过明是，我不好意思多问，也不得邹师在时任何事都可向我问了）都不能如此，说来实在遗憾。寄信安定后再谈吧。敬祝

好　问元桢好

弟坚章上
八月二十三日

圖 25

朱堅章信（第一封）

　　堅章兄在生命最後時刻，我與妻元禎適在台省親，外甥唐根深曾旁聽過堅章的課，心中多存敬念，他告知我們朱堅章的病情，並即駕車陪我們去台大醫院。堅章兄的至交陳寬強大律師早在床前侍候，寬強在他耳邊提聲說：「金耀基、陶元禎看你來了。」堅章在彌留之際，仍保有他那份清秀俊奇的氣格。堅章的離世，給我又一次感到人生中的無奈。

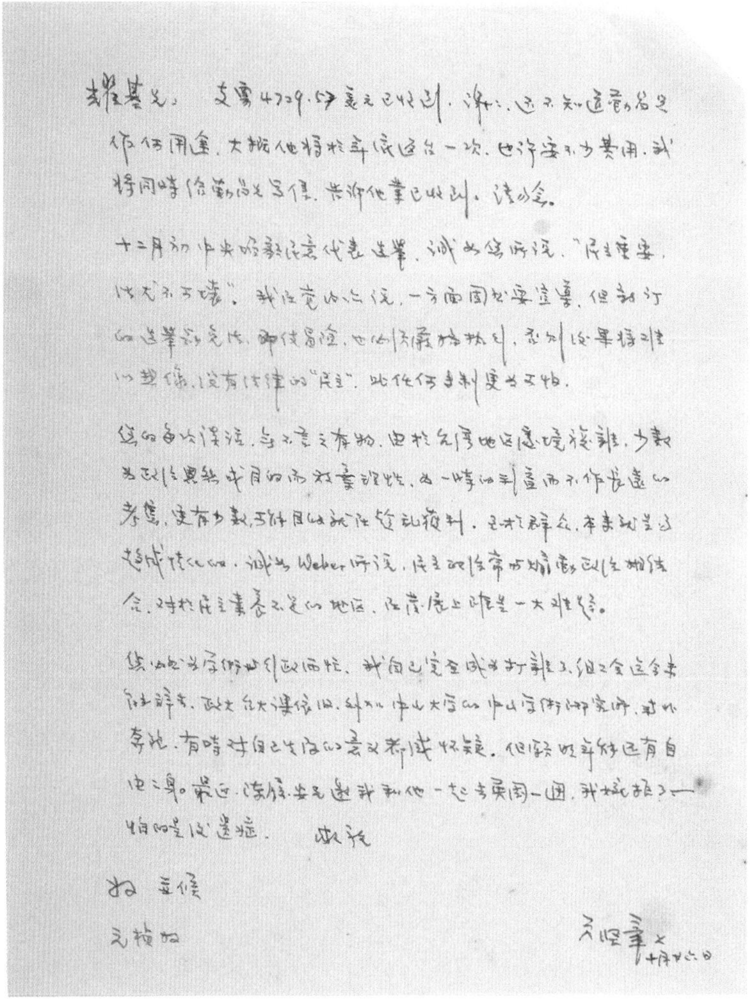

圖26

朱堅章信（第二封）

劉佑知先生（圖27）是我政研所同屆同學，他長我十歲，他在大陸讀大學時遇上國府敗走台灣之際，千迴百折，終於經香港來到台灣。政研所畢業後，佑知一度到加拿大多倫多大學修攻博士，因女友王瑋自美返台，受聘為台灣榮總醫院護理部主任，他也隨之回台，並先後執教於國防醫學院與輔仁大學，後來還擔任光武技術學院副校長。佑知老兄是個怪才，富幽默感，談笑間多雋語，中英文都十分了得，早於一九六一年，他曾遵王雲五師之囑，與郭為藩教授（後曾任台灣教育部長）共同主編一套以少年為對象的《全知少年文庫》，接續出版了一百八十冊，我因他之邀，一共寫了四本小書：《王陽明》、《俾斯麥》、《釋迦牟尼》與《歐洲文藝復興》。據告鄒文海師看了《王陽明》小冊，還頗多稱道呢！佑知對文字要求甚高，並有些「好為人師」的習慣，常把有的名人的文章，改得面目全非，但好像他沒有改過我的文稿。在他晚年帶病期間，曾主動表示要

圖32

站者：王壽南、劉佑知、朱堅章、金耀基、金文洛（金耀基長孫）、胡述兆

坐者：王瑋（劉妻）、陶元禎（金妻）、吳祖善（胡妻）

為我三本「語絲」散文集作一校勘，還說它們是會傳世的。他以一個老編輯的眼光，一字一句地看，結果竟只為我找出三五個手民之誤。佑知兩年前走了，不痛苦，走得很安詳。妻與我常會懷念我這位老同學，他曾參加我與元禎的婚禮，已是五十多年前的事了。佑知走時是已過了九十的生日的，佑知留給我的信不少（圖28），元禎也愛看，說佑知的字與文都是

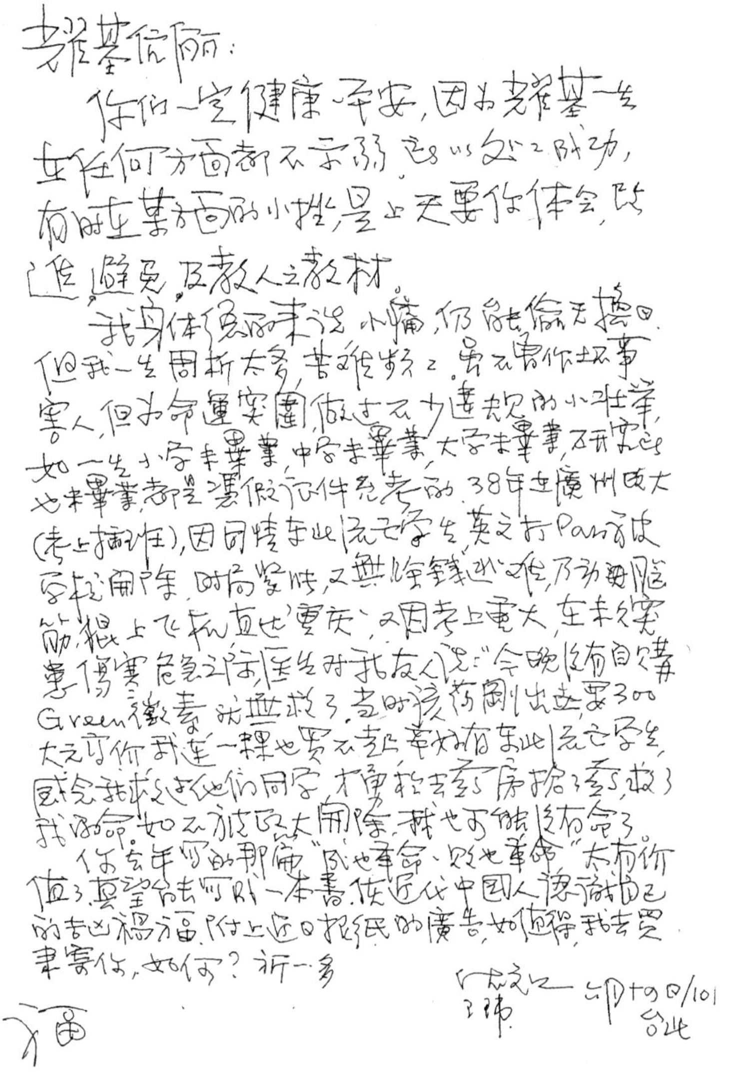

圖28

劉佑知信

最有個性的。我有時還會拿起他與 M. Bernard 合著的《細說英語粗話》來看，這是一本很顯佑知中英文功力的妙書。

最近與王瑋聚晤，八十五歲了，還很精神，風采依舊，二〇一七年，她獲得美國名校西北大學的榮譽博士學位，顯然王瑋在護理學上的工作是很傑出，佑知老友天上有知，應該會很高興，但不知他會說什麼妙語。

胡述兆教授是我名副其實的「老同學」，一九五四年我們同入台大法律學系，但同年不同班，一九五九年在政大政研所就成為同年又同班的同學了。相知相交，已是一個甲子。述兆老兄長我八歲，今年已是九一高齡，不稱「老同學」，得乎？述兆因在抗日期間，參加「十萬青年十萬軍」的壯舉，輟學多年。他在政研所由王雲五師指導取得碩士學位後，因成績優異，再隨雲五師攻讀博士學位，深得雲師之器重。因述兆的博士論文題目是〈美國參院官員任命同意權之研究〉，他決定赴美進修一年，主要是為了蒐集論文資料，但述兆去美之後，命運之神對他有了新的安排。述兆本來的專業是政治學，其《美國總統》一書，足顯他專業之修為。事實上，他到美不久，即取得哥倫比亞大學的政治學碩士學位，但他之後卻對圖書館學發生了興趣，我大膽推測，這是因為述兆多年追慕的吳祖善此時正在美修讀圖書館學，因他愛吳祖善也就愛上了祖善所愛的圖書館學，而最後述兆修成正果的就在圖書館學，他在佛羅里達大學取得的是圖書館資訊學的博士，他的博士論文是〈美國國會中文部之發展〉，一九七九年美國的Westview Press 以專書形式出版，甚受圖書界之推重。

　　述兆與祖善在賓州結婚後，同在美國大學工作，夫婦同唱並隨，好不樂哉，不覺在美二十二年。八十年代，述兆、祖善接受了台灣大學之聘，返台回母校工作，而此一決定開啟了述兆在圖書館資訊學上的大事業，述兆深信有一流的圖書館，才有一流的大學。在台大，述兆對圖書館資訊學之發展，專心投入，全力推展，他的《圖書資訊學導論》是圖書館學入門的必讀之書。他也是兩岸圖書館學博士生的首創者，他為兩岸培育了為數可觀的圖書館學的高端人才，這些博士生都已成為兩岸知名大學圖書業的領軍人物，香港城大原圖書館館長景祥祜博士稱胡述兆是「圖書館學之父」。去年數十位兩岸的圖書館館長、教授齊集台北，為述兆九十歲慶壽，場面熱鬧感人。我可以說，述兆與祖善在台灣才真正找到安身立命之所。二〇一六年，述兆老同學已是八十八之年，但眼不茫茫，齒不動搖，步履健穩，與祖善搬入長庚養生文化村，歡度晚年。養生村，山花遍野，鳥聲長年不絕，有城市之便，復有鄉村之趣，數里外有一流的長庚醫院，老人可無疾痛之憂。在述兆入養生村之前之後，有十幾位自海外歸來的文化人齊居在他半里方園內的村舍，真是談笑有鴻儒，往來無白丁。閒時還可有專房打麻雀、玩橋牌，也可以拉二胡、彈鋼琴，述兆與祖善的生活，悠哉游哉，自在又自得。無怪乎述兆常常詩興大發，從他的信中（圖29）就可以看到我這個老同學暮年之際，有「夕陽無限好」之生命境界也。

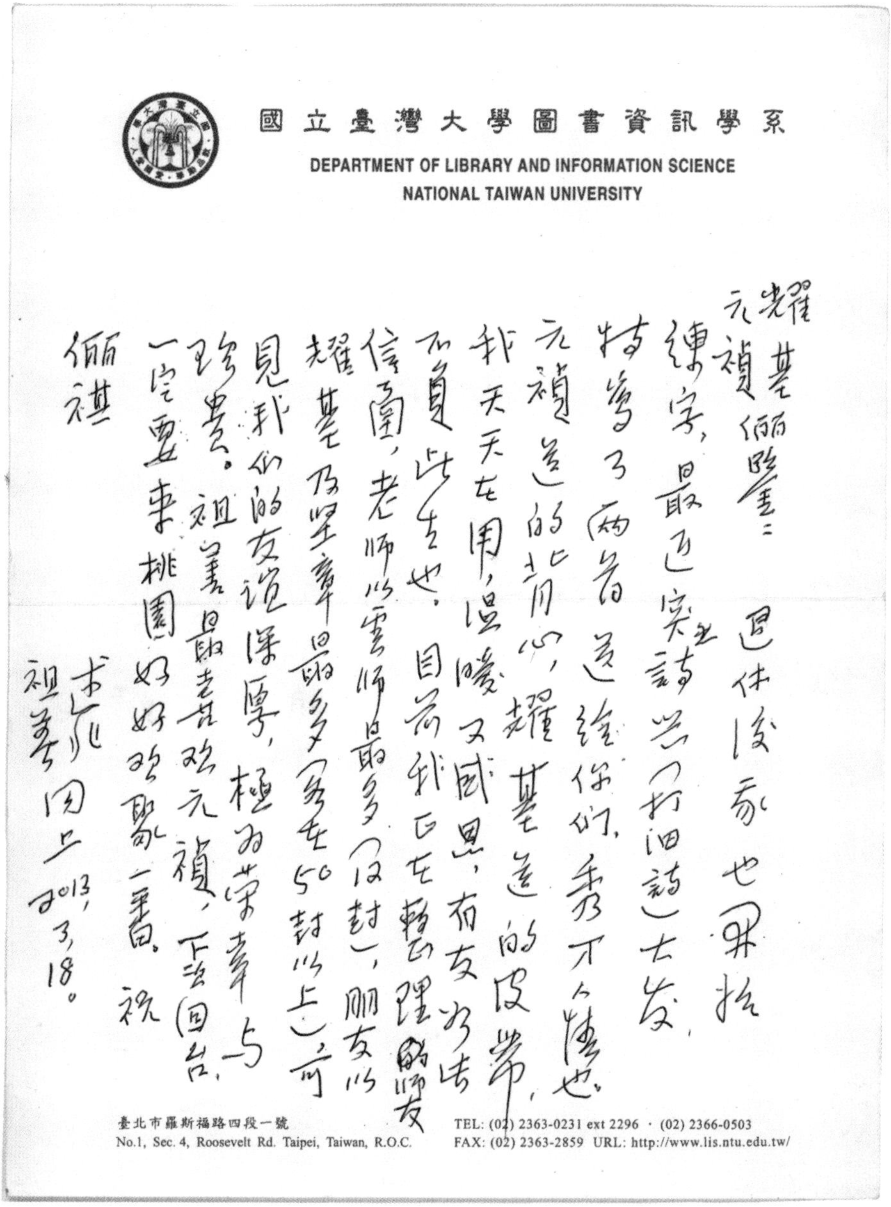

國立臺灣大學圖書資訊學系
DEPARTMENT OF LIBRARY AND INFORMATION SCIENCE
NATIONAL TAIWAN UNIVERSITY

耀基 儷鑒：

元禎 儷鑒：

退休後家也累极

連字，最近突然從（打油詩）大發

特寄了兩首這後你們，秀才不怕世

元禎送的背心，耀基送的皮帶

我天天在用，温暖又感恩，有友如此

不負此生也！目前我正在整理的舊友

信函，老师以雲师最多（12封），朋友以

耀基及堅章最多（多至50封以上）前

見我们的友谊深厚，極為榮幸与

珍貴，祖美最喜歡元禎，下次回台，

一定要来桃園好好的歡一書，祝

儷祺

　　　　述兆 同上
　　　　祖美 2013, 3, 18。

臺北市羅斯福路四段一號
No.1, Sec. 4, Roosevelt Rd. Taipei, Taiwan, R.O.C.

TEL: (02) 2363-0231 ext 2296　·　(02) 2366-0503
FAX: (02) 2363-2859　URL: http://www.lis.ntu.edu.tw/

圖 29

胡述兆信

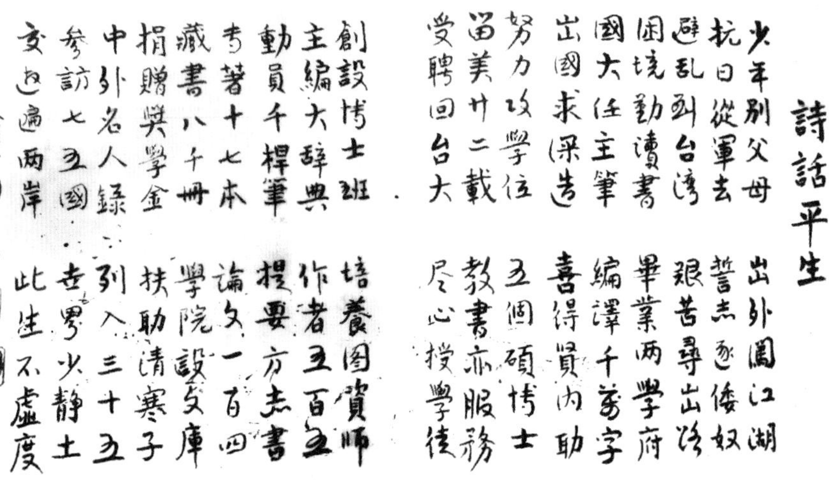

詩話平生

少年別父母 出外闖江湖
抗日從軍去 誓志逐倭奴
避亂到台灣 艱苦尋出路
困境勤讀書 畢業兩學府
國大任主筆 編譯千萬字
出國求深造 喜得賢內助
努力攻學位 五個碩博士
留美廿二載 教書亦服務
受聘回台大 盡心授學徒

創設博士班 培養圖書師
主編大辭典 作者五百五
動員千桿筆 撰要方志書
專著十七本 論文一百四
藏書八千冊 學院設文庫
捐贈獎學金 扶助清寒子
中外名人錄 列入三十五
參訪七五國 走遍火靜土
安也遍兩岸 此生不虛度

贛翁俞炳連北 二〇一六歲次丙申

圖 29
詩話平生

徐有守先生是我政研所的學長，有文才，亦有行政才。王雲五師重返台灣商務印書館後，聘有守兄為商務總經理，我稍後亦為雲師聘為副總編輯。所以，我與有守過從甚多，公誼私情，數十年不減。有守在商務後期，與雲師意見相左，卒至棄商從政，長才亦得以大有發展，官至台灣銓敘部政務次長，任內完成「官職併立制度」是對公務員制度的一大貢獻。有守是我同學中從不諱言希望也喜歡做「官」的，結果他學優則仕，走上傳統讀書人夢想之路，也是求仁得仁。有守做公務員，奉公守法，硜硜自守，雖平淡，卻滋滋有味。不錯，有守做高級公務員，沒有僚氣，卻真有些「官氣」，有些同學頗感難受，有禮貌地與之保持距離。有守常說解人難求，但他始終視我為知己，我們且成為通家之好。有守退休後，身體不甚好，還有過一次小車禍。他二〇〇六年給我的信（圖31）還深以在公職任內所做之事為念。最可欣幸的是他在世之時，已與雲五師重修師生之誼。但

雲師亡故後，他對商務不復有之前的熱忱了。我最想說的是有守是公文書寫的高手，但早年在大陸，甚至晚年做官時期，他都曾用筆名寫小說、寫劇本，且曾多次得獎，世上知有守這浪漫一面的人卻少之又少。

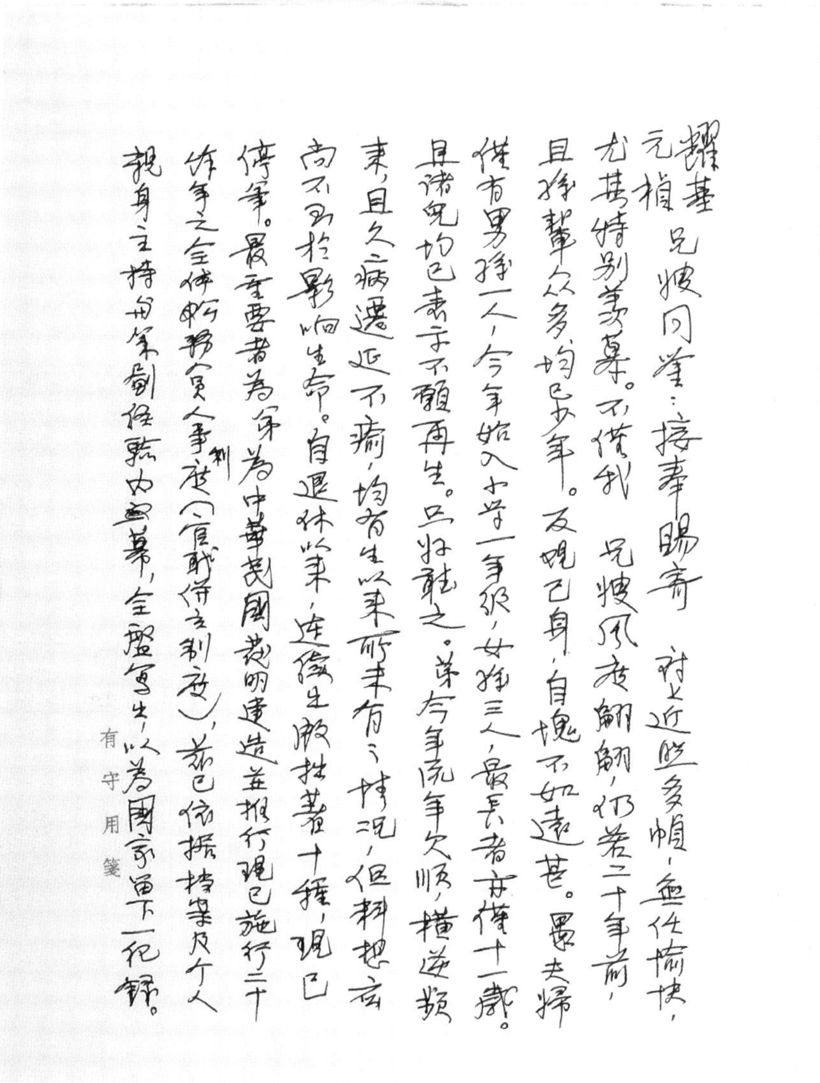
耀基
元楨 兄嫂同鑒：接奉賜寄 對對近照多幀，無任愉快，尤其特別羨慕。不像我 兄嫂風度翩翩，仍若二十年前，且孫輩眾多，均已成年。反觀己身，自愧不如遠甚。愚夫婦僅有男孫一人，今年始入小學一年級，女孫三人，最長者亦僅十一歲。且諸兒均已表示不願再生。只好聽之。弟今年流年欠順，橫逆頻來，且久久病遷延不癒，均有生以來所未有之情況，但料想應尚不至於影響生命。自退休以來，連續出版拙著十種，現已停筆。最重要者為弟為中華民國發明建造並推行現已施行二十餘年之全体公務人員人事制度（官職併立制度），並已依據檔案及個人親身主持研擬創制經過內幕，全盤寫出，以為國家留下一紀錄。
有守用箋

圖31
徐有守信（頁一）

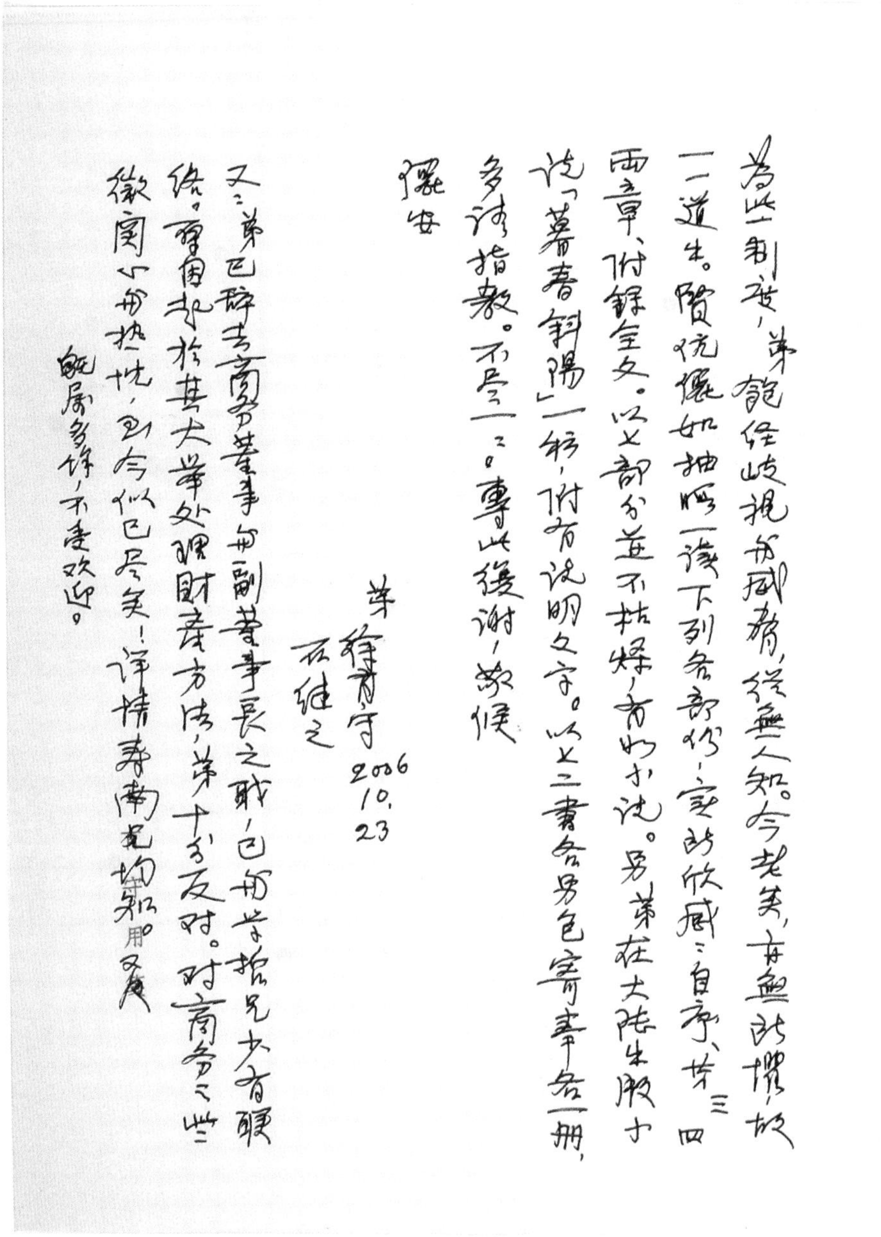

為此制度，華靦經歧視亦感痛，後無人知今老矣，亦無此懷抱

一道也。賢伉儷如抽暇一讀下列各節，定能欣賞。自弟芳三、四

兩章附錄全文，以之部分並不枯燥，方此沉迷。另弟在大陸出版十

說「暮春斜陽」一秒，附有說明文字。以之二書各另包寄華各一冊，

多請指教。不盡一一。專此後謝，敬候

儷安

弟 徐有守
石絟之
2006
10.
23

又：弟已辭去賣賣華事與副董事長之職，已向學指兄夫有頭

緒，賣賣系於其大學處理財產方法，弟十分反對。對商務之些

徵 閣下毋熱忱，到今似已盡矣！詳情壽南兄均知
數慶

飽歷多辟，不差欢迎。

圖 31

徐有守信（頁二）

　　王壽南先生畢業於台大歷史系，後進入政大政研所，並隨雲五師、蕭一山師修讀博士學位。壽南治學謹嚴，心儀陳寅恪隋唐之史學，精治唐代政治史，著有《唐代藩鎮》一書（此書即將由北大出版社重印問世）。先後為政大歷史系教授、主任、研究所所長。在眾多學生中，雲師對壽南倚重特多。在商務印書館兼職期間，主編《中國歷代思想家》，甚得好評，雲師亡故後，壽南是《王雲五先生年譜》的主編。一九九七年，壽南在喪妻之痛之後，一眼失明，另一眼白內障嚴重，幾至無法閱讀，對一個不可一日不讀書的讀書人而言，壽南之痛苦可知，就在壽南這樣的人生苦境中，遇到了才女吳涵碧，涵碧是《吳姐姐講歷史故事》、《吳姐姐講聖經故事》的作者，不但在台灣有名，在大江南北也擁有極多粉絲。這位吳姐姐慕壽南之才、敬其為人，與壽南結為夫婦，這使壽南有了第二個人生。

　　壽南婚後，信了教，也許是上蒼的賜福，他幾乎全盲的雙眼最後在一位有醫緣的醫生手術下，一眼重見光明。壽南事後寫了《再站起來》一書，並且在古稀之年後，定期在電台講課，用古今歷史中的故事，傳播別樣的人間福音，這些播音已集稿出版《改變人生的火種》一書，帶給人間希望與快樂。我與壽南分處香港與台灣兩地，書信、電話雖非常有，但總是不斷。此處刊出的信（圖32）是壽南多年前寫，信中提到羅孟浩師的去世消息，我自然又會想起木柵指南山麓那段讀書的日子。

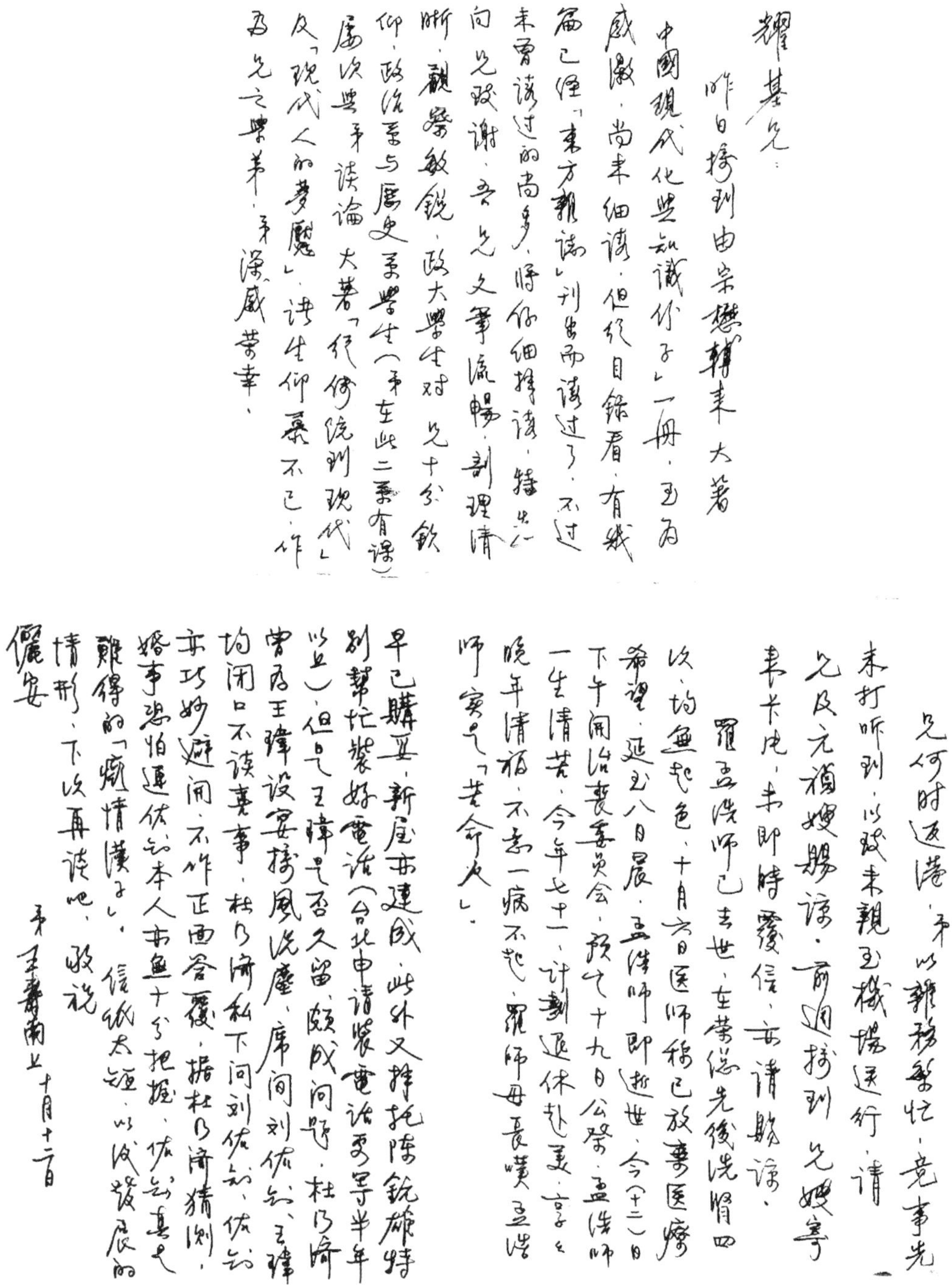

耀基兄：

昨日接到由宗懋轉來大著
《中國現代化與知識份子》一冊，至為
感激。尚未細讀，但從目錄看，有幾
篇已經「未方報論」刊出而讀過了。不過
未曾讀过的尚多，將你細推讀，特先
向兄致謝。兄之文章流暢，剖理清
晰，觀察敏銳，政大學生对兄十分欽
仰。政治系与歷史系學生（年左此二系有諸）
屢次要求讀論大著「行侔院刊現代」
及「現代人的夢魘」，讲生仰慕不已。作
為兄之學弟，弟深感菜幸。

兄何時返港，不必辦務繁忙，竞事先
未打听到，以致未親至機場送行。請
兄及元禎嫂勝諒。前此接到兄嫂寄
來卡片，未即時覆信，亦請賜諒。

羅孟浩師已去世。十月六日医師稱已放棄医療
希望，延至八日晨。孟澤師即将近世。下午開始喪事会。
一生清苦，今年七十一，計劃退休赴美享之
晚年清福，不意一病不起。羅師母長嘆孟澤
師寒之「苦命人」。

早已購妥，新屋亦建成，此外又擢托陳銳雄特
別幫忙裝好電話（台北申请装電話要等半年
以上）但兄王韓已否久留，颇感成問題。杜乃崎
曾為王韓設宴拧風洗塵，席間刘依弘、王韓
均开口不談喜事。杜乃崎私下問到依弘、依弘
亦巧妙避闻，不作正面答覆。据杜乃崎猜測，
婚事恐怕連依弘本人亦無十分把握，依弘甚至
難得的「甁情淡了」。信收太迟，以免發展的
情形，下次再談吧。敬祝

儷安

弟王壽南上 十月十二日

圖 32

王壽南信

　　逯耀東與我早識於台大讀書時，他一生求學與教書都在台大與新亞之間，我也因此與他不止有緣為同學，也有緣為同事。一九五七年他台大畢業，一九五九年進入新亞研究所（當時新亞書院還未成為中文大學之一員），在牟潤孫教授門下，並有機會親炙錢穆、嚴耕望諸位史學大師，一九六八年回台北，考入台大歷史系博士班，在沈剛伯、李玄伯與姚從吾三位先生指導下，完成《魏晉史學的轉變及其特色——以雜傳為範圍所作的分析》，獲台大歷史學博士班第一屆文學博士。一九七七年再到香港，受聘於中文大學新亞書院。一九九一年退休、返台，再在台大歷史系有七年的教學生涯。二〇〇六年病逝於高雄。

　　耀東一生著作甚多，他不但在史學（魏晉）上顯工夫，還是一位文章高手，史學與文學並秀，兩方面都散發出他的筆墨才華。他的兩本中國飲食文化散記，《肚大能容》、《寒夜客來》是史學，也是文學。他主要的史學出版有《糊塗齋史學論稿》四種。糊塗齋是耀東兄的書房，他之取名「糊塗齋」當然是他喜歡鄭板橋的「難得糊塗」的境界，他之留「糊塗」而去「難得」，則是因他夫人李戎子說他，「難得糊塗，還難得糊塗，你幾時清楚過？」這一來，耀東就說，「那麼，抹去『難得』，剩下『糊塗』如何？！」我看耀東小事或有「難得糊塗」之時，大事就從不糊塗，他這裏給我的信（圖 33）是他從台北寄到香港，要我寫稿。他在教學之餘，還編輯有關現代化與中國文化的叢書。編輯現代化的論文，他當然地想起了我。

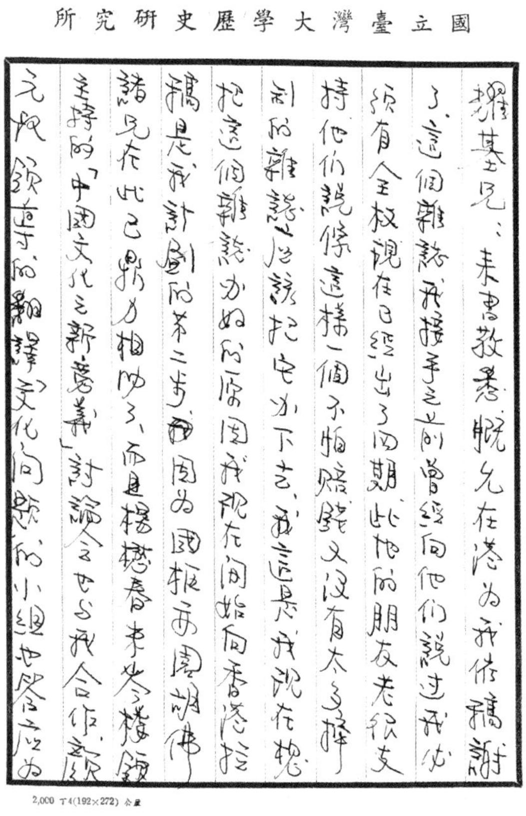

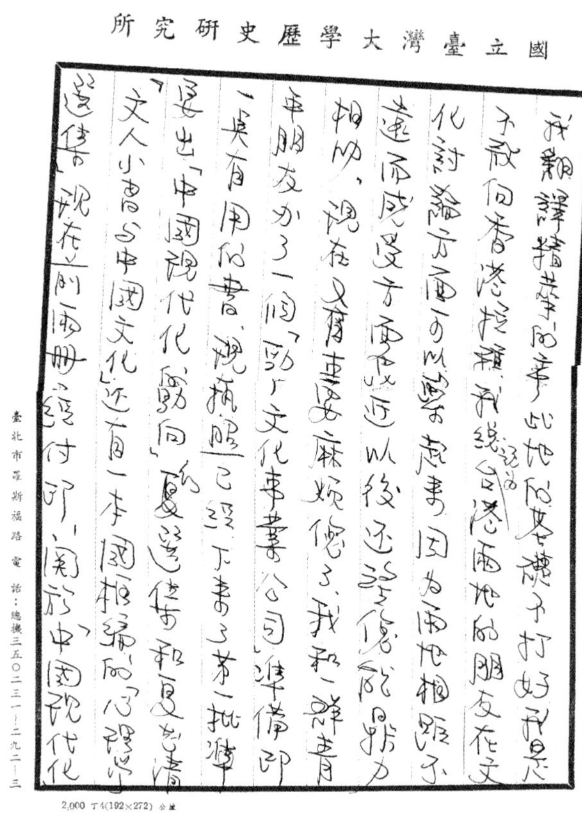

國立臺灣大學歷史研究所

國立臺灣大學歷史研究所

圖33

逯耀東信（頁一）　　　　　　　　（頁二）

我在台灣的同學，最早的是在成功中學，可說是結識於髮小，此後半個世紀，我與成功中學的幾位同學分處台灣、美國、法國、香港各地，是全球化時代的一個側影。我中學的好友，有曾逸煊、林春潮、包慶藻、周浦、羅行、楊允達。**曾逸煊**盛年在美國德州去世，令人唏噓，他是數學高才，在美國開餐館開得很火紅，是棄學從商。其他諸位都已年逾八十，都曾創出自己的事業，為人生提交了一份高分的答卷。六十多年來，雖聚首極少，而友情常在，即在上周，伊利諾州立大學（香檳城）資

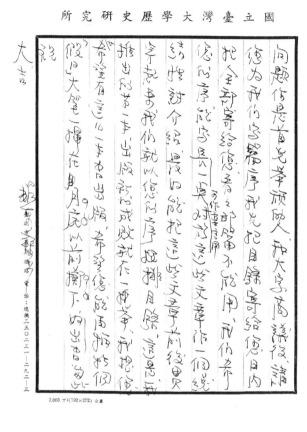

（頁三）

深教授木才科技上享譽國際的**周浦**自加州來電，說不久將有事東來並與我有一良敘，我是翹首以待這位老友光臨香江的。我們何幸生於資訊科技發達的今天，真正是天涯若比鄰，電話、手機、傳真、Email 已是我們生活的一部分，誠然，有得就有失，書信便愈來愈稀少了，在我編寫這本師友書信集時，我遺憾地發現我手邊居然只留有羅行與楊允達兩位中學同學的信件。

　　楊允達與羅行在成功中學時，最得國文老師路逾（紀弦）的喜愛。路逾師，高瘦的身子，蓬鬆的頭髮，一襲皺皺的西裝，一撇小鬍子，一支大煙斗，未開口已盡顯一派詩人氣度，原來他是中國現代詩的開山。當他朗誦他的得意之作〈在飛揚的時代〉時，語音高亢，詩意盎然，整個課室先是鴉雀無聲，一待他朗誦完畢，便爆發出如雷掌聲。路逾師說我國文好，可以學詩，我自覺缺少詩心，沒聽他話，只有羅行與楊允達跟他學詩，成了他的入室弟子，都成了出色的詩人。紀弦早年在大陸時，已享大名，一九五三年，他與楊允達、鄭愁予、葉泥、林冷、商禽、楚戈、羅行在台北組現代詩社，是台灣詩壇的現代派。一九五四年，余光中與覃子豪、鍾鼎文等創辦「藍星詩社」。藍星詩社與現代詩社之間有過現代詩的論戰，我不寫詩，對他們的論戰也不甚了了。

　　羅行在成功畢業後，與我在台大法律系二度同學。法律學系是我第二志願，入台大後，對法律學系有的教授要求背誦講義，頗感失望，因此對有些課能不上就不上，時間都花在法學院圖書館裏，看哲學、歷史、政治、文學方面的書，興味大好，這也是為什麼我法律學系畢業後，即轉考政治大學的政研所了。羅行就不同，他是詩人，但對法律課程卻有興致，民法更是他的長項，他功課好，與班上考試第一第二的楊崇森、劉安諾有得一比，我的成績就排不上名了。不過，我在大學第一年就考取全國的高等考試（中學畢業先考取普考），所以在同學間也有些「聲名」。但我從未真正做過官（我一度在王雲五師主持的台灣行政院動員委員做過事，是研究

性的工作），我考高考，只是為了讓父親高興。父親甚至認為高考得中，比獲博士學位還重要。羅行就不同，他畢業後就去考了律師資格。幾十年來，他是台北一位學養深厚的律師，一邊替人打官司，一邊寫他的新詩，詩寫得好，官司也打得漂亮，成為著名的詩人律師。多年後，他給我的信（圖 34），一看就知是詩人的筆法。

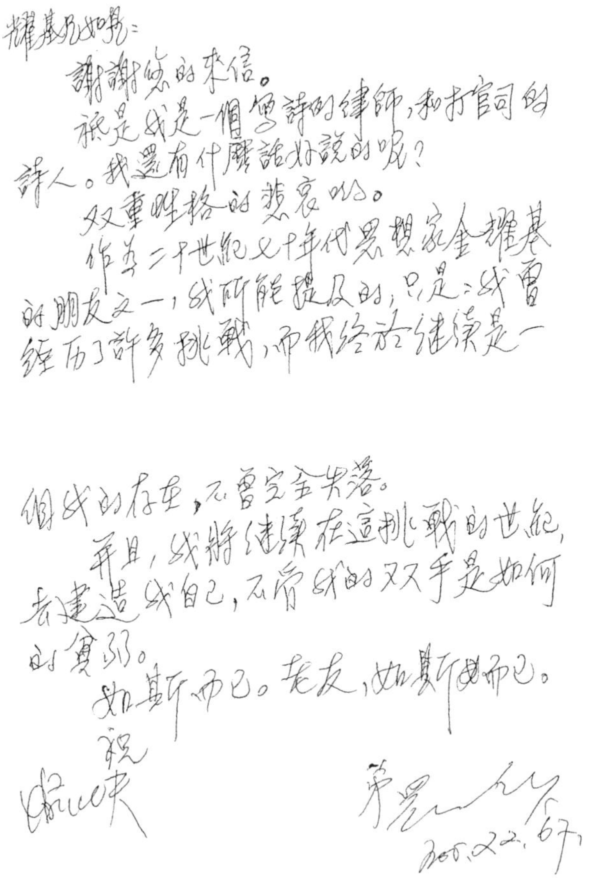
耀基兄如晤：

謝謝您的來信。

祇是我是一個寫詩的律師，和打官司的詩人。我還有什麼話好說的呢？

双重性格的悲哀吧。

作為二十世紀五十年代思想家金耀基的朋友之一，我所能提及的，只是：我曾經历了許多挑戰，而我終於继续是一個我的存在，不曾完全失落。

并且，我將继续在這挑戰的世紀，去建造我自己，不管我的双手是如何的虛弱。

如斯而已。老友，如斯而已。

祝

康安

弟 羅行

2015.2.6

圖 34

羅行信

　　楊允達與我是三度同學。成功中學畢業後進台大歷史學系，台大畢業後進政大新聞研究所，我們所讀雖非相同的專業，但無妨常相往來。允達此後去歐洲數十年，我們始終保有聯繫（圖35）。允達寫文章又快又好，他的字尤其流麗清秀，極為討好，當年他考台大時，數學零分，就因國文高分，還是錄取了。他離新聞所後，自然而然成為了新聞記者，不多年被台灣中央社任命為駐東非、南非、歐洲特派員。這份工作使允達如魚得水，他在專業上可說做到十足十，備受總社之讚賞。在巴黎期間，他與曼施更深入到巴黎這個藝術之都的文化各個層面，允達在公餘時間還於一九八六年在巴黎大學讀了個文學博士學位，而他的兩位公子就完全進入到法國的主流社會中了。允達的書寫是多方面的，除了本業的新聞書寫外，還寫了六本歐洲見聞的散文集，至於新詩則是他生命之所注，新詩之創作也成為他的生命狀態，先後出版三本詩集。自中央社退休後，更多以中文、法文創作新詩，一九九四年曾獲中國新詩學會頒給「詩學獎」，一九九五年獲中國文藝協會頒給「榮譽文藝獎章」，晚年更被選為「世界詩人大會」（World Congress of Poets）主席，這是一項莫大的榮譽。允達的詩已享如此高名，我這個老同學居然孤陋寡聞，聽他講了才知此一大喜事，實在慚愧。「世界詩人大會」每年定期在不同國家舉行，他也就在地球上空飛行不斷。允達這位老同學晚年的生活是充滿詩意詩情的。三年前，他與曼施搬入台北長庚養生文化村，與胡述兆夫婦做了鄰居，落葉歸根，畢竟台灣也是他們的第二故鄉。

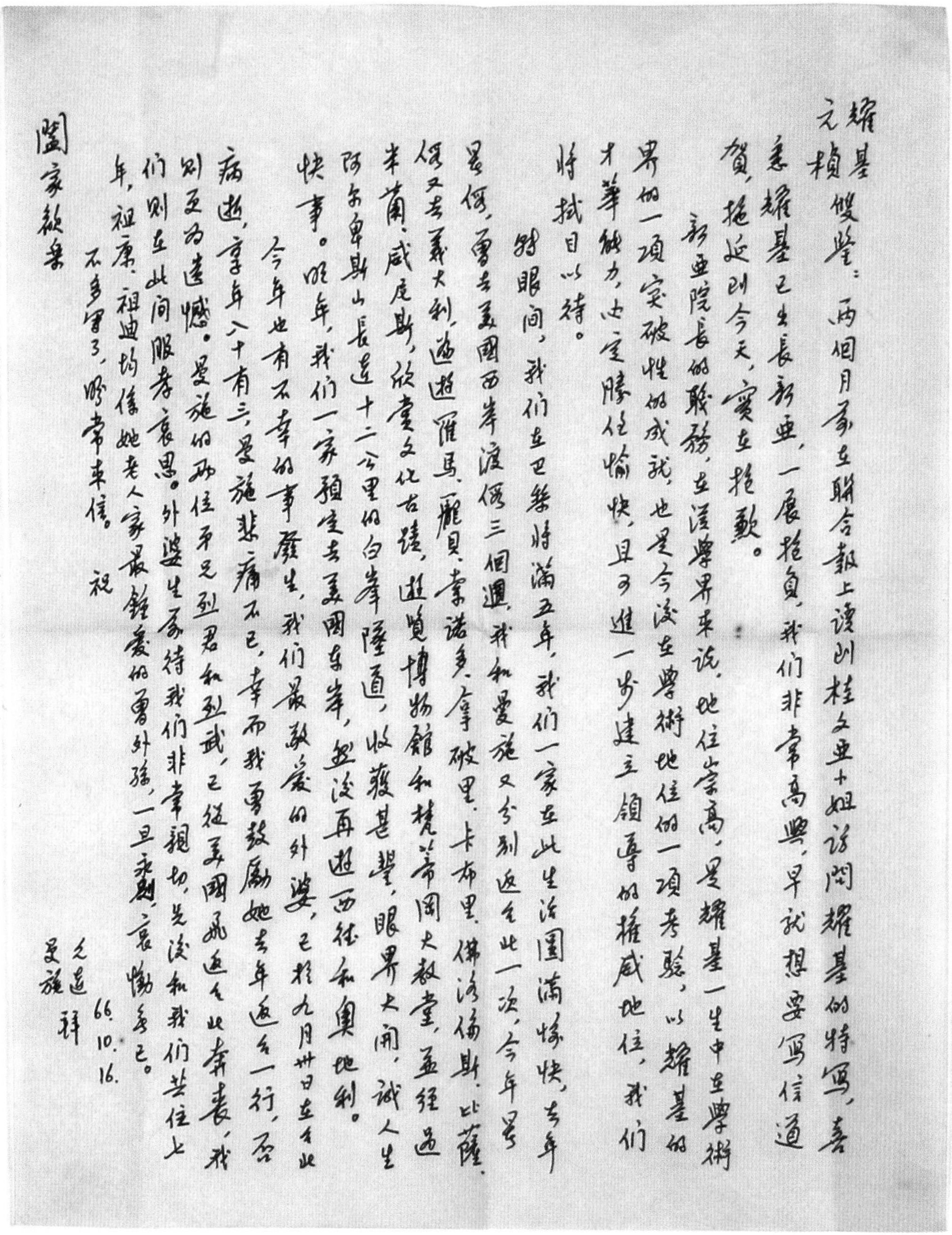

耀基賢鑒：兩個月前在聯合報上讀到桂文亞+姐訪問耀基的特寫，甚

感耀基已任聯合報上讀到桂文亞，一展抱負，我們非常高興，早就想要寫信道

賀，拖延到今天，實在抱歉。

新亞院長的職務，在港學界來說，地位崇高，是耀基一生中亞學術

界的一項突破性的成就，也是今後亞學術地位的一項考驗，以耀基的

才華能力，必定勝任愉快，且予進一步建立領導的權威地位，我們

將拭目以待。

轉眼間，我們在巴黎特滿五年，我們一家亞此生活圓滿愉快，去年

暑假，曹去義大利遊羅馬、龐貝、拿破里、佛羅倫斯、比薩，

米蘭、威尼斯，欣賞文化古蹟，遊覽博物館和梵蒂岡大教堂，孟經過

阿爾卑斯山長達十二公里的白峯隧道，收穫甚豐，眼界大開，誠人生

快事。明年，我们一家預備去美國考察，亞沒再遊西班牙和奧地利。

今年也有不幸的事發生，我们最敬愛的外婆，已於九月廿日亞此

病逝，享年八十有三，是施悲痛不已，幸而我們勇敢勵她去年返去一行，否

別亞為遺憾。是施的两住不足到君和孟武，之後去美國看過，我

们則亞此间服務衷愚，外婆生前待我们非常親切，先後和我们共住上

年，祖康，祖迪均像她老人家最鍾愛的曹外孫，一旦永別，哀慟之至。

不多寫了，明年來信。祝

闔家歡樂

元禎

吳羅祥

66.

10.

16.

圖35

楊允達信

余光中先生（圖 36、37）於二〇一七年十二月十四日在台灣高雄辭世，享年九十。第二天，台、港、大陸及東南亞華人社會都大事報道，不論持什麼政治立場之人，都哀悼這位文學巨匠的逝世。余光中在文學上是全才，詩、散文、文藝評論及翻譯，都是第一流的。余之對於文字，最重形象化之經營，文字為龍，他是御龍、雕龍之聖手。黃維樑以「壯麗」狀其文采，可謂余的詩、文之解人。光中作詩，既多且精，〈鄉愁〉是兩岸三地百口傳誦的余翁之名篇之一。余光中沒有獲諾貝爾獎，很難說是余光中還是諾貝爾獎的遺恨，幾乎是可以肯定的，余光中將與李白、杜甫、杜牧、陸游、蘇東坡等中華詩壇驕子共在，中國的文學殿堂中不能不為光中設一把座椅。就我與元禎而言，我們對光中大兄之離世是很難過無奈的，想不到前年在香港與光中夫婦之晚餐竟是最後一面。

圖 36

譚汝謙、瘂弦、梁佳蘿、余光中、何懷碩、金耀基

　　余光中大兄與我都是在台灣讀書與工作過的，他與我也都是從台灣到香港中文大學教書的。不同的是，光中大兄晚年又回到台灣在高雄西子灣的中山大學終其天年。光中大兄長我八歲，早年我在台灣大學、政大研究所讀書時，他已頗有文名，彼此或有知而未識。七十年代初，我自美到香港中大，七十年代中，光中大兄亦自台應中大之聘來港。我在新亞書院，他在聯合書院，自此相知亦相識。八十年代初起，余光中、宋淇、梁佳蘿（錫華）、黃國彬、蔡思果（濯堂）、黃維樑在中大吐露港之濱建成一個文友圈（或曰沙田幫），頗成氣候。喻大翔說：「中國自西式大學成立以來，似乎沒有一間在文壇上一時之內勤吐墨彩如中大的。」余光中自己也說中大是他創作治學的佳勝之地。詩人流沙河說，香港時期（一九七四─一九八五）「余光中是在九龍半島上最後完成龍門一躍，成為中國當代大

圖 37

白先勇、張敏儀、金耀基、余光中

詩人的」。在光中的「香港時期」，我嘗請光中大兄到新亞作文化聚談，他的妙思雋語精彩之至，他開玩笑地說，金兄主持新亞「文化聚談」精彩之開場白，久有耳聞，所以我的演講不能不有以備之；不以精彩接精彩，得乎？！一九八四年，余光中受李煥校長之禮聘，出任台灣剛成立之中山

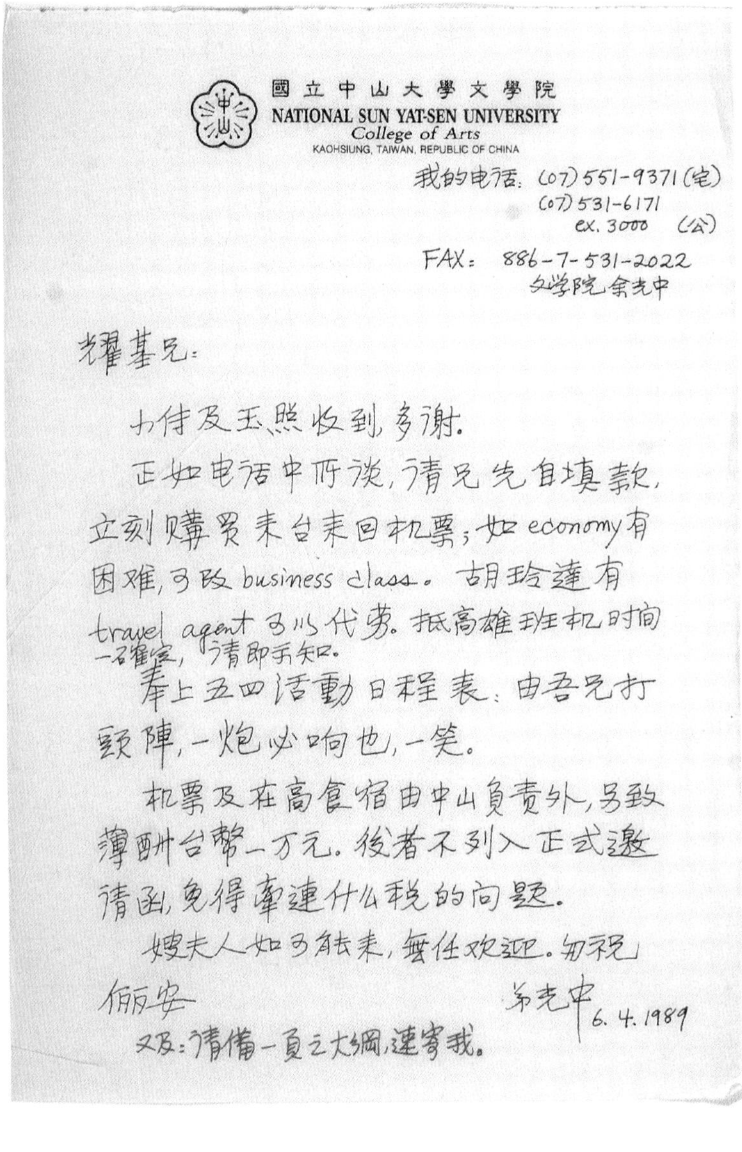

國立中山大學文學院
NATIONAL SUN YAT-SEN UNIVERSITY
College of Arts
KAOHSIUNG, TAIWAN, REPUBLIC OF CHINA

我的電話: (07) 551-9371 (宅)
(07) 531-6171
ex. 3000 (公)
FAX: 886-7-531-2022
文學院 余光中

耀基兄:

大作及玉照收到,多謝。

正如電話中所談,請兄先自填款,立刻購買來台來回机票;如 economy 有困難,亦及 business class。胡玲達有 travel agent 可以代勞。抵高雄班机時間一旦確定,亦請即手知。

奉上五四活動日程表。由吾兄打頭陣,一炮必响也,一笑。

机票及在高食宿由中山負責外,另致薄酬台幣一万元。後者不列入正式邀請函,免得牽連什么稅的問題。

嫂夫人如可能來,無任欢迎。知祝

儷安

弟光中
6. 4. 1989

又及:請備一夏之大綱,速寄我。

圖 38
余光中信（第一封）

大學文學院創院院長。認真地說，我與余光中之真正結交是他回台灣之後。他接掌文學院院長後第二年舉辦了一個大型的「五四學術紀念會」（圖38），邀我作一專題演講。我第一次看到他端正清麗的鋼筆信，也第一次與他對五四及五四後的中國學術文化有較深刻的討論，我發現我們有許多共同的觀點與喜惡。自此之後，我幾次收到他的新作，每次都為他創作力之旺盛感到歡喜與欽佩。一九九四年，他還特別來信祝賀我當選為中央研究院院士（圖39）。

　　二〇一四年，中山大學設立「余光中人文講座」，光中大兄於二〇一三年又親筆來函，說講座第一年他邀請李安、王安憶與我到高雄講學，

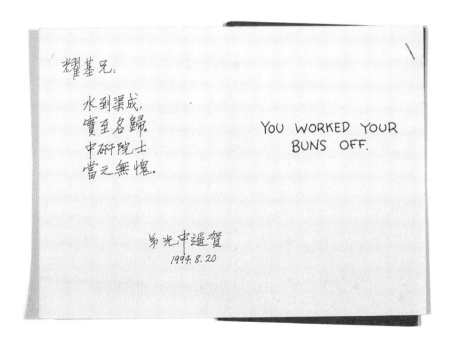

圖39
余光中信（第二封）

此時，余光中以鋼筆書寫的「硬體書」更成型了（圖 40），我感其盛意，翌年三月十二、十三兩日在中山大學分別作了〈中國現代化與文明轉型〉與〈大學教育的人文價值〉兩次講演。在講演中，我首次破除科學與人文的對立性，強調科學是也應該是人文的一個組成。所不同者，中國傳統的人文學（經學與文學）是求「善」與「美」，而科學則是求「真」的人文學。

人文講座
Sizihwan Bay · Kaohsiung

耀基兄：

多謝允諾前來中山大學講學，正如 1989 年你曾來西子灣主持「五四，祝你生日快樂」的講座一樣。這一次你來演講，名義是應本校「余光中人文講座」之邀。此一講座乃由「頂新企業」（俗稱「味全」，在大陸稱「康師傅」）捐設台幣四千萬而成立，而我主持其事。下一學年預期請來李安（2013 冬），吾兄（2014.3）及王安憶（2014.5）。以後希望還有王蒙、余秋雨、林文月、陳道明、姚一葦、張

80424 高雄市鼓山區蓮海路 70 號（國立中山大學文學院）/ College of Libera Arts, NSYSU / No.70 Lien-Hai Rd., Kaohsiung, 80424, Taiwan
Tel: +886 (7) 525-6869 / Fax: +886 (7) 525-3009 / E-mail: nsysuhumanity@gmail.com

圖 40
余光中信（第三封）（頁一）

事後，光中大兄來信（圖41），顯然我的講演在中山大學師生中是有共鳴的。那次中山大學之行，光中大兄在講演之外，還安排我作了一次書法展演，我照他的意思，寫了杜甫詩「門泊東吳萬里船」七個大字，光中大兄則用毛筆作了「金耀基書法余光中續貂」（圖42）的題籤，這幅我與余光中兄攜手之作應是我在西子灣與這位大詩人之情誼的最好紀念了。

隆溪,楊並彭。可惜勞思光已不在,否則還可請他。

　　大作《敦煌語絲》封面折頁上兄之小傳,擬借用以便宣傳。兄如嫌其太簡,可否酌予增加(例如台灣中研院院士,及重要著作等)?另外,我们还需要兄之「酷」照二三幀,以便製作海報。

中國之明朝科學與文化改革

　　兄精研主題包括「中國之現代化」。或可以此為講題,而以原擬之「談大學的人文教育」為座談主題。或原似講題不變,而以「中國之現代化」列入座談。請兄自定。嫂夫人是無錫人,難怪听得懂錢老夫子的演講。明春来高雄,深盼伉儷一同光臨。

弟光中拜上
2013.7.30

我的fax: (7) 525-3200
80424 高雄市鼓山區蓮海路 70 號 (國立中山大學文學院) | College of Liberal Arts, NSYSU / No.70 Lien-Hai Rd., Kaohsiung, 80424, Taiwan
Tel: +886 (7) 525-6869 | Fax: +886 (7) 525-3008 | E-mail: nsysuhumanity@gmail.com

（頁二）

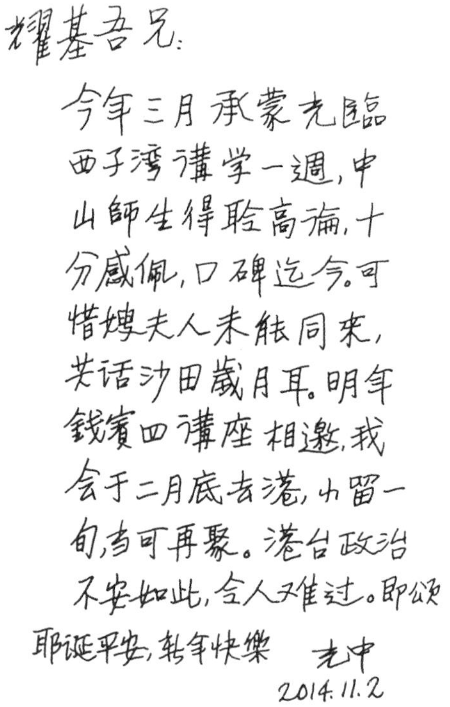

耀基吾兄：

今年三月承蒙光臨
西子灣講學一週，中
山師生得聆高論，十
分感佩，口碑迄今。可
惜嫂夫人未能同來，
共話沙田歲月耳。明年
錢賓四講座相邀，我
會于二月底去港，小留一
旬，當可再聚。港台政治
不安如此，令人難過。即頌

耶誕平安，新年快樂　　光中
2014. 11. 2

圖 41

余光中信（第四封）

圖 42

黃心雅、金耀基、余光中、楊宏敦

因工作而結緣的師友

從一九七〇年舉家自美到香港，迄今已四十八年了。自第一日到香港中文大學社會學系任講師，直至二〇〇四年以校長和社會學講座教授退休，與中大結緣三十四年。退休後為社會學榮休講座教授，與中大緣猶未了。在近半個世紀中，我在香港結識的師友輩人物主要是與中文大學有關的。我這裏書寫的師友則只是從我收藏的書信而追憶的。

香港中文大學創校校長**李卓敏**博士是我未到中大之前在美國認識的。一九六九年李卓敏先生到匹茲堡，與季辛吉博士（打開中美建交之門的美國國務卿）共同接受匹茲堡大學榮譽博士學位。他一到匹大，就約見了我，當面熱情地邀請我參加香港中文大學。這是我初次見到卓敏先生。卓敏先生原是加州（柏克萊）大學經濟與管理學教授，亦是聲名卓著的中國研究

圖 43

孫國棟（左二）、金耀基（左四）、李卓敏（左五）、
陶元禎（金夫人，右三）、張端友（右二）、譚汝謙（右一）
攝於新亞「雲起軒」（一九七七年）

所的所長。他之所以最後決定應聘為香港中文大學的創校校長，實因他有一大心願，他要在香港建立一間真正國際性的中國人大學，要把中大的課程與世界第一流大學接軌，教學與研究並重，要使中大成為一間「研究型的現代大學」（這在當時兩岸三地還是一個較新的概念）。李校長處處強調國際性，但中國文化始終是他心中之重。他力主所有的課程與研究都應盡量注入中國文化的元素，還高調地創立中國文化研究所，並且自兼首任所長。卓敏先生提出的「結合傳統與現代，融會中國與西方」的理念實已成為中大的立校精神，具體地這包括中英並重的語文政策，專業與通識並重的教育方針。李校長有眼光、有能量，他是一位能把理念轉變為事實的實踐家。但是李校長在創校期間，並非事事順風順水，事實上，他從不缺少阻力與反對的聲音，但他有魄力、有毅力，遇阻不迴，迎難而上，忍勞、

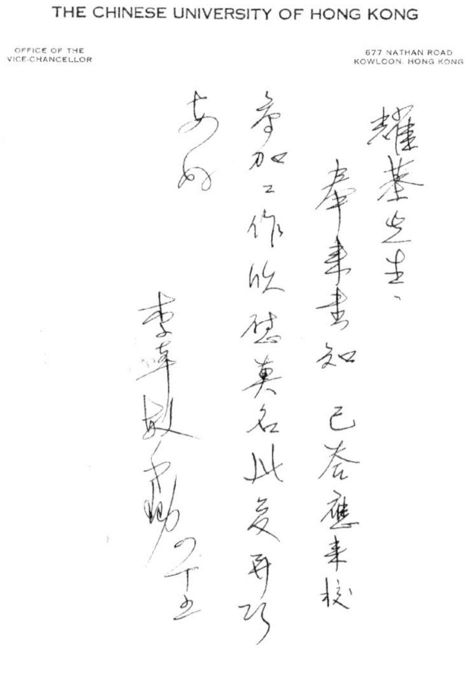
THE CHINESE UNIVERSITY OF HONG KONG

OFFICE OF THE VICE-CHANCELLOR

677 NATHAN ROAD KOWLOON, HONG KONG

耀基先生：

奉來書知已答應來校參加工作，欣慰莫名，此复即頌

近好

李卓敏

圖 44

李卓敏信（第一封）

更忍怨（他常需以寫字、編字典來求心之寧靜），從不頹神喪志，卒能得道多助，把中大一步步向前推進，並徹底地改變了香港高等教育的生態，在世界大學圈中，聲譽鵲起。我記得在八十年代，柏克萊加州大學校長也是著名的社會學家寇爾博士（Clark Kerr）親口對我說，香港中文大學是二次大戰後出現的數以百計的大學中極少數最為成功的大學之一。香港何幸有李卓敏校長，我又何幸能在李卓敏先生手創的大學執教。

李校長給我的第一封親筆信（圖44），是歡迎我到中大，這使我深感一九六九年他邀我參加中大的懇切誠意。一九七七年，我出任新亞書院院長，最早提出希望我擔任斯職的也是卓敏先生。這裏刊出的第二封信（圖45），是表達他對我在新亞院長工作上的肯定，他特別感謝我能邀

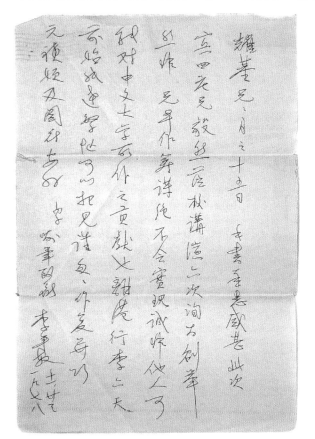

圖45
李卓敏信（第二封）

請錢穆先生回中大新亞講學，錢先生辭卸新亞院長已二十年有餘，李校長第一次親自到新亞書院是一九七七年。

七十年代末，卓敏先生卸任中大校長之職，回柏克萊再任管理學教授，這在該校歷史上是絕無僅有的。卓敏先生不止創辦了中大，還擔任校長十五年，親見中大之成長、茁壯與發展，卓敏先生對中大之功偉矣！大學學生會會長在惜別會上稱他是「偉大的大學園丁」。一九八〇年，退休後的卓敏先生自柏克萊來信（圖46），他對中大的前途是充滿信心的。

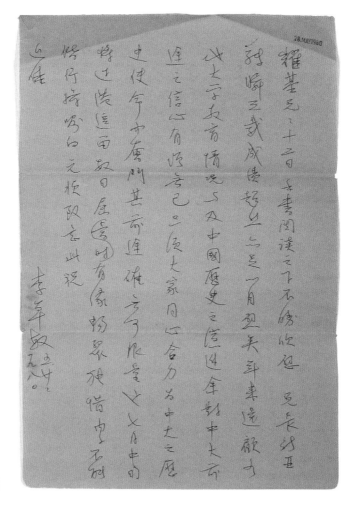

圖46
李卓敏信（第三封）

誠然，香港中文大學是卓敏先生的不朽事業。一九九一年，李校長在美國逝世，我在中大舉行的追悼會中致悼辭說：「香港中文大學是李卓敏先生最好，也是永恆的紀念。李卓敏先生的精神將與中文大學常相左右，永留人間。」

香港新界青山道上，中大校門口豎立的石碑「香港中文大學」六個大字（圖47），雍容挺拔，是李卓敏校長親書的，我每次見到「香港中文大學」六個大字，就如見到了李卓敏先生。

李卓敏先生一九六九年在匹茲堡大學當面邀我參加香港中文大學，不止態度熱情，而且懇切堅定。我與卓敏先生素昧平生，他怎會對我如此信任呢？當時，我想過這個問題，我很快就找到答案。我相信一定是匹大著名社會學家楊慶堃教授向李卓敏校長大力舉薦之故。

圖47

金耀基在中大校門口豎立的石碑前

楊慶堃教授（圖 48）是美國中國研究上一位有世界級聲望的社會學家。他的英文著作《中國鄉村社會與家庭制度》在五六十年代享譽國際。他的《中國宗教》一書在西方學者眼中更是研究中國宗教的「聖經」（此書已由復旦大學的范麗珠教授譯為中文）。慶堃先生沒有教過我，但我一直視之為師長。我在匹大讀博士是在 GSPIA（公共與國際事務研究院），專攻的領域是社會發展與國際關係。我的「博士後」研究則是在匹大的社會學系。慶堃先生最初之「知我」是看了我一九六六年出版的《從傳統到現代》一書。他是李卓敏創校時成立的國際學術委員會的委員。在中大與

圖 48
陶元禎（金夫人）、金潤賓（金四子）、楊慶堃、金耀基、金潤之（金二子）
攝於英劍橋克萊亞書院（一九七五年）

匹大達成的諒解與合作協議下，慶堃教授與匹大社會學系的荷士納（德裔）、拿理瓦沙（捷克裔）、我妻洋（日裔）幾位資深教授組成一教授團，協助中大社會學的發展，為期三年。慶堃教授一早就希望我到中大後能接替他在中大的教學，並盼我與李沛良博士等香港同事接續匹大教授團的工作。回想起來，四十八年前，我從美國到香港，出任香港中大的教職，實出於楊慶堃教授之深情大義。

我到中大後，與李沛良、黃壽林、黃暉明、吳白弢等同事，在匹大教授團建立的基礎上，全力開展社會學的教學與研究工作。這一段時間中，楊慶堃教授不時來信（圖 49、50），提供意見，他對中大社會學的事業，真可謂念茲在茲，關懷備至。他無私的支持與貢獻，香港的同事是很感動的。

楊慶堃自一九五二年離中國赴美三十年，一心就想在中國人的土地上為社會學事業做點事、盡點力。大家知道，社會學在大陸已停辦二十年，大陸與外界幾近隔絕狀態，慶堃先生就只能寄望於香港。八十年代初，大陸出現了改革、開放的風雲際會，慶堃先生在第一時間與不久前復出的費孝通先生取得聯繫，並與費孝通合作在大陸展開社會學／人類學的復位與復興的工作。

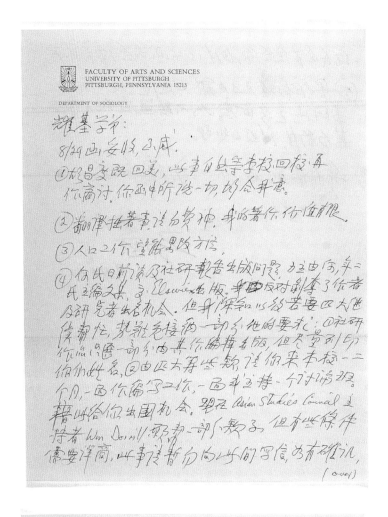

FACULTY OF ARTS AND SCIENCES
UNIVERSITY OF PITTSBURGH
PITTSBURGH, PENNSYLVANIA 15213

DEPARTMENT OF SOCIOLOGY

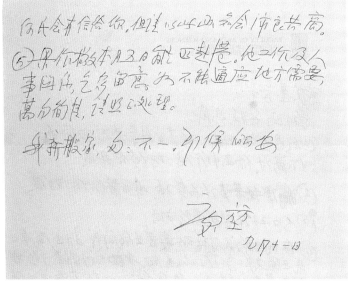

圖49

楊慶堃信（第一封）

FACULTY OF ARTS AND SCIENCES
UNIVERSITY OF PITTSBURGH
PITTSBURGH, PENNSYLVANIA 15213

DEPARTMENT OF SOCIOLOGY

耀基学弟：10/5及10/24二函，俱敬悉。五月函，去札敬悉七时，你工作太忙重了，叫我忧虑！这太苦了。今后和我的通讯请少写一些。陈郁立太太日前去芝城，俱说了些稍停你当次的，见闻报告，知你在新亚不能不付教职员，且要常与学生开会，团结学院，没做治理规范，闻之慰益，但亦觉得你实得太苦了，请多珍重。

读说之函，要点简覆如下：

寿林颇明年五月再来，原际入内地访问，甚念。然此次以后，公社研究或暂作重专刊资料，稍后再迎先式访问，直至以后确有学术研究机会，再作访问规划，似较合理，未知尊意如何？

马临任校长，可势服定，倾知你能与他合作，尚佳安泰。闻马氏系李校长之弟李卓敏所荐，未知确否？

校外阅卷委员一事，乐于继任。按照以往惯例，校外委员三年续任者，可有一次来港。惜1978我不能来，错过此机，以后暑期要来，恐不易有方。

社会系聘Barbara Ward讲师，我绝对赞同。在她不能来，若不能来，我推荐加州大学Berkeley的Franz Schurmann。

此人天分很高，语言学问俱佳，著述久负盛名，且向来同情中国，为人满腔热血，不较利害。在保守势力之美国社会中，尚称罕见。

关于聘教授一事在原则上，我完全赞同"访问学者"方式，为二三年后，觉得可以与共事，那时决定续聘为固定教授，为时不晚。倘如来函所云，既往聘来访问的教授，不如不聘为佳。

此外我有个人心愿：我将于1981退休，颇想退休之后，再来中大一年或二年，与系内旧人作最后一次团聚，并将历年与社研及社会系的关系，作一次的安排。未知你的意思可行与否？此事我未向任何人表露。如有意见，请函知。即候

学安

庆堃
十一月一日

圖 50

楊慶堃信（第二封信）

　　費孝通先生是著名的人類學／社會學家，三四十年代，他以
Earthbound China 與 *Peasant Life in China* 二書，聞名於英美學界。其《鄉土
中國》、《鄉土重建》兩本中文著作，在華文世界更是影響深遠。我在台
灣大學讀書時，讀到此兩本社會學散文時，歡喜不已，心為之折。文化大
革命時，費先生被關進牛棚，社會學在大學遭到扼殺的命運，所以，費先
生能得到慶堃教授之相助，攜手在大陸重振社會學事業，是他晚年最大快
慰之事。其實，慶堃教授不只是他在美國的心心相惜的傑出同行，他倆更
是早年大學之同窗好友。試想想，闊別三十載，一對大學同窗，兩位最卓
越的中國社會學家，八十年代以七十古稀之齡，攜手同為中國社會學煥發
青春，這是何等美麗的一幅圖像！就在費、楊兩位學者的倡導之下，中大
社會學系同事，除我之外（當時我是社會學系主任），個個都不計酬勞，

圖 51

金耀基、費孝通、陶元禎（金夫人）

先後到大陸多間大學講授社會學課程，我猶記得有些廣東同事苦學普通話的有趣故事。九十年代後，當年受業的大陸年輕學子，許多已成為社會學界的領軍人物。慶堃教授在匹城度過垂暮的最後歲月，他對於他生命的最後三十年，能為香港、大陸的社會學之發展與成長有所貢獻，內心是歡悅與滿足的。慶堃教授一九九九年謝世，享年八十八歲，我對這位師輩學人有無限的感念與哀思。他不止是「知我」、關護我，更極可能是改變了我的人生軌道的一位社會學師輩學人。

費孝通先生（圖51、52）是我久所心儀的前輩學人，年輕時在台灣讀到他的《鄉土中國》中一篇〈差序格局〉的短文，可說開啟了我對中國傳統社會的認識之門，對費先生自此有了嚮慕之情，但當年台灣與大陸海峽不通，相見無由，意想不到一九七八年鄧小平之改革開放為兩岸開始了

圖 52
李沛良（左一）、荷士納（左二）、費孝通（右二）、金耀基（右一）
攝於中文大學祖堯堂

一個歷史新機遇。一九八三年香港中文大學在沙田校區舉辦兩岸三地第一次社會科學的學術研討會，費孝通先生與多位大陸學者首次踏足香港，台灣的李亦園、楊國樞、文崇一以及與費老同輩的人類學界大老如凌純聲等亦欣然與會。這個學術研討會引發了極大的轟動，而兩岸三地的社科學者也真正有了一次坦誠、自由、絕無禁忌的論述與交流。據我觀察所得，香港各界對這次會議是十分肯定與讚揚的。作為這次會議主持者之一，我是感到高興的。誠然，我最高興的是首次見到了多年心儀的費孝通先

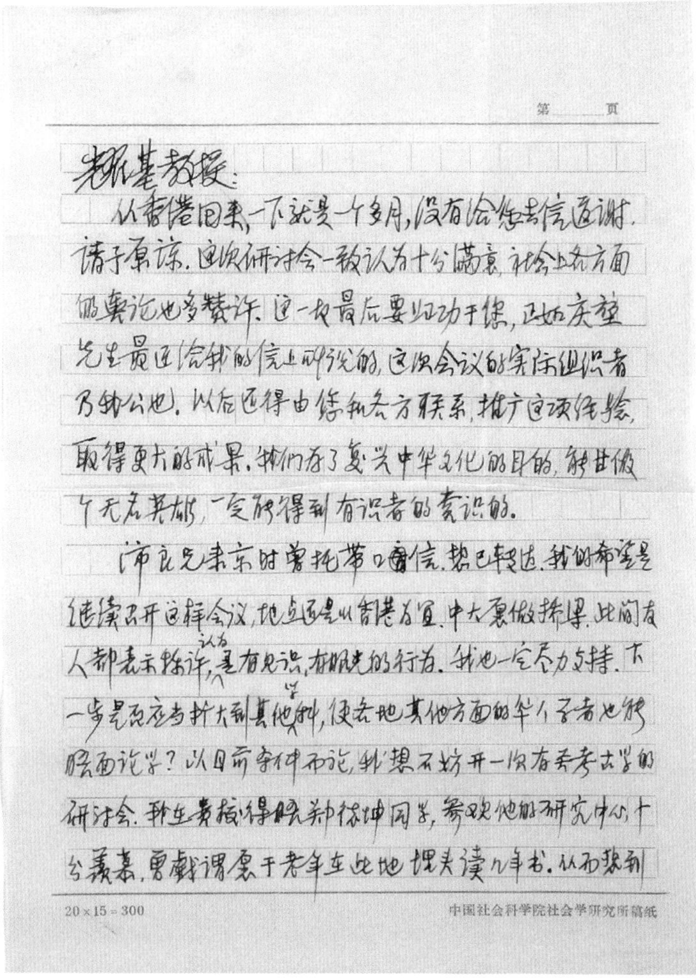
第　　頁

耀基教授：

从香港回来，一下就是一个多月，没有给您去信道谢，请予原谅。这次研讨会一致认为十分满意，社会上各方面的舆论也多赞许。这一切最后要归功于您，正如庆堃先生最近给我的信上所说的，这次会议的实际组织者乃我公也。以后还得由您和各方联系，推广这项经验，取得更大的成果。我们为了复兴中华文化的目的，甘做个无名英雄，一定能得到有识者的赏识的。

沛良兄来京时曾托带口信，想已转达。我们希望是继续召开这样会议，地点还是以香港为宜，中大愿做桥梁。此间友人都表示赞许，认为是有见识、有眼光的行为。我也一定尽力支持。下一步是否应当扩大到其他学科，使各地其他方面的华人学者也能晤面论学？以目前条件而论，我想不妨开一次有关考古学的研讨会。我在贵校得晤郑德坤同学，参观他的研究中心，十分羡慕，曾戏谓愿于老年在此地埋头读几年书。从而联到

20×15＝300　　中国社会科学院社会学研究所稿纸

圖 53

費孝通信（第一封）（頁一）

生。費老肥胖的體型與我當年在照片上所見的清瘦形象是變了許多，但他濃重的江南口音，字字入耳，倍感親切。會議之後，費先生寫信給我（圖53），他顯然覺得這次會議很成功，也感到滿意，還說了「一切最後要歸功」於我的話。誠然，大陸開放之初，也是我接掌新亞書院之初，新亞即開始邀請大陸老輩學者如梁漱溟（未如願成行）、朱光潛、賀麟、陳岱孫等先生到新亞講學，在當年，新亞確是「為天下先」。

（頁二）

　　一九八三年那次會議後，費先生曾數度來中大作講座或會議，我與他有機會或長談或短敘（圖54－56）。費先生想得最多，說得最多的是大陸的社會科學如何爭回失去的二十年，盡快重振復興，他所關懷的不止是社會學與人類學，是整個社會科學。他更認為兩岸三地學者定期交流合作，必有助三地學術之發展與共榮。不久，經過三地學者的磋商，提出了一個以「中國文化與現代化」為名的學術交流的平台，定期每兩年在三地輪流舉辦，每次研討會有一專題，如家庭、城市化、農村經濟發展等，大陸方面由費孝通、馬戎與潘乃谷為召集人，台灣方面由李亦園、楊國樞、文崇一為召集人，香港則由喬健、李沛良與我為召集人。這個三地合作的學術平台，舉辦了二十年，每次出席者有三十到五十位學者，真可謂群賢畢至，少長咸集，費先生每次都出席，並有新作發表。事實上，費先生自重登學壇後，雖有人大副委員長之重任，卻不影響他的研究與著述。《小城鎮、大問題》、《行行重行行》先後問世，對中國八九十年代之快速發展息息相關，影響深遠。這是他一貫的學術報國、學術興國的心願。費先生七十之後的第二次學術生命是充實而光輝的。費老垂暮之年，有感全球化對中國文化之衝擊與挑戰，發出了「文化自覺」的呼聲，並提出「各美其美，美人之美，美美與共，天下大同」的四句教。費先生心中希望出現的是一個人類多元文明並立共存、相互欣賞、異中求同的全球文化的大美之景。我十分喜歡費老的四句教，對他的文化胸襟尤為欽佩，我只覺得四句教中「天下大同」一句，如易一字為「天下大美」，或亦不離四句教之旨趣，而句句有一美字，豈不美乎？可惜我已無向費老討教的機會了，費老二〇〇五年在北京辭世，他在安詳中離去，應無遺恨。他一生已為國家人民做了二生的事，夫復何憾？！在消息公佈之時，我曾撰〈追思一位卓

越的人民人類學家 / 社會學者〉的悼文，當時因病，請李沛良先生在北京
追悼會中代為宣讀。二〇〇七年，我應邀在北大「費孝通先生講座」中
發表〈文化自覺‧全球化與中國現代性之構建〉的講演，這是我對這位
二十世紀大知識人「文化自覺」的呼聲的一點回響。

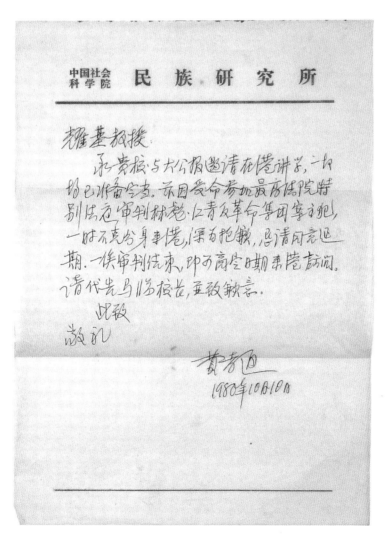

圖 54

費孝通信（第二封信）

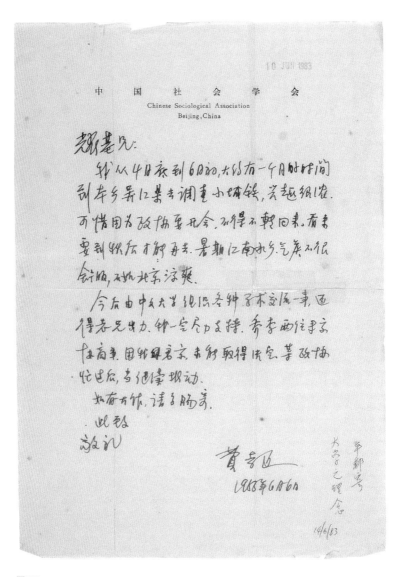

圖 55

費孝通信（第三封）

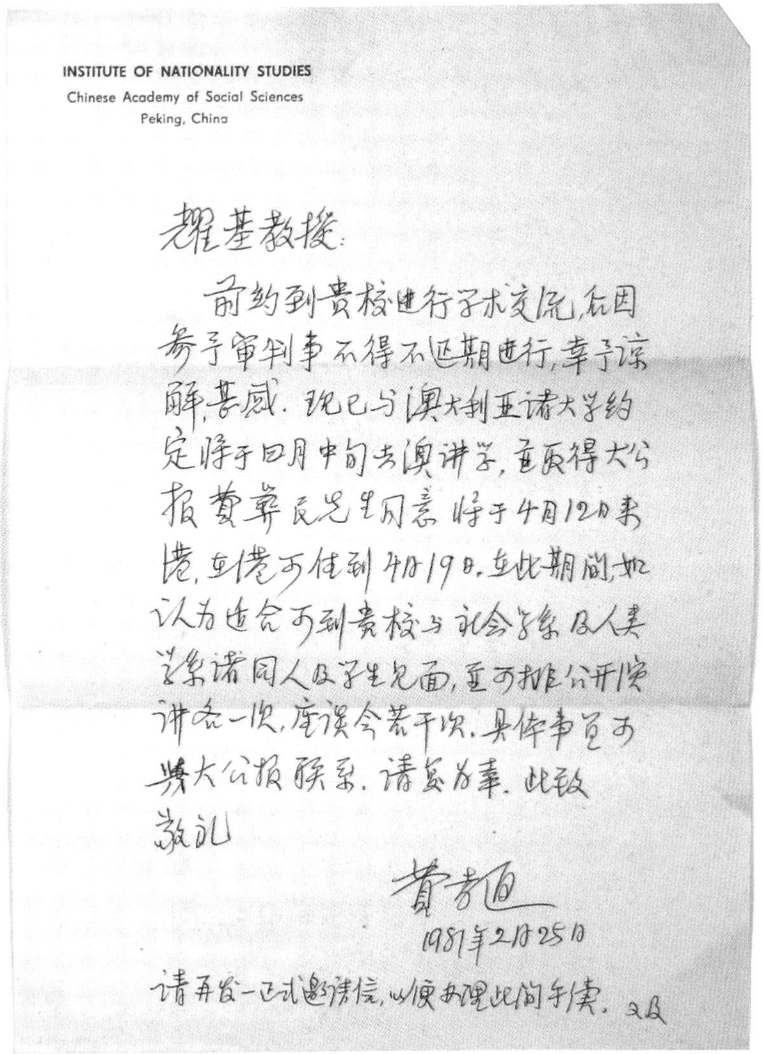

INSTITUTE OF NATIONALITY STUDIES
Chinese Academy of Social Sciences
Peking, China

耀基教授：

前約到貴校進行学术交流，后因
参予审判事不得不延期进行，幸于谅
解，甚感。現已与澳大利亚请大学约
定将于四月中旬去澳讲学，並值得大公
报費彝民先生同意将于4月12日来
港，在港可住到4月19日。在此期間如
认为适合可到贵校与记念弟及人类
学系请同人及学生見面，並可排公开演
讲会一次，座谈会若干次。具体事宜可与
澳大公报联系。请酌为幸。此致

敬礼

費孝通
1981年2月25日

请再发一正式邀请信，以便办理此间手续。又及

圖56
費孝通信（第四封）

我在中大卅四年中，極可珍貴的是一九七七年到一九八五年擔任新亞書院院長八年任內的經驗。我與新亞結緣亦因而與兩代史學大家錢穆（賓四）、余英時一對師生成了莫逆之交（圖57），檢看師友書信，從一九七七年到一九九〇年賓四先生生前給了我竟有近三十通之多。英時大兄長我五歲，初識於新亞時，我們都是四十之盛年，今日則都已是過了八十的年老之人，但他耳聰目明，筆耕不停，年來時見他寫的回憶錄，一篇比一篇好看。近十年來，隔着太平洋我們多以電話互通訊聞，其樂趣實非古人所能有，但四十年來，英時大兄給我手札亦近二十通。讀書信雖不能聞其音，但「見字如面」，手之書可常讀而彌新，這本師友書信集之出版，今之人與後之人都能欣賞到書（信）者之精神風貌。

圖 57

嚴耕望、錢穆、余英時、金耀基

　　錢穆（賓四）先生（圖58）的大名，少年時即有耳聞，讀成功高中時，嘗讀其《國史大綱》，雖不能領略其高明精緻之處，但覺其氣象闊大，通古今之變。毫無疑問，錢先生是民國時代最傑出的歷史學大家之一，《國史大綱》外，他的《先秦諸子繫年》、《中國近三百年學術史》、《中國文化史導論》、《中國政治歷代得失》及晚年鉅製《朱子新學案》等書，都是傳世的名山豐業。多年來，賓四先生是我心存敬意的老輩學人。六十年代，我的學術旨趣在研究中國的現代化，應特別指出者，我主張中國的現代化，但對全盤西化論者所持打倒或敵視中國傳統文化之立場，截然不同。我深信像中國這樣的文明古國的現代化，其推動現代化的一個能源必然來自文化傳統的轉化與再生。四十年前，我就提出「沒有『沒有傳統的

圖58

錢穆、金耀基

現代化』」的理念（見於我七十年代為何懷碩《藝術、文學、人生》寫的書序），我對於能深刻闡揚中國傳統文化之學人始終抱有一份敬意與感激之情。我一九六六年出版的《從傳統到現代》一書就引用了不少梁漱溟、錢穆等學者的論點。所以，當我在一九七七年以新亞院長身份到台北與錢穆先生於素書樓初次見面時，錢先生就說：「一見如故。」

　　錢穆先生於一九四九年南來香港。當年的他是一個「文化的流亡人」，身無餘物，但一心裝滿了維揚中國文化的深情壯志。在香港這個沒有意識型態禁制的殖民地，一九五〇年錢先生與唐君毅、張丕介二先生，志同道合，為了中國文化的傳承與發揚，創辦了新亞書院。錢先生並親任校長之職，達十五年之久。新亞初立之時「手空空、無一物」，只有效曾文正公的「紮硬寨，打死仗」的精神艱苦奮進，在風雨如晦的歲月，先後受到香港商人王岳峰、趙泳大律師、台灣蔣中正先生等的捐贈，勉力苦撐。新亞自創立以來，物質條件雖長期不佳，但其立校之理念與辦學之精神，則日益受到各界（包括港英政府）之認同與尊敬。一九五五年起，開始獲得「耶禮協會」（Yale in China，耶魯大學校友為主的志願團體、民國時期對中國的教育、醫療有長年的捐獻）的大力支持，新亞有了穩固健盛的發展基礎。一九六三年，新亞受邀與崇基學院、聯合書院結合組成香港有史以來第二間大學──香港中文大學。新亞從此更進入一個新的歷史階段。錢先生不止創辦了新亞書院，新亞在他任校長的十五年裏，成長為香港教育天地上一棵有獨特風姿的青松，新亞更成為享譽海內外的儒學重鎮。一九六五年，新亞成為中文大學成員書院後兩年，錢穆先生決定引退，專

心於《朱子新學案》的撰寫，並與夫人胡美琦赴台灣長居。

一九七七年，我接掌新亞之初，即有設立「錢賓四先生學術文化講座」的構想，不止是想藉此對新亞創辦人，首任新亞校長（當時的職稱）表示感恩尊崇之意，更想藉此逐年邀請全世界對中國文化有卓越成就的學者來新亞講學，以繼續並增強新亞為研究中國文化重鎮的地位。新亞同事一致贊同這個構想，並希望錢先生本人為講座第一位講者，這樣不但增加講座的份量，並且也可早日邀請錢先生回新亞，這是新亞師生久所企盼的。這樣，我就在第一時間致函錢先生，表達有意去台北拜望他老人家之意。不久，我即收到錢先生的第一封毛筆信（圖 59），顯然他老人家（錢先生長我一倍，當年我是不惑之年後二歲）是樂於見到我這個後學的「新亞人」的。又不久，我收到錢先生的第二封信（圖 60），也是毛筆書寫的。之後十餘年，我與錢先生通信不絕。但自第三封信之後，錢老就改用鋼筆、圓珠筆來書寫了，因為他已患上黃斑變性症眼疾，視力日趨模糊，用不上毛筆了（圖 61）。再下去，錢老已幾乎失明，他的信是下一個字疊在上一字之上，最後我收到的信，則已是錢先生口述，錢夫人胡美琦筆錄了。這裏選刊錢先生的第四信（圖 62），是他在我辭卸新亞院長時寫的，言不及情，而情在焉。每次閱讀錢先生的書信，都是一件樂事，我覺得他寫信是十分在意的，字也寫得漂亮，無論毛筆字或鋼筆字都是很可觀賞的書法，當然毛筆字更有韻味，剛健婀娜，自成一格，真的，他給我的兩通毛筆信，置諸南北宋名家（包括朱熹）手扎中，絕不少有遜色也。

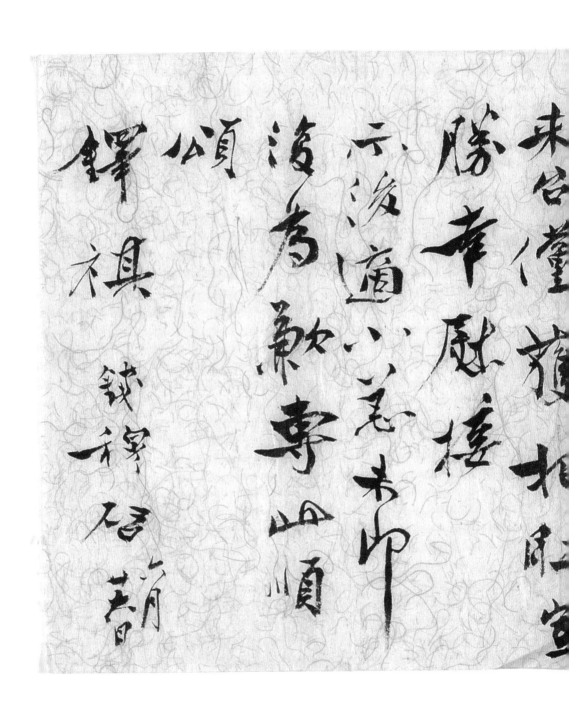

来台僅獲一
勝幸慰接
六後適小恙未即
復為歉專
公頌
鐸祺

錢穆啟

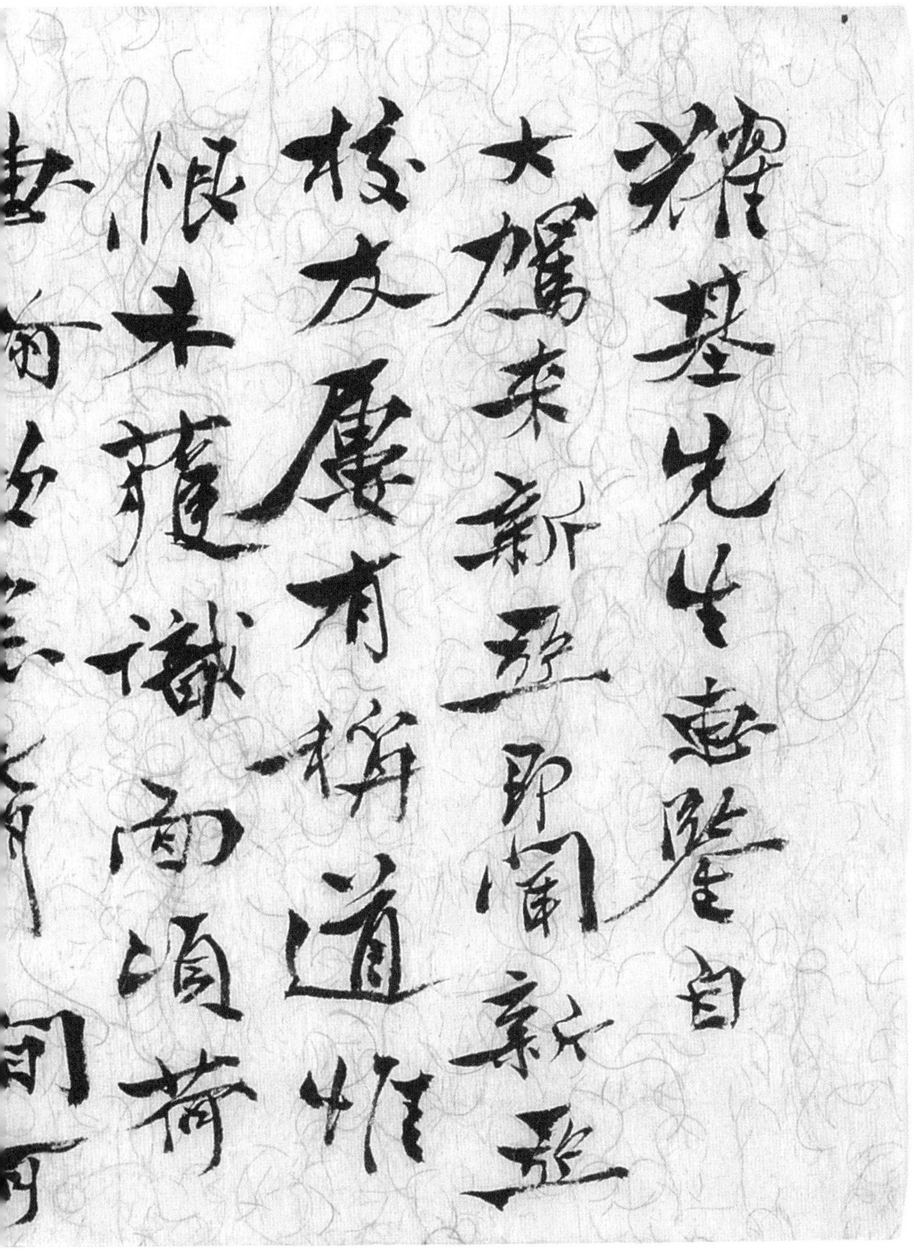
禮基先生惠鑒 自
大駕來新亞 即聞新亞
校友屢有稱道 惟
恨未獲識面 須荷

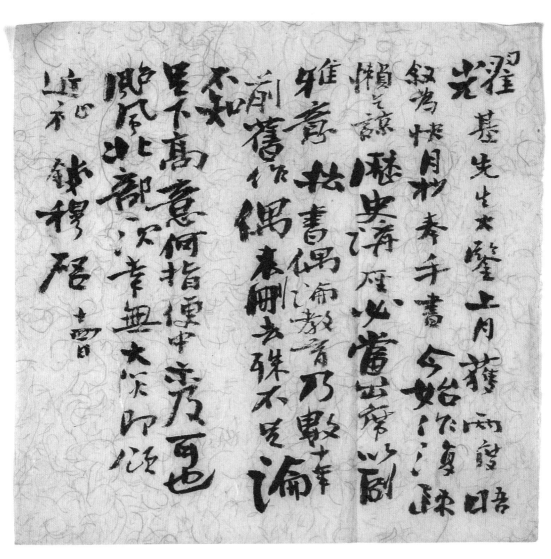

耀基先生文鑒 上月獲兩劄 晤
叙為快 月杪奉手書 今始覆 匆匆 事殊
懶乞諒 歷史所必當出席 以副
雅意 然書偶仙論 教育 乃數萬華
剿舊作 偶表冊去 殊不足 論
不知
足下高意何指 便中寄示 即
颺風北部次 章無大 即住
近祉 錢穆 居曾

圖60

錢穆信（第二封）

94

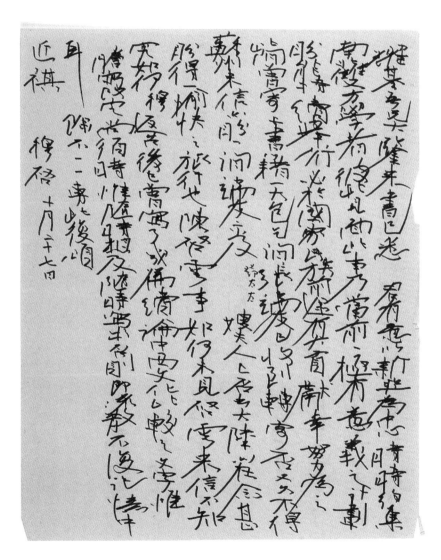

圖61

錢穆信（第三封）

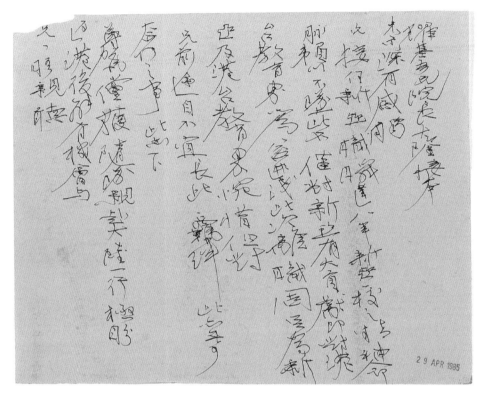

圖62

錢穆信（第四封）（頁一）

　　自一九七七年與賓四先生結交始，十三年中真有許多可以懷憶之事。
一九七八年十月，他由夫人胡美琦陪同來新亞，作「錢賓四先生學術文化
講座」（下面簡稱「錢穆講座」）的首講。錢先生第一講（共六講）之日，
新亞山頭人眾蜂湧，中大師生、新亞校友、香港文化界人士都慕先生之名，
聞風而至，講演設在最大的新亞體育館，座無虛席，還要動用臨近的課室
以電視轉播，這絕對是香港當年文化界的盛事。據我所知，錢賓四先生是
最善於演講的老輩學人之一，他又講又演，是名副其實的演講。錢先生有
濃厚的無錫口音，像我與妻元禎的江南人，聽來固然津津有味，但第一回
面對他的演講的廣東人，恐怕最大的滿足只是欣賞到這位國學大家投手舉

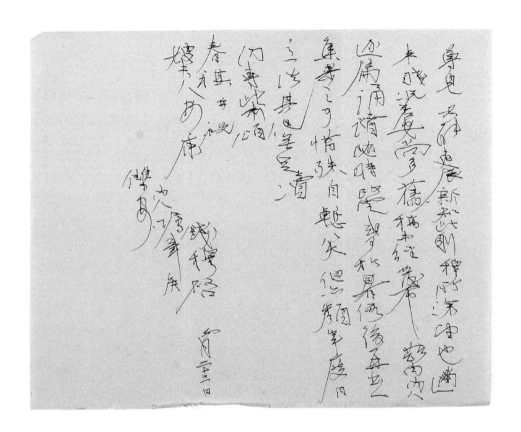

（頁二）

足的講堂風采！

　　一九七八年之後，賓四先生曾幾度再訪新亞，最令人難忘的是他先後與兩位「錢穆講座」主講人英國的李約瑟博士與北大的朱光潛先生在新亞「雲起軒」的會面。一位是中國科技史鉅子，一位是中國的美學家。錢先生與李約瑟彼此聞名已久，但是首次見面，看到東西兩位大史家舉杯把歡，相互推重的鏡頭，不能不說是一件美事；朱光潛先生與錢先生是北大老同事，也是老朋友，一九四九年後，兩位老朋友再無見面，一九八三年這次在香江重晤，兩位老人握手談往，真有隔世之感，在感慨唏噓中，我見到他們流露出的一絲歡悅。

　　余英時先生（圖 63）我是在新亞書院初識的。我於一九七〇年自美
到中大新亞，一九七三年余英時應新亞董事會之聘回母校接替梅貽寶先生
為新亞書院校長。他當時在哈佛執教，他之請假（三年）回新亞實是回報
母校當年教育之恩。他是新亞第一屆本科生，是院長錢穆的入室弟子，也
是新亞推選到哈佛深造的第一個畢業生。余英時在哈佛師從知名漢學家楊
聯陞，並登堂入室。他在聯陞教授指導下完成的《漢代胡漢經濟交通史》，
其史學、史識得以大展，奠定了他在西方史學界的地位。獲博士學位後，
余先後在密西根、哈佛、耶魯、普林斯頓著名大學執教，這應是中國人文
學者前之少有的教學經歷。他在史學界的聲譽也與日俱增。

圖 63

陶元禎（金夫人）、陳淑平（余夫人）、余英時
攝於金耀基駿景園寓所

　　我個人認為余英時先生真正成為當代史學之大家與他七十年代返港，決定此後多以中文著述有關鍵性的關係。他曾語我：「我寫的是中國的史學，做中國研究的外國學者應該是會讀中文的。」他自認用中文書寫舒暢得多。其實余的英文著作甚富，恐不下百萬言，我們可以看到，七十年代以後，余英時的中文著述，如井噴式的出現，一部接一部，無不風行於華文世界。他的重要著作，《史學與傳統》、《歷史與思想》、《士與中國文化》、《中國思想傳統的現代詮釋》、《重尋胡適歷程》、《中國近世宗教倫理與商人精神》、《紅樓夢的兩個世界》、《陳寅恪晚年詩文釋證》以及《朱熹的歷史世界》鉅製與二〇一四年出版的《論天人之際》的思想史之扛鼎之作，讀者可以見到他治學方面之廣、深；可謂通古今，兼中西。余英時的如椽生花之筆，盡得錢穆之闊大氣象與楊聯陞精審綿密之學風。他是傅斯年科學史學外，另開生面，不求歷史之規律，深探歷史之意義，是現代闡釋學史學的一位傑出的漢學巨擘。這就宜乎余英時在二〇〇六年獲美國有「人文學諾貝爾獎」之稱的「克魯積人文終身成就獎」（The John W. Kludge Prize for Lifetime Achievement），及二〇一四年獲頒台北的唐獎第一屆的「漢學獎」了。

　　我與英時大兄結識於七十年代，那時他是中大的新亞院長和中大副校長，我之所以與他成為相知相重的同事，緣於七四年我們共在中大的一個「改制小組」（全名「教育方針及大學組織工作小組」）共事，直至余於七五年返哈佛止。改制小組由李卓敏校長提名余英時任主席，成員中有馬臨、邢慕寰等多位資深教授，我與陳方正及傅元國三人則是由中大教師直接選出。改制小組的任務重大，它關乎到中大的未來，特別是大學本部

與書院之關係與新定位。所以，以余英時為主席的改制小組，自始至終，以極其認真、嚴肅的態度，全方位的思考中大所面對的結構性與運作性問題，誠然，改制小組從不缺少熱情的爭議與辯論，但成員始終都抱持理性的態度，並以中大全局的利益為歸依。可憾的是改制小組累月近年的辛勞所作成的建議，在校內校外引發了激烈的批評與爭議，顯然改制小組的建議沒有贏得大學各方面的共識，書院的權力機構，特別是新亞的董事會反對最烈，新亞廣場出現了大字報，其中甚至有以道德性的語言譴責改制小組，特別是小組主席余英時。無可諱言，改制小組沒有完成使命，小組主席余英時更受到極大的誤解與委屈。事實上，港督不久就在中大之外成立了第二個「富爾敦委員會」（第一個富爾敦委員會是中大誕生的催生者），取代了中大內部的改制小組，不過改制小組的一些基本性建議還是為第二個富爾敦委員會所接受。今日回想，自第一個「富爾敦報告書」實行以來，中文大學近四十年來取得了巨大發展。顯然，改制小組的工作沒有枉費。當年，改制小組解散之時，我並無灰心，只對古人「理未易明」的道理深有體會了。而在改制小組所經歷的煉獄式的過程中，我有機會深刻貼近地認識了余英時這個人。他的公心、正直、寬厚及與人為善的處事作風，我是由衷欣賞與敬佩的，我們由「戰友」變成了「無不可與言」的知己友好。他回哈佛後，我們開始了數十年的「見書如面」的來往。英時大兄的信（圖 64 - 67），沒有虛語，自然而有文采，字裏行間流露的是聲氣相求相應的友情。他的信都是鋼筆或圓珠筆的書寫，圓熟清秀。他送我的（毛筆）書法條幅，秀挺流麗，悅目可賞，有「讀書萬卷始通神」的筆墨。

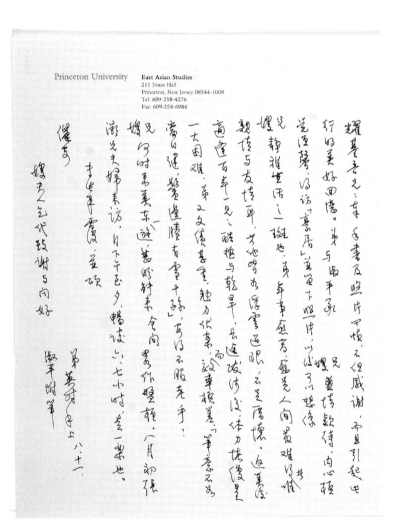

圖64

余英時信（第一封）

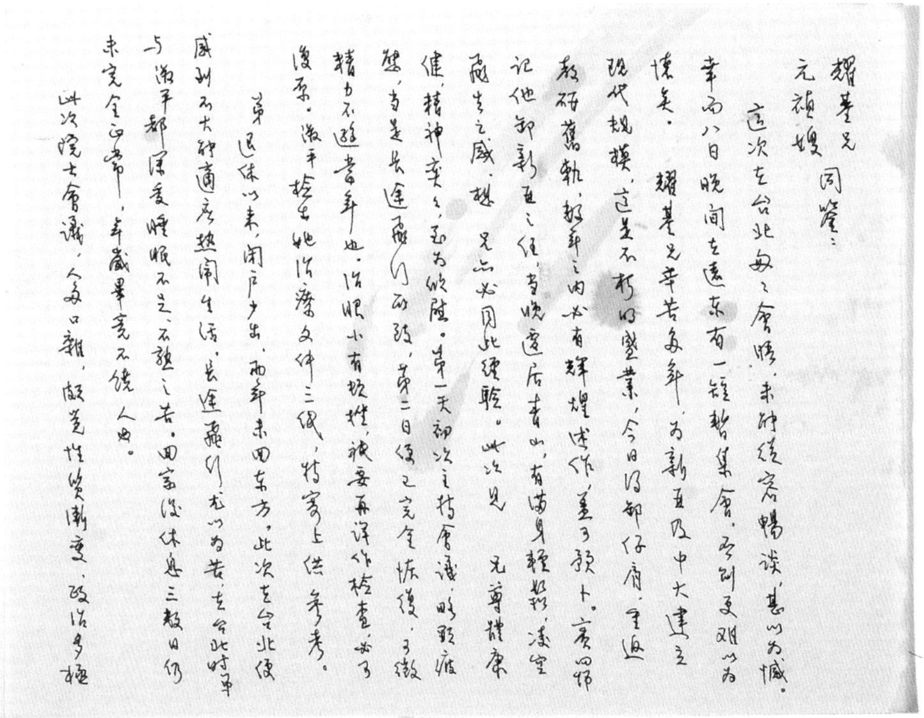

圖 65

余英時信（第二封）（頁一）

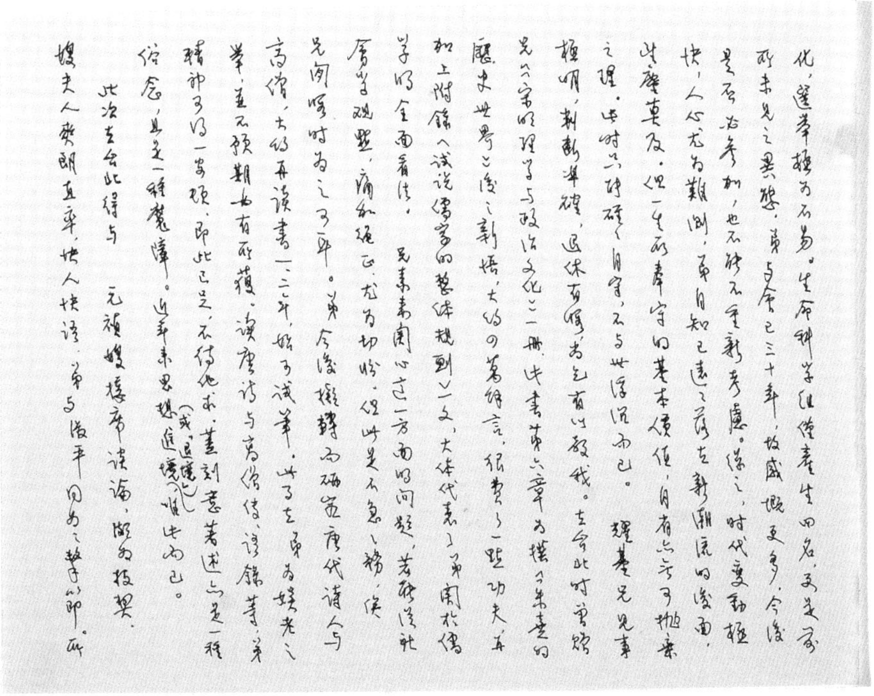

（頁二）

（頁三）

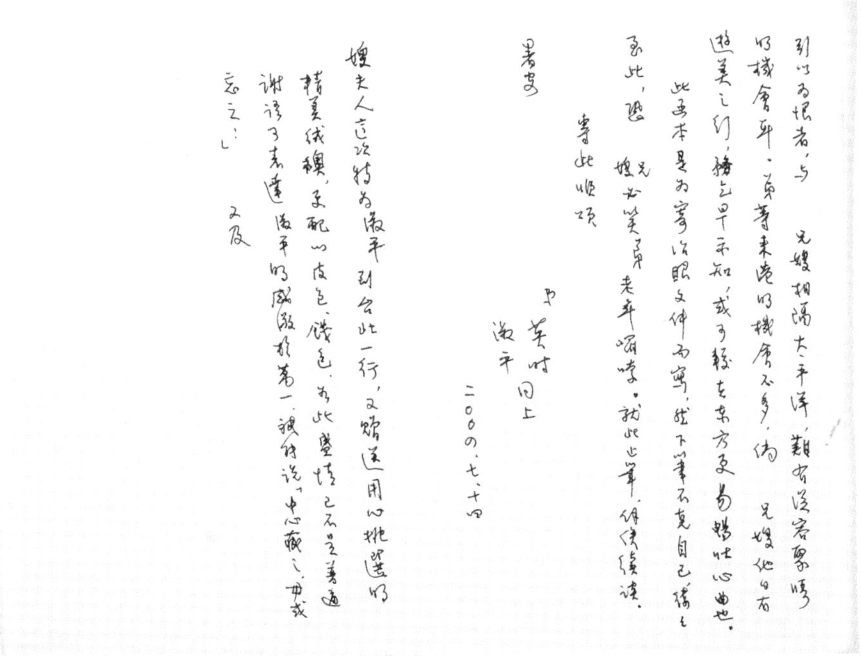

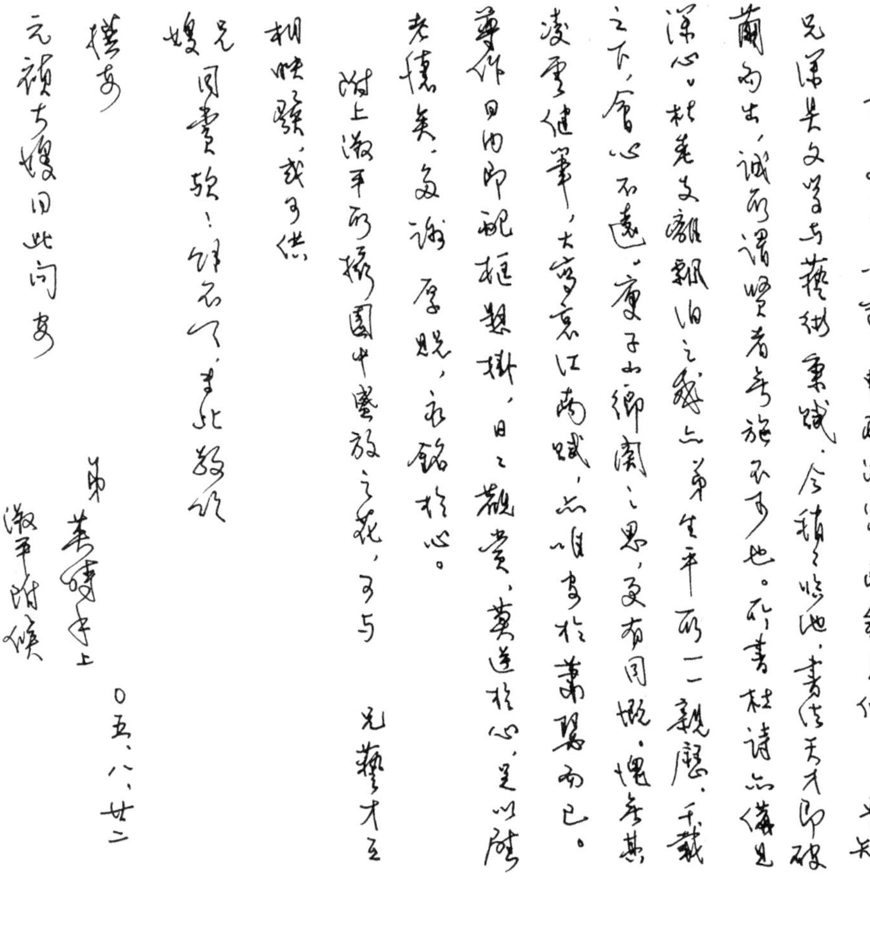

圖 66

余英時信（第三封）

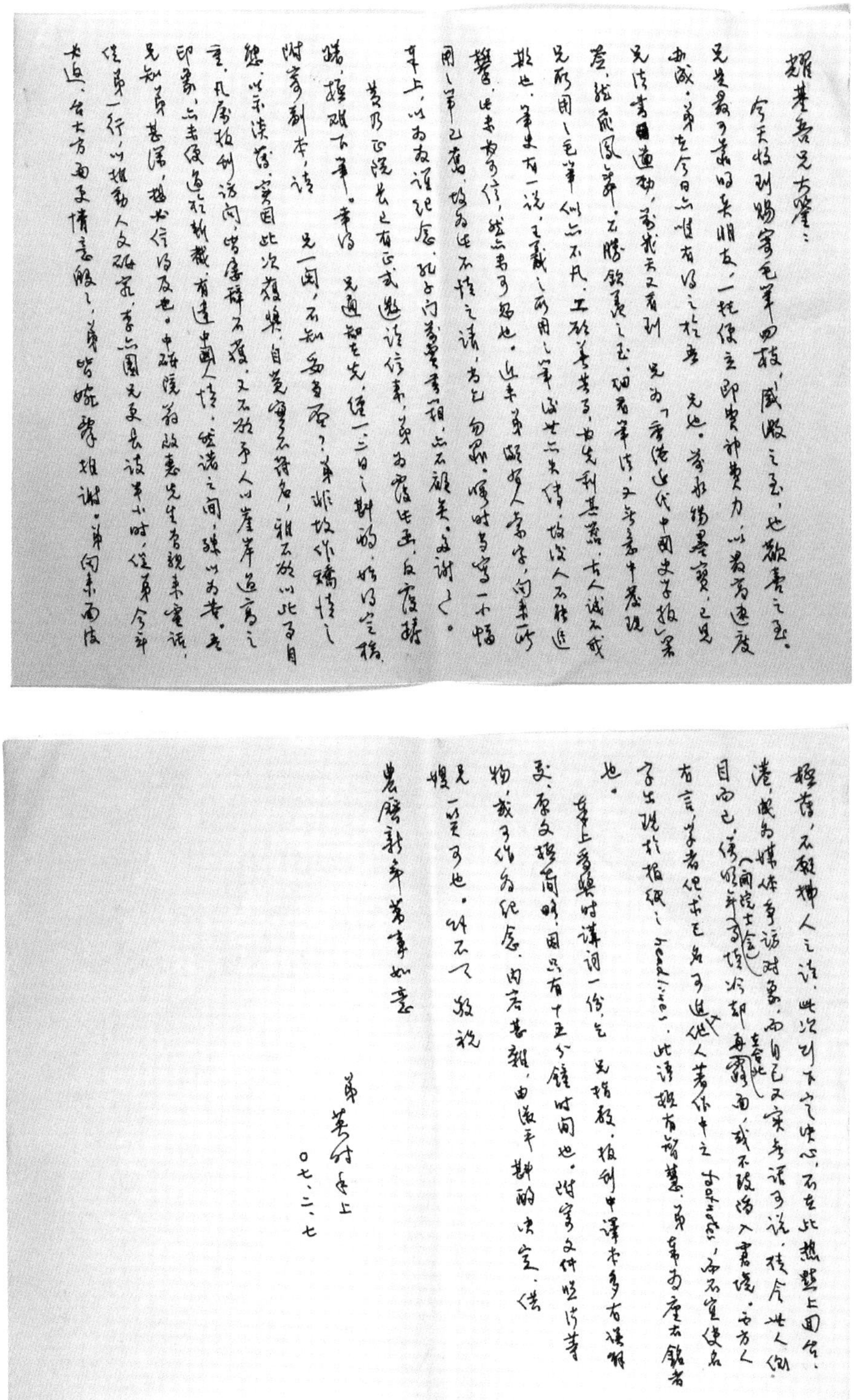

圖67

余英時信（第四封）

　　去年三月香港集古齋為我舉辦了一個「金耀基八十書法展」，開幕式中，萬想不到在董建華先生致辭後，英時大兄託董橋主禮嘉賓宣讀了他親書的一封賀言（圖68）。他對我的為人治學，特別是對「金體書」毫不保留的讚譽，詞真而美，意深而切，非深知我、厚愛我者，不能有此文墨。

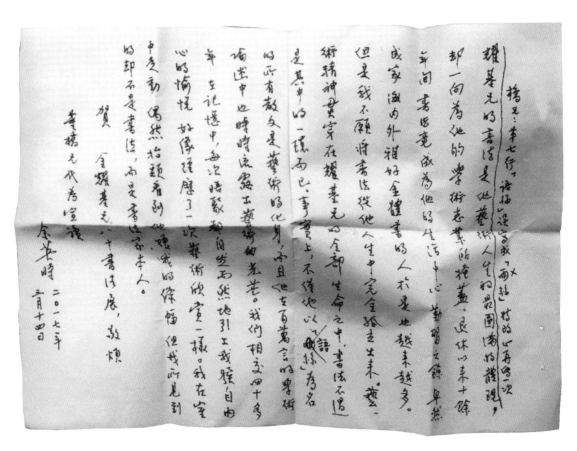

圖68

余英時信（第五封）

新亞書院是儒學之重鎮，最有心於人文精神之樹立，我既決定接掌新亞，便希望對於學術文化的發展多做些實事。在我院長任內，新亞先後設立三個學人訪問計劃，第一個便是「錢賓四先生學術及文化講座」（簡稱「錢穆講座」），我個人在這個計劃的執行用心最多，同事劉述先、孫述宇、孫國棟、趙傳纓、麥松威、喬健、譚汝謙、金聖華等，對我多有加持。我深信，學術為天下公器，新亞錢穆、唐君毅、牟宗三、徐復觀、嚴耕望、牟潤孫、饒宗頤等諸前輩先生對中國文化都作了重大貢獻，但東海、南海、西海、北海有聖人，世界正多在中國文化上有卓越成就之人，新亞如能一一逐年邀請他們來校講學，並與本校師生交流、論學，共譜世界為一「大學共和國」之樂，豈不甚美？！

自一九七八年，新亞邀請老校長錢穆先生為「錢穆講座」首屆主講後，第二屆主講人，我們的眼光就轉向西方，邀請了英國的中國科技史鉅子**李約瑟**博士。李博士與他的學術知己魯桂珍女士於一九七九年一月惠然東來（圖69），他在新亞一個月，作了五次演講，以《傳統中國的科學：一個比較觀察》為主題，結集由中大與哈佛兩大學出版社共同出版。錢先生有感李約瑟博士來新亞主持「錢穆講座」之盛情，特從台灣來港，向他當面致意。這兩位大史家之相見真可謂是一次難得的東、西之會遇。在李約瑟博士西返劍橋前夕，我依約與他作了一次三小時的訪談，由鄧煥賢女士記錄，並寫成〈科學、社會與人文〉五千字的長文，誌念李博士的新亞之行。一九九五年，李博士在劍橋逝世，我永遠不會忘記這位要為中國文化討個「公道」的西方科學家。

圖 69

金耀基、魯桂珍、錢穆、李約瑟、馬臨

　　英國李約瑟博士講學新亞後，我們的眼光又回到東方，曾留學京都大學的東亞史專家譚汝謙博士提議邀請日本的**吉川幸次郎**先生作「錢穆講座」。吉川先生曾任京都大學中國文學教授，是當代日本的中國文學權威，文名極隆，著有《杜甫詩注》、《中國詩史》、《宋元明詩概況》等，他的「唐詩如酒；宋詩如茶」的詩語，膾炙人口。我於一九七九年寫信正式邀請吉川來新亞講學，並着手準備歡迎這位中國東鄰的文學名士。不久，得吉川先生覆信（圖 70），他因健康關係無法應邀成行，這實是無可奈何之事。吉川先生的毛筆信，完全是中國宋明文人的精審筆法，極有墨趣，讀其書，覺其筆力挺健，仍盼其早日康復後再臨新亞，不意一九八〇年吉川先生就離開人間，令人低迴不已。「錢穆講座」遂決定停辦一年。

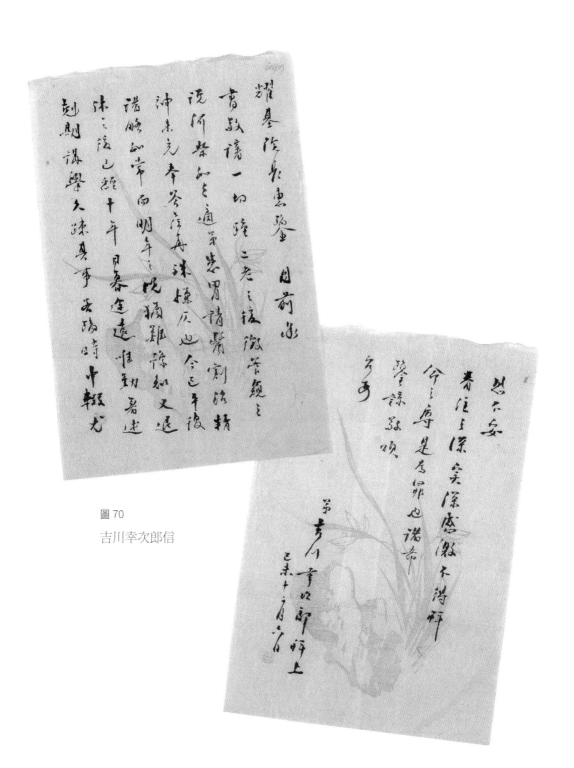

圖 70

吉川幸次郎信

　　翌年，一九八一年，新亞邀來「錢穆講座」的主講人是**小川環樹**先生（圖71、72），小川時任京都大學文學教授，他是與吉川幸次郎同享盛名的中國文學大家，著有《風與雲：中國詩文論集》、《唐詩概說》、《論中國詩》、《元明詩概況》等書。小川先生承允應邀的中文信（圖73），鋼筆書寫，亦有濃郁的書卷氣。我向小川先生發出邀請函時，曾請當年新亞在國學上最稱老師的饒宗頤先生，乘其赴日講學的機會向小川先生先容。小川先生到新亞後，除了講學，少不了與饒公、汝謙、楊勇（研究《世說新語》的學者）諸兄談詩論學之樂。講學畢，返京都後，小川先生即來信（圖74）表達他對新亞之行之感激，他重禮數如此，文質彬彬，誠有古君子之風。

圖72

楊勇、饒宗頤、小川環樹、金耀基

圖71

小川環樹、金耀基

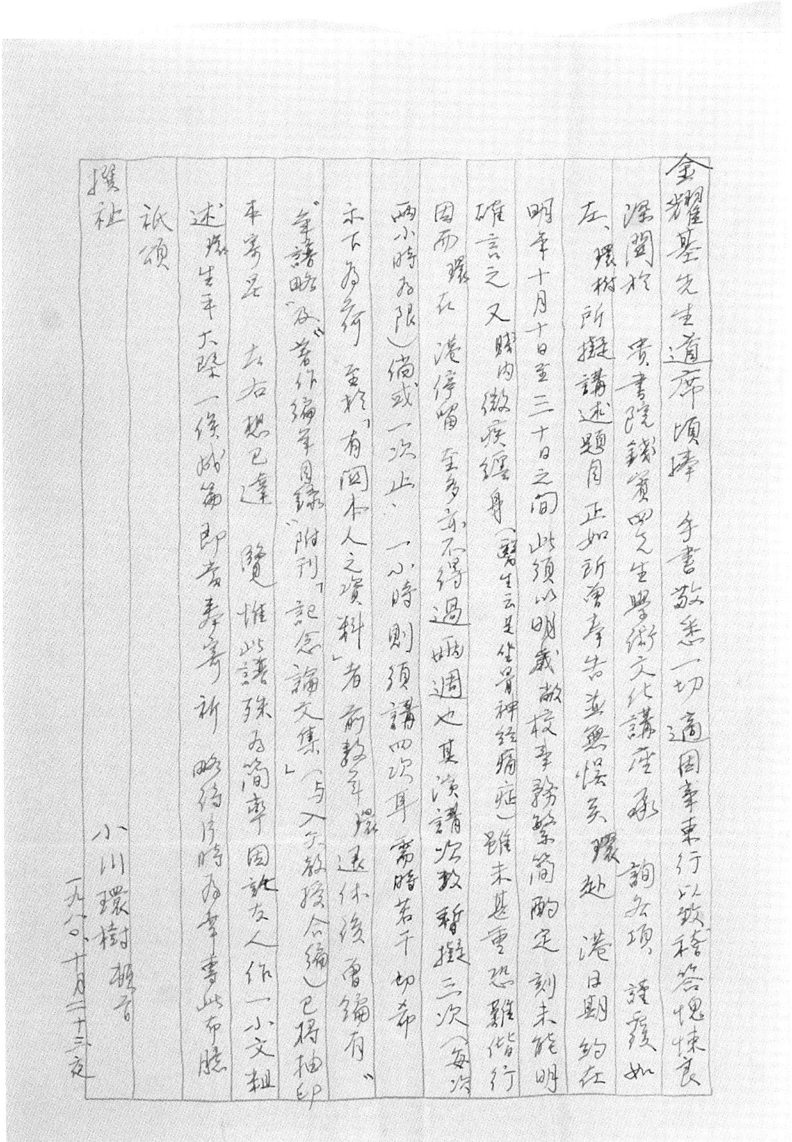

金耀基先生道席頃捧 手書敬悉一切適因事東行以致稽答愧悚良
深聞悉 貴書院錢賓四先生學術文化講座承
左、環樹所擬講述題目 正如所曹承告 並無悮妄環翅 港日聞約在
明年十月十日至三十日之間此須以明歲敝校事務繁簡酌定刻未能明
確言之又賤內微恙纏身（醫生云是坐骨神経痛症）雖未是重恐難偕行
因而環在港停留至多不得過旬過旬其演講必致稽擬三次（每次
兩小時為限）倘或一次此一小時則須講四次則需時若干切布
未下為行 至若 有岡本人之資料為前數年撰述休後曾編有
「拳藝略及著作編年目錄（附刊記念論文集（与入矢教授合編）已將袖印
若干布君 左右想已達 覽 惟此講殊為简率固訊友人作一小文粒
述麻生年不採一係的編即者奉寄祈 略給修時而奉書此布腺
祇頌
撰社
小川環樹頓首
一九八〇十月二十六夜

圖73

小川環樹信（第一封）

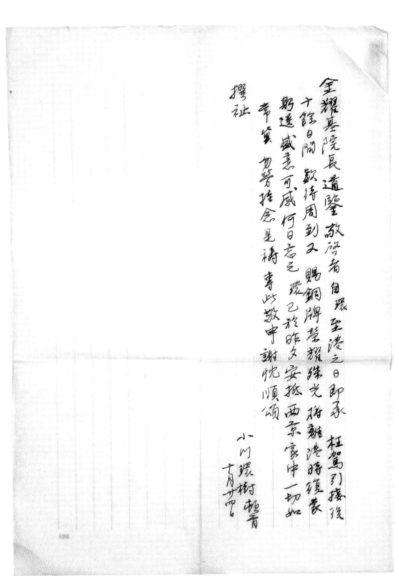

金耀基院長道鑒 敬啟者 自環至港之日 即承 枉駕引接後

十餘日間 款待周到 又賜銅牌瑩耀珠光 將離港時 頒表

郵遞盛意可感 何日忘之 環已於昨又安抵西京家中 一切如

常 勿以拙筆掛念是禱 專此敬申謝忱 順頌

撰祉

小川環樹謹肅

古月廿六日

圖 74

小川環樹信（第二封）

小川環樹講學新亞後一年，一九八二年「錢穆講座」的講者是美國漢學家**狄培理**（William Theodore de Bary）教授。狄培理年輕時曾在燕京大學讀書，一生研究中國及東亞儒學，對明末大儒黃梨洲的鑽研尤深。哥倫比亞大學長年來是美國研究和推展儒學教育的重地，狄培理教授（兼副校長）是靈魂人物。他是一位廣受尊重的教育家，著作及編著近三十部。他與陳榮捷等合編的中國及東亞儒學典籍的資料，貢獻多，影響大，隱然是西方漢學界的領袖人物。狄培理先生望之儼然，即之也温。一九八三年他與夫人蒞臨新亞，顯然是十分愉快的，因為他早年即與錢穆先生有識，狄培理這個中文名字就是錢先生為他取的（不知何故，多年來，華文世界都以狄百瑞名之）。狄培理在新亞的講題是〈中國的自由傳統〉，甚受新亞師生歡迎。他香港講學後，又去台灣探望錢穆先生，錢先生其後還來信（圖75）告知他欣賞狄培理在新亞講學的觀點。狄培理在新亞的講學英文稿由當年新亞同事李弘祺教授譯為中文出版。誠然，當年李弘祺是十分年輕的學者，狄培理先生也不過是六十之人。二〇一六年，狄培理榮獲第二屆唐獎的漢學獎時，他已是九十六高齡，真正是美國漢學之魯殿靈光了。一年後，狄培理教授魂歸道山，我對他是有很多的回憶，同時，我覺得西方漢學家，精通中國古典，但絕無或很少像日本漢學家那樣善於以漢字寫信的。

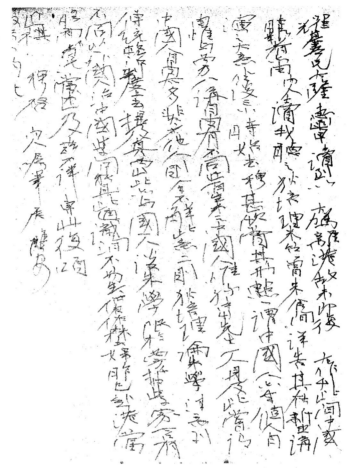

圖 75

錢穆論狄培理信

釋文：

　　耀基吾兄大鑒：惠函早讀到，以大駕離港故未即復　大作刊此間中國時報者，亦必由內人讀我聽之，狄培理來台曾來余間，詳告其在新亞講演之大意，坐談三小時始去，穆甚欣賞其兩點，一謂中國人亦重個人自由，惟與西方人講自由有不同，此百年來之中國人惟孫中山先生一人見及此。嘗謂中國人自由太多非太少，他人則全不解此意，二則狄培理論朱學注意到傳統政治制度上去，提及□□□，此亦與國人談朱學限於西方哲學家言有不同，以一外國人治中國學問，能具此通識洵不易矣。何佑森夫婦昨已赴港，當已晤面，鄙兄當述及，茲不詳，專此復頌

此祺

　　　　　　　　　　　　　　　　　　穆啟　內人囑筆
　　　　　　　　　　　　　　　　　　候雙安

美學老人**朱光潛**以八十六之齡由女公子陪同於一九八三年春應邀來新亞主持「錢穆講座」（圖76）。我在少年時就愛讀光潛（孟實）先生談美的文章，朱光潛三個字與中國美學是分不開的。無疑地，他是為中國開闢了美學這個學術領域的領頭人。光潛先生在我剛一歲時（一九三六年）出版的《文藝心理學》是蔡元培提倡「美育代宗教」說以來，被朱自清稱讚為一部「頭頭是道，醰醰有味的談美的書」。朱先生學術著作極富，前書之外，如《詩論》、《變態心理學》、《悲劇心理學》（這是他的博士論文，八十年代由張隆溪譯為中文）。十分難能可貴的是朱先生翻譯西方的美學經典之多與精也一樣令人稱羨，如《柏拉圖文藝對話錄》、萊辛的《拉孔》、歌德的《談話錄》以及兩卷本的黑格爾的《美學》，改革開放時期，又完成維柯（Vico）的《新科學》。

圖76

金耀基、朱光潛、朱光潛女公子

　　朱光潛先生幼少年時讀的是「私塾教育」，對桐城古文發生興趣，一九一八年考取北洋軍閥教育部的選拔試，被保送到當年唯一的高等洋學堂──香港大學。他與教英國文學的辛博森博士，最為投契。一九二五年，朱先生考取官費留英，進入辛博森的母校愛丁堡大學。他在英八年，先後到德、意、法等國遊學，見聞大開，而他主要的時間都花在大英博物館和大學圖書館裏。三四十年代他發表的著作，不少是他當年一邊研究，一邊著述的成果。

　　光潛先生學成後返國，應胡適、朱自清和徐悲鴻之邀，先後在北京大學、清華大學研究班和中央藝術學院教書，為中國播下美學的新種子。此外，他與沈從文、周作人、俞平伯、朱自清等主編了商務出版的《文學雜誌》，這個雜誌的發刊詞就出於先生之手。這都可見朱光潛在中國新文化（特別是美學方面）的建立與發展是出過大力的。

　　一九五八到一九六二年的美學界大辯論中，朱光潛的學術觀點受到嚴厲的批判，但他對這次批判的態度是認真而不含糊的，他還下大決心研究當年論敵引為圭臬的馬列美學思想。他用了六年的時間，以驚人的毅力學會了俄文（德文他本來就精通的），對馬列的美學做了全面深入的探索。大辯論結束的一年，他出版了兩卷本的《西方美學史》，這是一部代表了當時西方美學的最高研究水平的大著作。但文革爆發後，這部著作被打入冷宮，而光潛老人也關進了牛棚。一代學人竟有如此遭際，能不令人痛心感慨！其實，朱光潛的遭際，是他一代的學人的一個縮影，其大可浩嘆者亦在此。

　　一九八三年光潛先生踏足闊別了六十一年的香港，香港是他昔時讀書之地。我見到先生時，我可以感受到他對這個被稱為「東方之珠」的舊地

圖 77

朱光潛、金耀基、錢穆、胡美琦（錢夫人）

有美好的回憶，雖然一臉滄桑，他已努力去忘卻文革創傷，令他感到極大驚喜的是在新亞「雲起軒」重晤了睽隔半個世紀的老朋友錢穆先生，錢先生是專程從台灣過來看他的。兩位老人握手對視良久，一切盡在無言之中（圖 77）。

光潛先生在新亞講學期間，我曾與美學老人有過幾次敘談，並且交換了一些著作。老人隔天見我時，表示對拙書《劍橋語絲》的喜愛，還說他想帶回大陸出版，我因版權關係不敢從命，他就問我要了十本帶回北京。他說他要人知道一所真正的大學可以是怎樣的。朱老返北京後，從燕南園寄來一信（圖 78），顯然他對我這個後學以及我的散文集是青眼有加的。當我讀到他信尾所說「最後還要說，在香港給我印象最深的就是您自己和《劍橋語絲》」時，我撫信無語，思緒翻湧。未幾，他又寄來一幅他書寫的馮正中的《蝶戀花》（圖 79）。老人的書法秀挺清雅，使我聯想到池中之蓮。這幅一九三七年書寫的書法上加上了「舊時習書；寄奉耀基院長

存念」的新題簽。這十二個字是老人於一九八二年添加上去的，讀來就有滄桑秋慈之感。一九八六年朱光潛先生於北京辭世，我常會觀看書房上所掛的這位二十世紀中國美學老人的書法。真是字如其人，美！

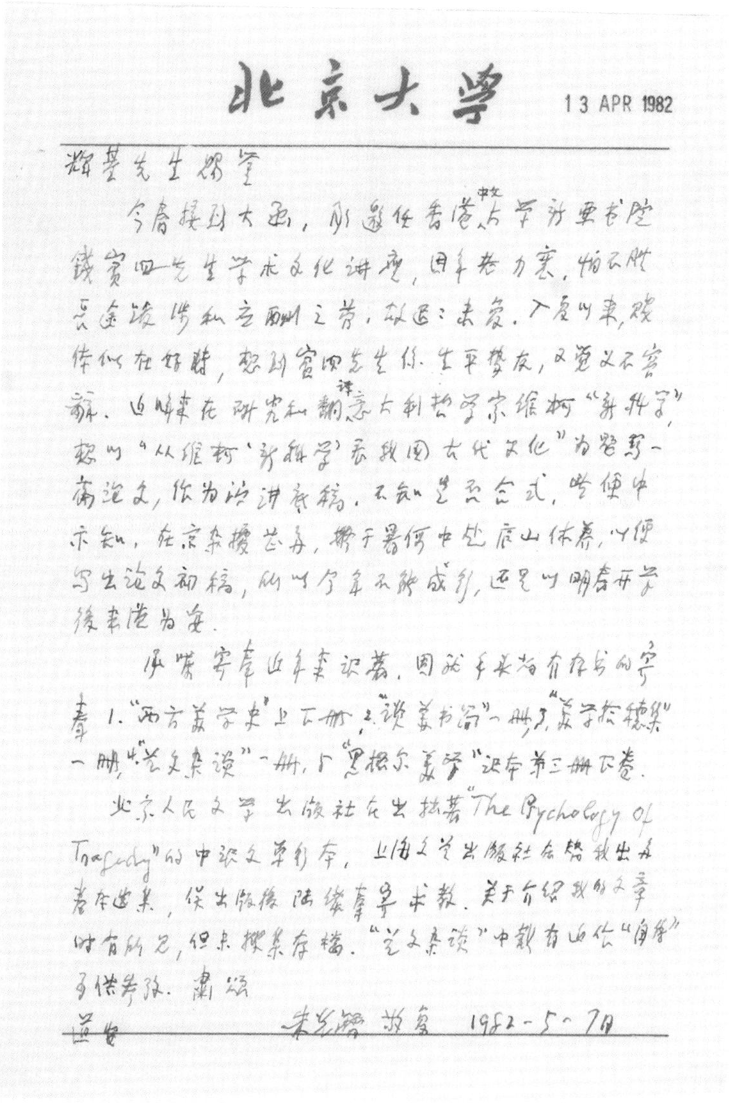
北京大學　13 APR 1982

耀基先生惠鉴：

今春接到大函，邀我任香港中文大学新亚书院钱宾四先生学术文化讲座，因年老力衰，怕不胜长途旅行和应酬之劳，故迟迟未复。入夏以来，体似较好转，想到宾四先生係生平挚友，又觉义不容辞。近几年来在研究和译意大利哲学家维柯"新科学"，想以"从维柯'新科学'看我国古代文化"为题写一篇论文，作为讲演底稿。不知是否合式，望便中示知。在京杂扰甚多，拟于暑假中赴庐山休养，以便写出论文初稿，所以今年不能成行，还是以明春开学後来港为妥。

承嘱寄奉近年来译著，因就手头尚有存书的寄奉1."西方美学史"上下册，2."谈美书简"一册，3."美学拾穗集"一册，4."艺文杂谈"一册，5."黑格尔美学"译本第三册下卷。

北京人民文学出版社在出拙著"The Psychology of Tragedy"的中译文单行本，上海文艺出版社在替我出[illegible]本选集，俟出版後陆续奉寄求教。关于介绍我的文章时有所见，但未搜集存档。"艺文杂谈"中载有四篇"自传"可供参考。肃颂

近安

朱光潜 敬复 1982-5-7日

圖 78

朱光潛信

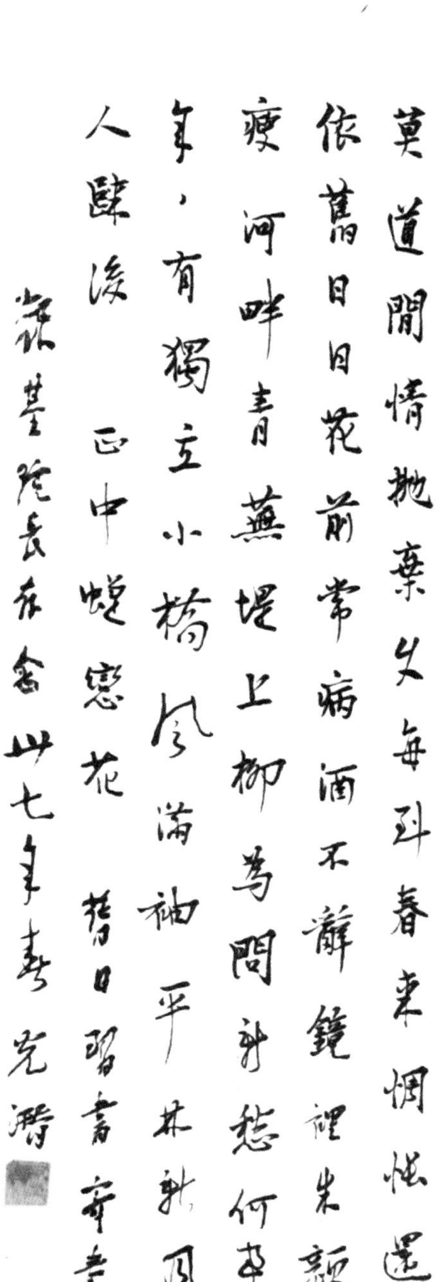

莫道閒情拋棄久，每到春來，惆悵還
依舊日日花前常病酒，不辭鏡裡朱顏
瘦　河畔青蕪堤上柳，為問新愁，何事
年，有獨立小橋風滿袖，平林新月
人歸後　正中蝶戀花　昔日習書奇章

嶽基隆長盦此七年春　光潛

圖79

朱光潛書法

119

　　楊聯陞（蓮生）先生是我在新亞院長任內邀請的最後一位「錢穆講座」主講人。聯陞先生清華出身，一九四〇年赴美，獲哈佛博士學位，在哈佛執教三十餘年，是中國經濟史的權威，著作包括有《東漢的豪族》、《中國貨幣與信貸簡史》、《中國制度史的研究》、《漢學散策》及《國史探微》等書，楊氏興趣廣博，於漢學無所不窺，自嘲是「雜家」。他更自稱是「漢學的看門人」，也只有他才有資格這樣說。他的近百篇的書評，涉及中國文史的各個方面，或長或短，莫不新見迭出，精審周密，盛水不漏，最為業界所喜讀與推重。聯陞先生的公子楊道申先生贈我的《楊聯陞論文集》，周一良作序，這是聯陞先生書評中所選的一部分，已足見他學問之淵博。

　　七十年代在美國劍橋，我因業師浦薛鳳（逖生）的陪同，得與楊先生有一面之幸。一九八四年，我以院長身份，邀請他到新亞講學，承他愈允，他更極其認真地與我往返討論演講的題目（圖80、81），最後定為《中國文化中「報」、「保」、「包」之意義》。顯然，聯陞先生的論述包含了極多的社會學的元素，這當然是我特別喜歡的。楊先生的演講稿出書時，他還把我〈人際關係中人情之分析〉一文（此文原刊於一九八一年中研院第一屆《國際漢學會議論文集》）收入他書中，並要我作跋（圖82），我是很感激這位前輩學人對後輩的愛護之意的。是次楊聯陞先生東來講學，我深感歉憾的是，當他來新亞之日，我已辭卸新亞院長之職，並已應聘到德國海德堡大學做訪問教授了，所以，我自哈佛拜見先生之後，再未能見先生一面（楊聯陞先生於一九九〇年去世）！是為我之大憾。所好者我的繼任者林聰標院長對聯陞先生在港的一切安排，都令楊老滿意，甚快老懷。

HARVARD UNIVERSITY

DEPARTMENT OF EAST ASIAN LANGUAGES AND CIVILIZATIONS

2 DIVINITY AVENUE

CAMBRIDGE, MASSACHUSETTS 02138

耀華院長賜鑒　陸惠風兄轉來十月十一日

華札避水一九六二年秋來港之特，錢賓四先生學術文化

講座甚當榮幸，賓四先生素所崇仰，承教有年在

弟得哈佛燕京學社資助專意撰著，朱子新學案，期間

通信甚多，將來或可選出若干表，中文大學又當能予

弟署學位，出思報答，未示惜意殷殷，除依照講座執約

此外奇意以經濟安信撰要邀往，子同窗，亦願因回到

自當遵命接受，以下数以之諸聽為，可中國子弟中

如或介紹辭，可盡舉例；報包括報多年等有

英文善通之中文社众子先翻阅由中文發揮

之處有五六，诸一小时用中文以止为而第一雄

论文中竹我足可诸一小时长撰用中文以止为而第一雄

第三稱擬用英文申迷若之诸補克卷，希论文

佑人找書而诏之絡且不限於此三篇，讨論必黄时子長長

半小時區戒遇當我遇度與春根趣穩打方兄一笑

此沒讀演考找借以訓話治安生思世史方面我義

回理世命諸宗，耶年陸弟捷登必有讨論不知見雪時

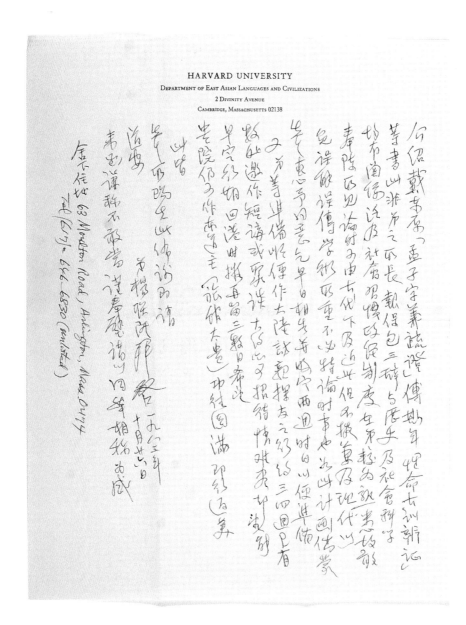

圖 80

楊聯陞信（第一封）（頁二）

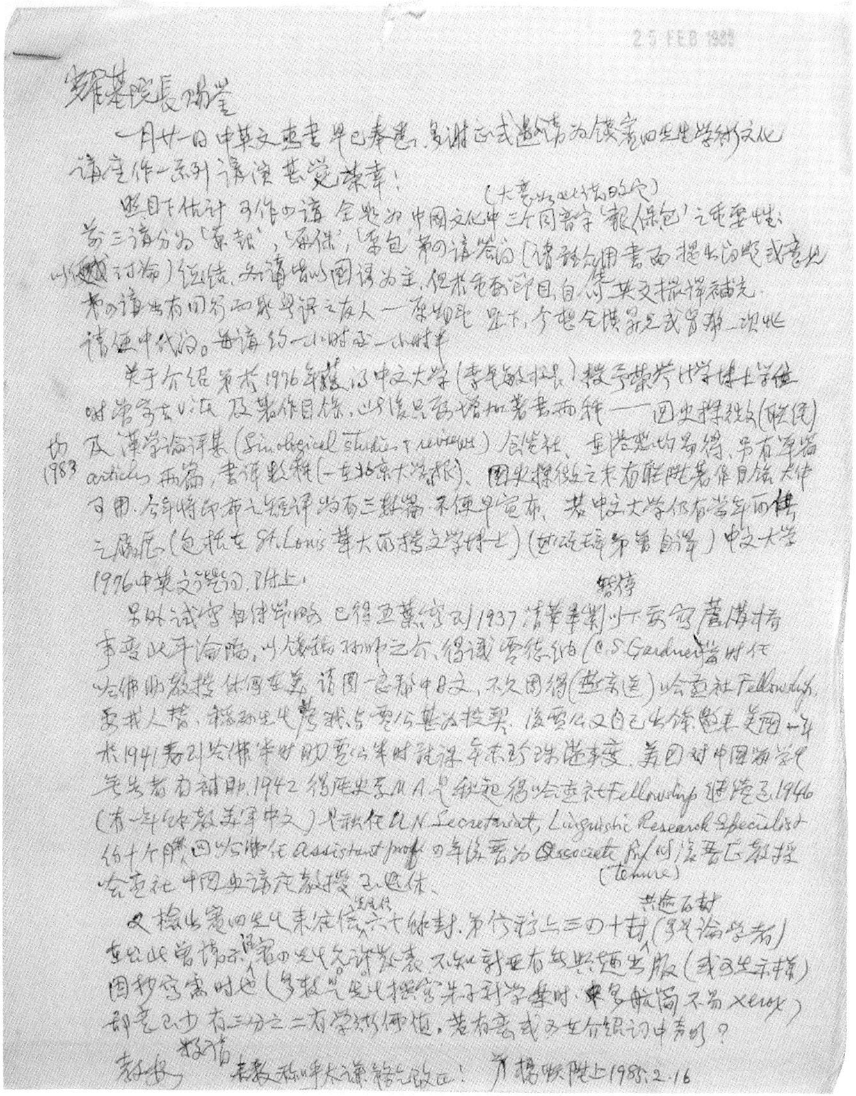

圖81

楊聯陞信（第二封）

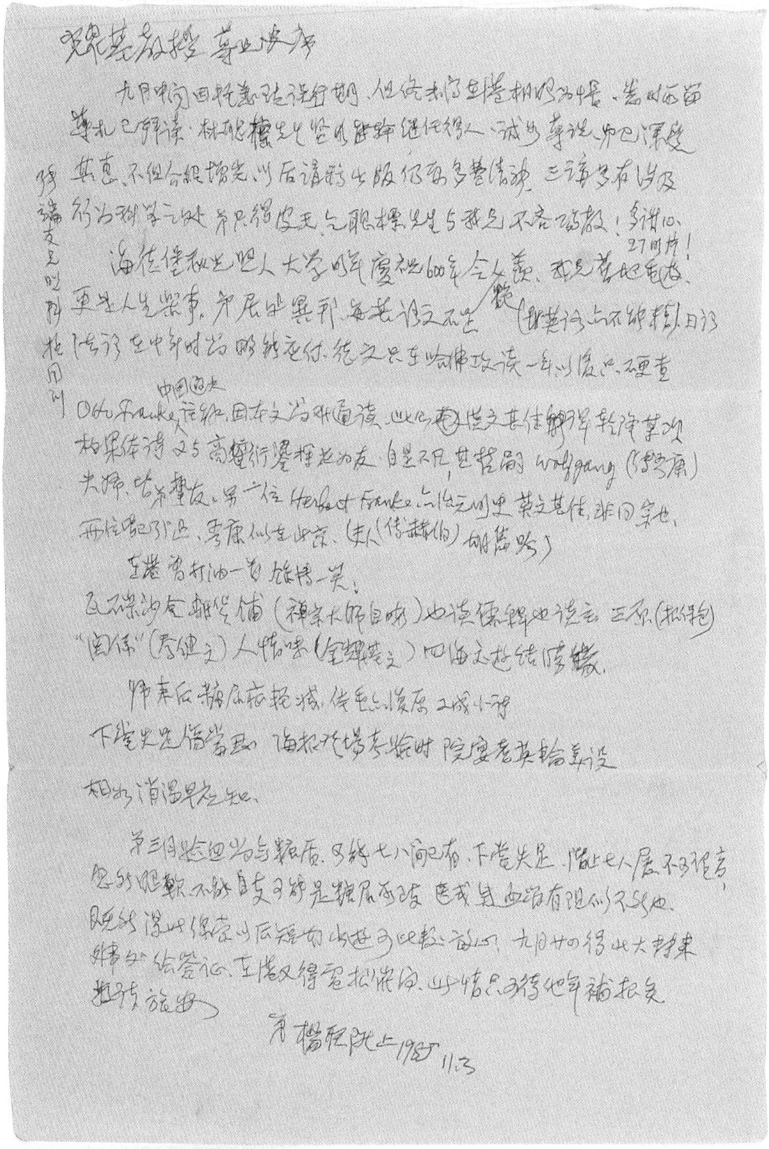

耀基教授 尊兄 道席

九月中旬回校[illegible]

尊札已拜讀。[illegible]

[illegible]

[illegible]不容請教！[illegible]10、27[illegible]！

海德堡[illegible]大學[illegible]600年[illegible]

更是人生樂事。[illegible]

[illegible]在中年時[illegible]哈佛攻讀一年，以後[illegible]

Otto Franke（中國通史）[illegible]

[illegible] Wolfgang（[illegible]）

夫婦，皆弟摯友。另一位 Herbert Franke 亦治元明史，英文甚佳，非同宗也。

[illegible]（夫人[illegible]）

在港[illegible]一笑：

[illegible]（禪宗大師自嘲）[illegible]

"[illegible]"（[illegible]）人情味（金耀基之）[illegible]

[illegible]

下卷[illegible]

相知[illegible]

第三[illegible]七八[illegible]下卷[illegible]

[illegible]

[illegible]九月廿四得[illegible]大[illegible]來

[illegible]

[illegible]

弟 楊聯陞 上 1985 11/3

圖 82

楊聯陞信（第三封）

楊聯陞教授是一位在西方漢學界人才輩出的時代，被西方學者推為漢學祭酒的大學者，他的入室弟子余英時教授說他「為西方漢學放一異彩」，是一點都不誇張的。

＊　　　＊　　　＊

我在中文大學工作三十四年，其中八年主持新亞書院，院長是兼職，但我用在新亞的時間與心力與我用在社會學本職的教研上是不分軒輊的。改制之前，校長（那時稱校長）是專職，在新制下，院長是兼職，故必須是份外盡力的。雖然如此，我是喜歡也珍視新亞的八年的。當我檢閱當年師友的書信時，我知道要不是在新亞，我不太可能結交到下面提及的幾位師友，更不會有他們給我的書札了。

梁漱溟先生這位獨立特行的大儒，在中國文化圈中是無人不曉的。民國時代初期，他與馬一浮、熊十力就被尊為「新儒三聖」。之後，新儒學學派論資排輩，把梁漱溟、馬一浮、張君勱視為新儒學三代中的第一代儒家代表人物，美國漢學家艾愷有專書寫他，把他看作是「最後一位儒家」。梁先生自信自己是懂儒家的，並深信可以儒學救世。他不止一生著述不斷，還是中國鄉村建設運動的實踐者。他所作《東西文化及其哲學》與《中國文化要義》等書影響遠大。梁氏雖篤信儒學，但對儒學是有深刻的批判與反思精神的，他對中國傳統社會文化之闡釋有許多本質性的創見（如說傳統中國非社會本位，亦非個人本位，而是倫理本位等），我個人是受益極多的，我對梁先生五十年前就有「讀其書，想見其人」的企慕。

　　一九七八年，鄧小平開啟了改革開放的歷史新運會，大陸上受文革迫
害的老師宿儒、學者專家漸次一一獲得平反解放，我在一九八二年年初，
即秉筆修書，邀請梁漱溟先生來新亞講學，是年一月廿七日收到梁先生第
一封信（圖82），梁老以「年老力衰，憚於遠遊」謝辭。之後，我知悉
梁先生有一文〈今天我們應當如何評價孔子〉，大喜，即致函梁先生，望

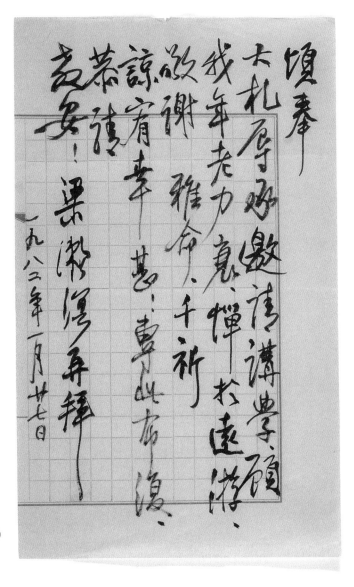

圖 83

梁漱溟信（第一封）

能賜下該文手稿，並存新亞收藏，同時還求他寫幾個字給我，以為存念。一九八二年五月廿五日，漱溟先生第二封信（圖84）表示同意，並書諸葛亮「靜以修身，儉以養德」八字贈我（圖85）。但六月廿八日第三封來信，表示〈今天我們應當如何評價孔子〉一文手稿，政協認為宜留於政協（圖86）。梁漱溟先生是我大學讀書時即仰慕心儀的儒學大家，始終未能一見，而只有「見字如面」之緣。他的書法堅韌挺拔，有松柏之姿。

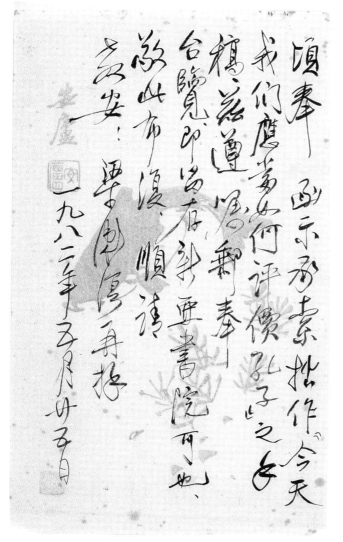

圖84
梁漱溟信（第二封）

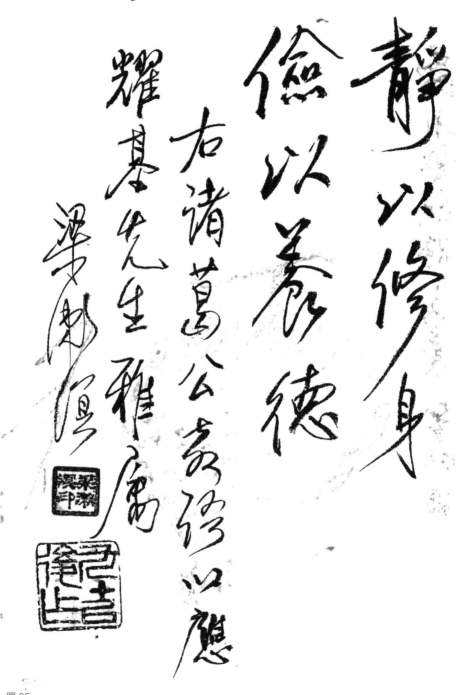

靜以修身

儉以養德

右诸葛公言淡以應

耀基先生雅屬

梁漱溟

圖85

梁漱溟書法

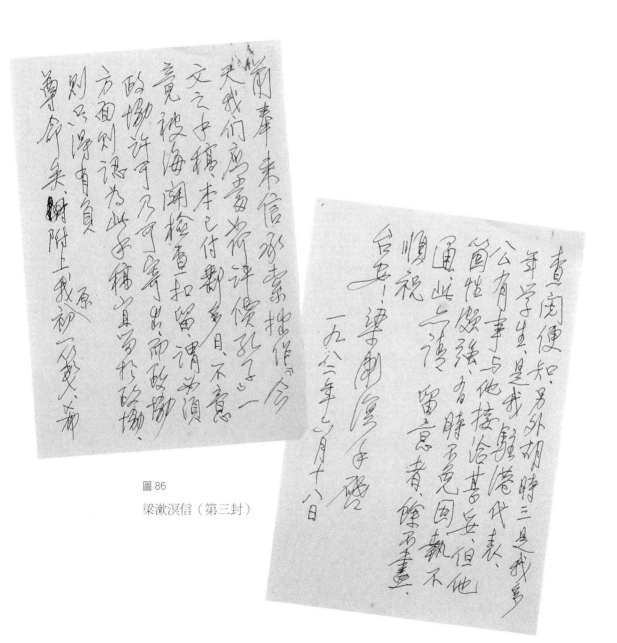

圖 86

梁漱溟信（第三封）

　　陳榮捷先生是我師輩學人，有兩三面之緣，印象深刻。榮捷先生生於一九〇一年，廣東人，曾就讀拔萃男書院、嶺南大學，一九二九年獲哈佛大學博士學位，一度回嶺南母校任教務長。三十年代後即長住美國，在美國多間大學講學，春風化雨，在西方培育了不少人才，退休後仍孜孜於講學與著述。他在西方漢學界中不止是中國哲學的開拓者，也是業界的老師宿學，一九七八年當選為中央研究院院士，在海外有崇高聲譽，但國內一般知識界知其人、其學者則不太多，想因陳老著作多以英文書寫故也。觀陳榮捷一生學術事迹，是抗戰以還，中國文化「花果飄零」（唐君毅語）在海外靈根自植，修成正果的一位漢學大家。

　　陳榮捷先生早年以《王陽明〈傳習錄〉譯注》一書，享名於西方漢學界，他此後更成為朱子學研究的權威，著有《朱子論集》、《朱王與新儒家》等書。一九八二年夏威夷東西文化中心舉辦「國際朱熹會議」，陳老為會議主席，聲名達於高峰。我研究中國文化，但非漢學家路數，我與陳老算不上是學術之交，他給我的信（圖87）應是我在新亞之時。我清楚記得，一九九四年是我當選中研院院士之年，也是陳老駕鶴西去之年，故在我出席第一次院士會議時，已見不到這位身材瘦小、精力充溢的海外高儒了。

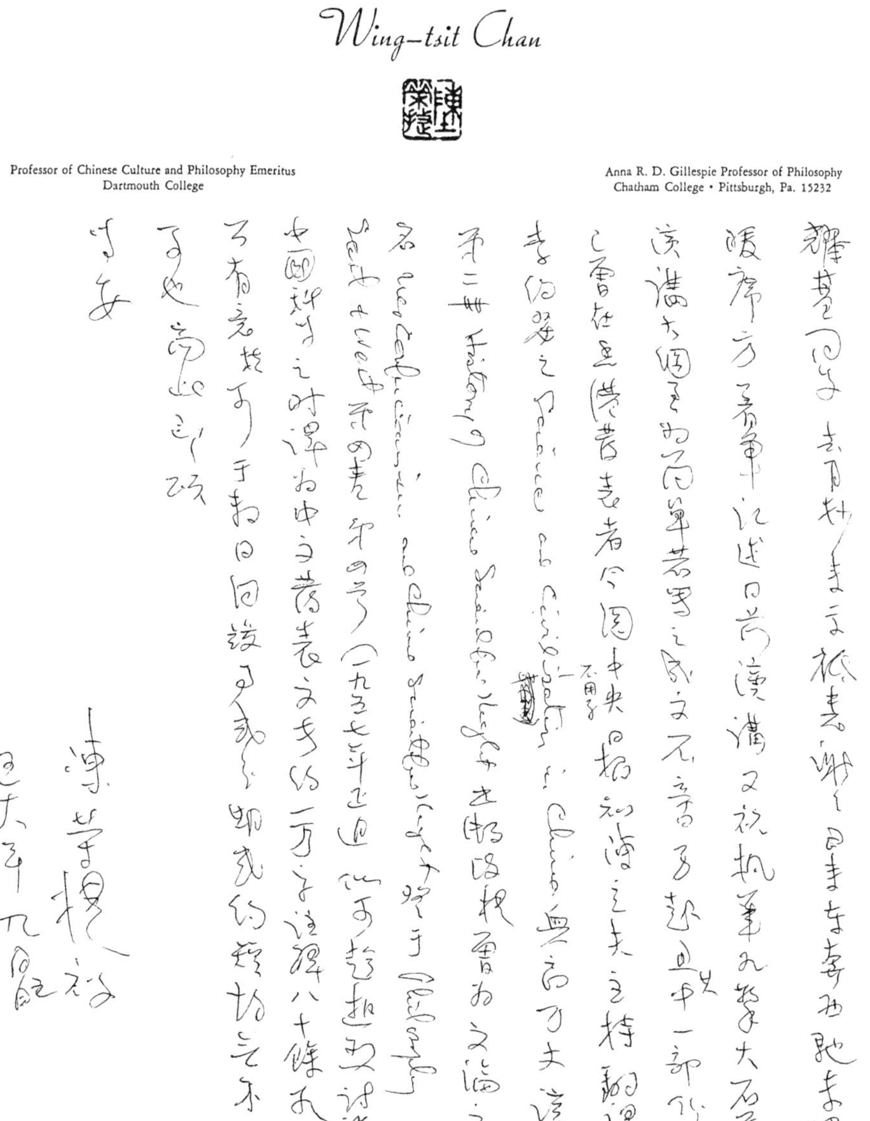

Wing-tsit Chan

Professor of Chinese Culture and Philosophy Emeritus
Dartmouth College

Anna R. D. Gillespie Professor of Philosophy
Chatham College • Pittsburgh, Pa. 15232

耀基吾兄 大鑒

陳榮捷 拜
三六〇 九月

圖 87

陳榮捷信

　　柳存仁先生也是一位中國文化「花果飄零」，在海外鑽研中國文學，綻放異彩的大學者。存仁先生生於一九一七年，三十年代北大讀書時，是胡適講「中國文學史概要」班上的學生。之後，他在英國倫敦大學得文學博士學位，他的大後半生教學與著作都在澳洲。他曾任澳洲國立大學中文系系主任，亞洲研究學院院長，也應選為澳洲人文科學院首屆院士。

　　柳存仁治學勤勉而多產，《和風堂論文選集》、《佛道教影響中國小

圖88

柳存仁信（頁一）

說考》等書，聞名於世。余英時應柳氏之囑為這位學界前輩的《和風堂新文集》作序中說「其著作之富，至可驚艷」！認為柳存仁是以小說和道教的門徑探索中國文化而有大成者。我在商務時，看過他的《上古秦漢文學史》（人人文庫版），深佩其博知多識。他八十年代初來中大文化所作客座，與他見過幾面，覺得柳先生是一位很風趣又特別重禮數的師輩學者。英時大兄與我偶然談到他時，充滿推崇之情，並以他不是中研院院士為憾事。

（頁二）

臺靜農先生近三十年來是兩岸三地書法愛好者心中的書法大家。書法顯然掩蓋了他文學家的身份。臺先生早年畢業於北大研究所的國學門，學術造詣深厚，所著《中國文學史》、《靜農書藝集》為學界識者所稱美。他在二十年代的散文創作，甚受魯迅的器重，因他與魯迅的關係，他在二蔣時代，成為台灣「特殊」人士，一九四九年後，他再無離台灣一步。或許正因為如此，臺先生幾十年來浸淫於書法，造就了他成為一代書法家的地位。臺先生於書法，篆、棣、草、行、楷，無體不精。他喜愛倪元璐，大千居士似乎說過他是歷來寫倪字中最好的。當然臺靜農不是倪元璐第二，而是有自己獨特風格的臺靜農。多年前，我到台北近郊參觀張大千的故居，大門上懸有巨大的「摩耶精舍」四字。面對臺靜農精妙的書法，眼為之奪，歎美不已。多年朋友的知名畫家何懷碩兄知我愛臺字，竟然為我代求了一幅題有「耀基先生清屬」的臺先生墨寶，着實讓我歡喜無比。另一次收到有「製聯聖手」之稱的張佛千老人送我一幅嵌有我夫婦名字的親作對聯，我拆開郵包看到張佛老的美妙對聯竟也是臺靜農的美妙書法，張、臺二人的文與藝合作的珍物，從天而降，又豈只是驚喜二字了得！的確，我久已有要向臺先生面謝之意，畢竟我有了臺先生兩幅墨寶，而一直尚無識荊之緣。

八十年代初期，我覺得在新亞校園，除「雲起軒」（饒宗頤題字）外，還應有個「麗典室」，前者為內外學人談天論道、飲酒聚餐之處，後者則是學者閱讀靜思之所。在新亞同事翻譯與散文名家金聖華、人類學家喬健、院務室主任張端友等人幫助下，很快就把圖書館內一個空房改建為清麗典雅的「麗典室」，我們都覺得麗典室白牆如有一幅臺靜農的書法就完美了。不久，我赴台北，由聯經出版公司的發行人劉國瑞陪同，拜見臺

靜農先生。臺先生請我們入其書房，第一句話是：「金先生，想不到你這麼年輕，我讀過你的文章。」當時我剛過「不惑」之年不數年，在台灣這位老書家的眼中當是後生了。坐定後，我表示希望他到新亞講學，那時臺先生已被「解禁」，可以自由出入了，但臺老隨即表示，他不想出遠門了，我接着說，我請他到新亞講學，還有一個陰謀，他笑問：「什麼陰謀？」我答：「就是要您為新亞新設立的麗典室題一幅大字。」「噢，那簡單，我一定寫。」我回香港後不久，收到了臺老一信（圖89），不多久，就收到了他送來書寫東坡居士赤壁懷古的巨幅書法（圖90）。每次我靜靜欣賞臺靜農先生這幅大字，覺得臺老的字是極盡書法美之能事了。

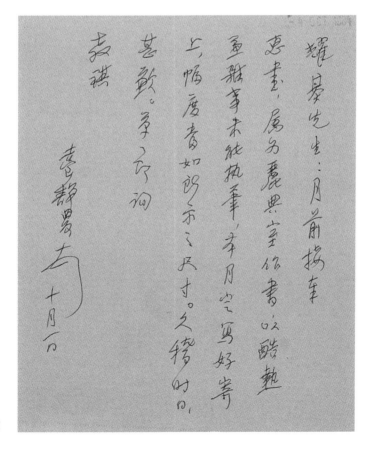

圖89
臺靜農信

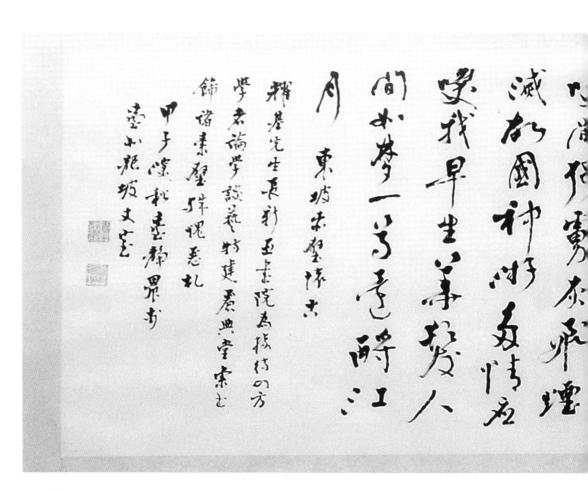

圖 90

臺靜農書法

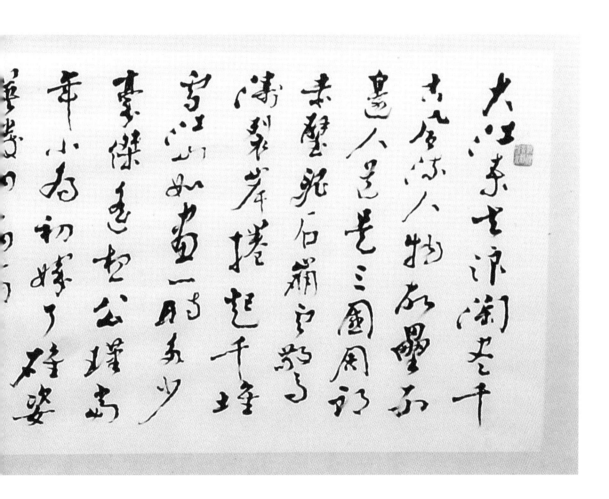

　　八九十年代台灣的書畫界中，臺靜農的書法當推第一，國畫則**江兆申**是不二之人。江兆申先生曾從溥儒（心畬）遊，當年畫壇有南張（大千）北溥（儒）之說。溥氏對兆申的詩、書、畫、印，極為賞識，曾云：「觀君詞藻翰墨，求之當世，真如星鳳。」一九六五年，江兆申兄在一次個展中，驚艷藝壇，為葉公超、陳雪屏諸先生所重看，推舉入故宮博物院，不數年，擢升為副院長。江兆申的畫，清靈酣暢，畫中有詩，最有傳統文人畫之風格，而又別具現代精神，譽之者有「文人畫最後一筆」之說，而兆申兄實有開拓「新文人畫」之大願在焉。江氏著有《關於唐寅的研究》，在美術史研究中堪稱經典。因新亞藝術系師生之殷切期望，我即以「蔡明裕訪問學人」名義邀請江兆申先生來港，為了促成兆申兄之成行，還特請當時《聯合報》發行人王惕吾先生向故宮博物院院長秦孝儀先容。江兆申先生在新亞講學並作畫示範，留下極佳印象，他的示範巨畫常留新亞。江先生在訪新亞之前之後，多次來信（圖 88 - 92），他的每一封信，都是可讀可賞的書法藝術，他的書法實與其畫俱臻上乘。兆申兄在一九九六年猝然逝世於瀋陽魯迅藝術學院演講壇上。聞之神傷不已，但戰士死疆場，文士死講壇，亦可說是一種非凡的藝術方式，為他如畫的人生劃上句號。

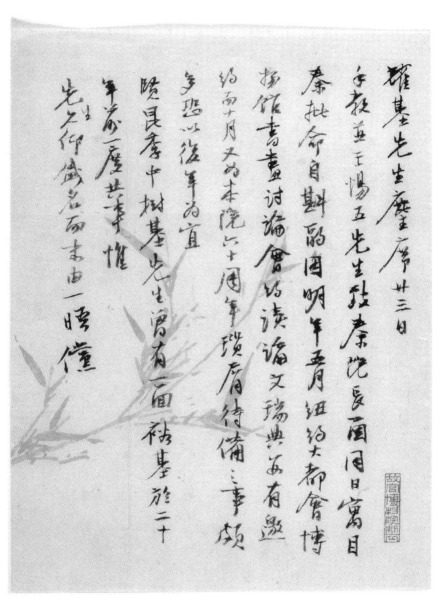

圖 88

江兆申信（第一封）（頁一）

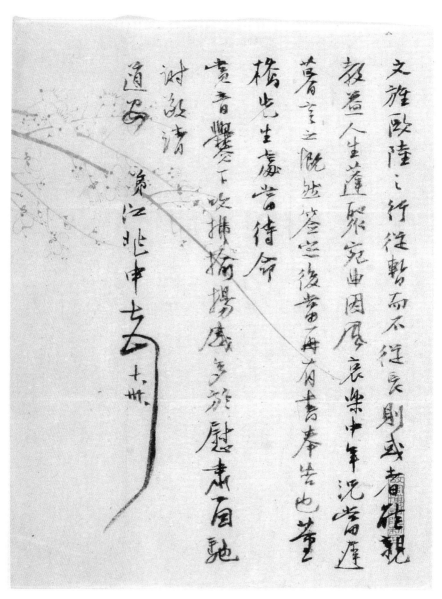

圖88

江兆申信（第一封）（頁二）

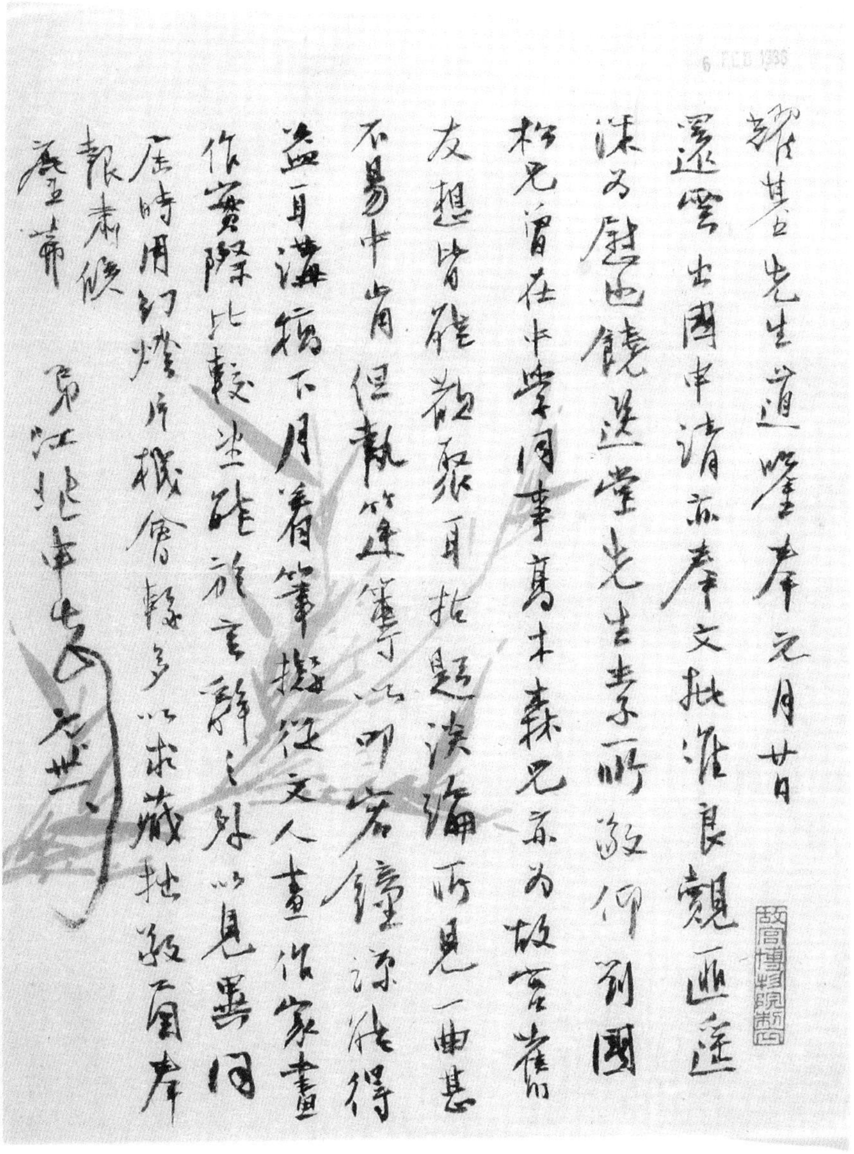

6 FEB 1996

瑤芝先生道隆 奉 元月廿日

遠雲出國申請承辱文批准良覿近迺

沫乃尉西餞送學光生孝森乃致仰別國

松先曾在中學同事萬未森先京為故雲舊

友想皆龍驤顧然耳拙題演編兩見一曲甚

不易中肯倡戟筆擬征文人畫作家畫

益自海稿下月看筆擬征文人畫作家畫

作費際此較坐雜諭言辞之好以見異同

屈時用幻燈片機會較多以求藏批致賣奉

報未候

謹上 弟江兆申上

圖89

江兆申信（第二封）

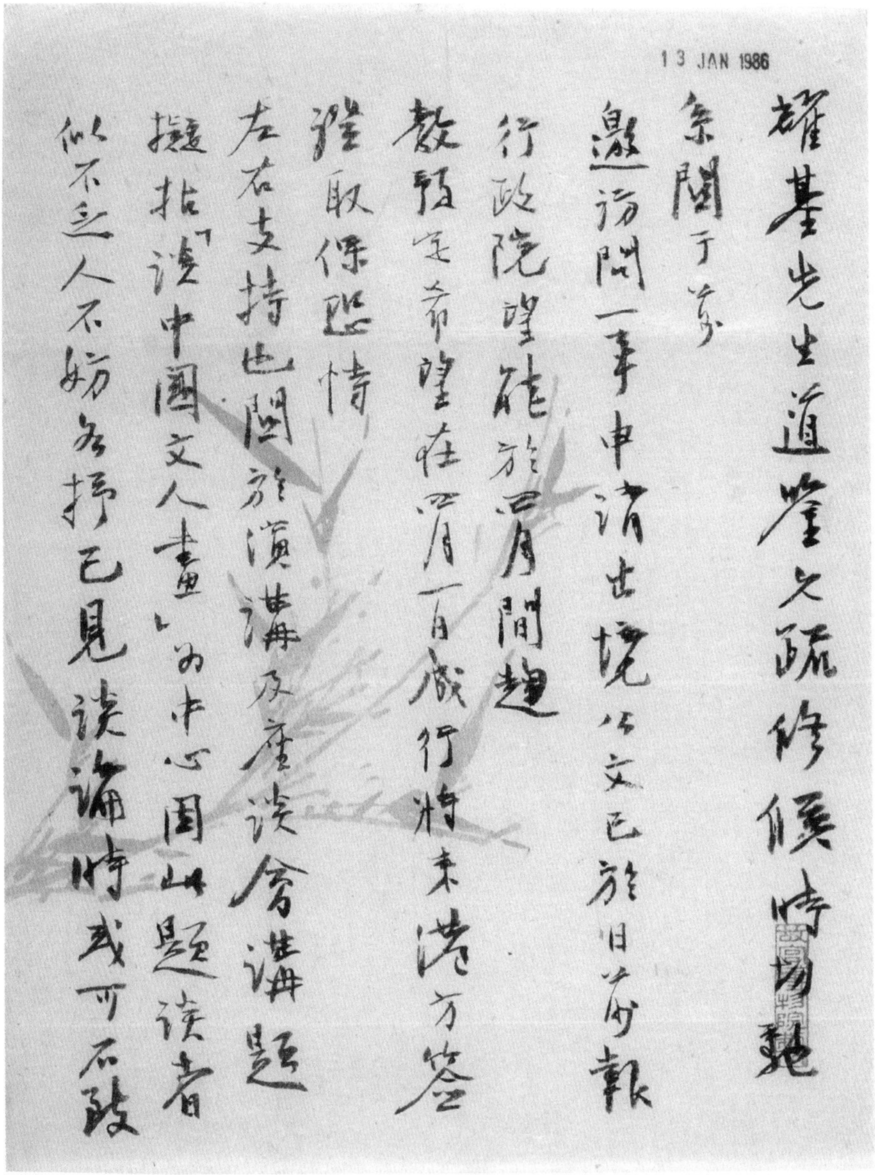

13 JAN 1986

耀基先生道鑒 久疏修候 時切馳想

頃聞于家邀訪問一事申請由院以文已於日前呈報

行政院望能於日內獲准 教部先希望在旬日或行將來港方答

猥取保認情左右支持此問旅演講及座談會講題

擬指證「中國文人畫」的中心圖以題讀者似不乏人不妨各抒己見讀論時或可不致

圖 90

江兆申信（第三封）（頁一）

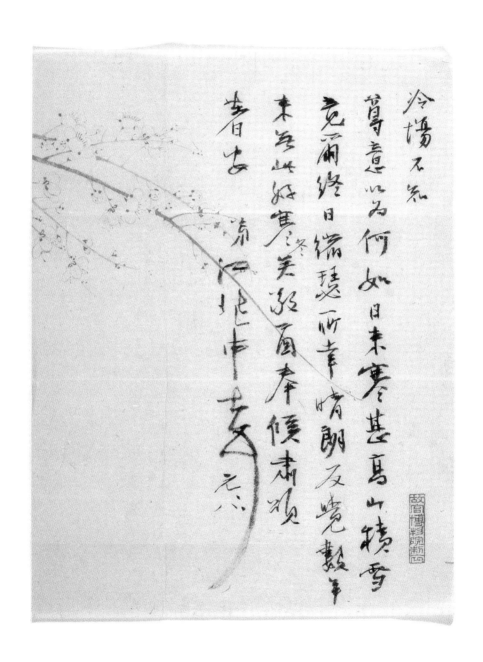

冷攤不知

尊意以為何如日來寒甚高山積雪

克兩終日縱琴一所幸晴朗反覺藪率

未為此好甚美敬頁奉候肅順

耆古 凉江地中表 元八

（頁二）

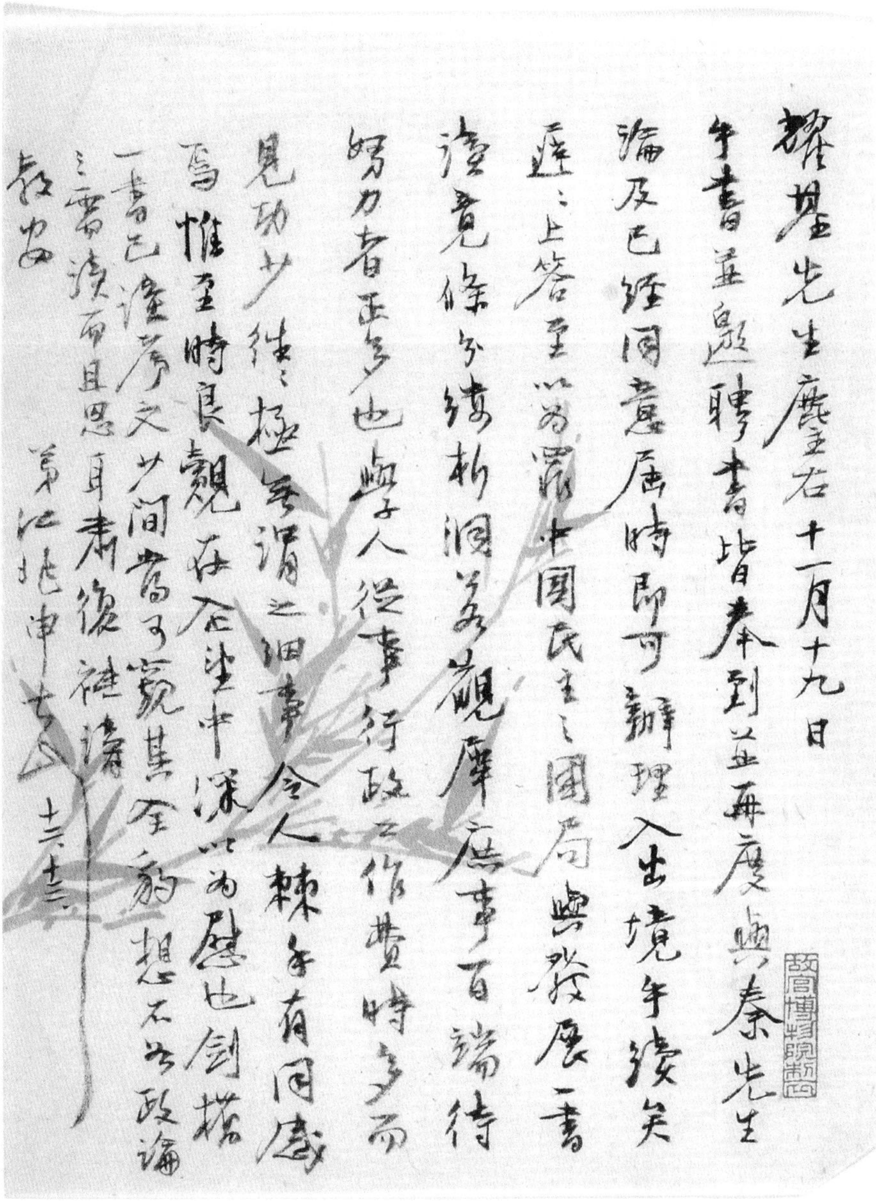

圖91

江兆申信（第四封）

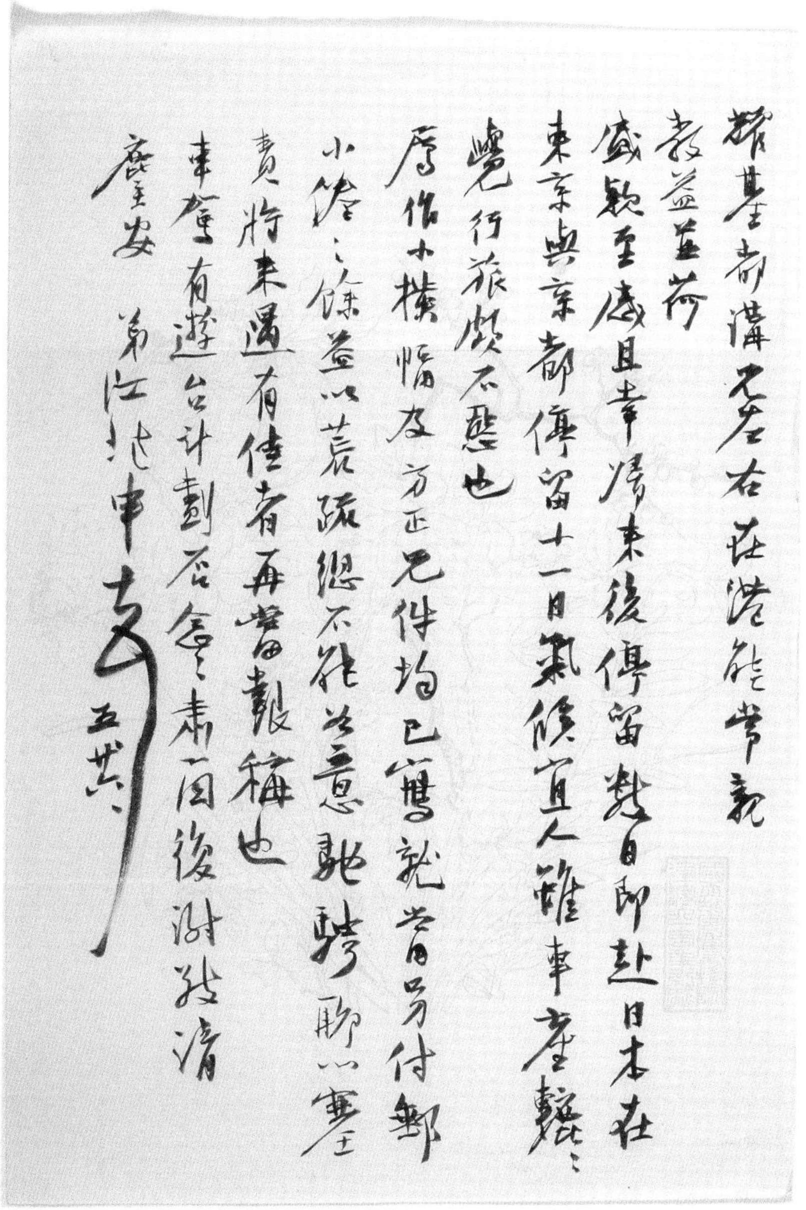

圖92

江兆申信（第五封）

　　黃兆顯先生是我在香港最早結識的一位書法家。兆顯兄早歲隨名宿區建公學寫習書法，對於篆、棣、行、草、楷諸體，深有體悟。此外，從甲骨文到清季金冬心的「漆書」，亦寫得入骨見神。饒宗頤先生曾對我讚賞兆顯的草書，江兆申先生對兆顯的書法更有「功力既深又出之以變化，縱橫肆恣，不同凡近，至佩」之語（並為兆顯兄的書法集題簽）。我個人則最喜其行草，筆走龍蛇，收放自如，最得山谷書法之神韻與筆趣。黃兆顯每隔年與其弟子有師生書法展，多次我都欣然與會，其弟子中頗不乏有得乃師書法之神韻者。兆顯對香港書法教育之推展，實有功焉。

　　兆顯兄精研古典，尤善詩文，著有《中國古典文藝論叢》、《姜白石七絕詩九十一首小箋》等書，他的夫人黃嫣梨博士，是浸會大學歷史學教授，並曾受邀到耶魯等大學訪學。嫣梨女士以治中國婦女史與文學著稱，著作甚富，且曾為浸會大學修撰校史，其《朱淑貞研究》一書，我曾為之作序，亦因此知其詩詞之修養與識見，殊異凡近。多年來，我與兆顯、嫣梨伉儷甚有談書（書法）論書（詩詞）之樂，亦我在香江之一大因緣。這裏刊出的兆顯兄一信（圖96），可見兆顯吐屬典雅，有古人之筆，可惜的是兆顯是用鋼筆寫的，鋼筆畢竟不能盡顯其書法之精妙也。

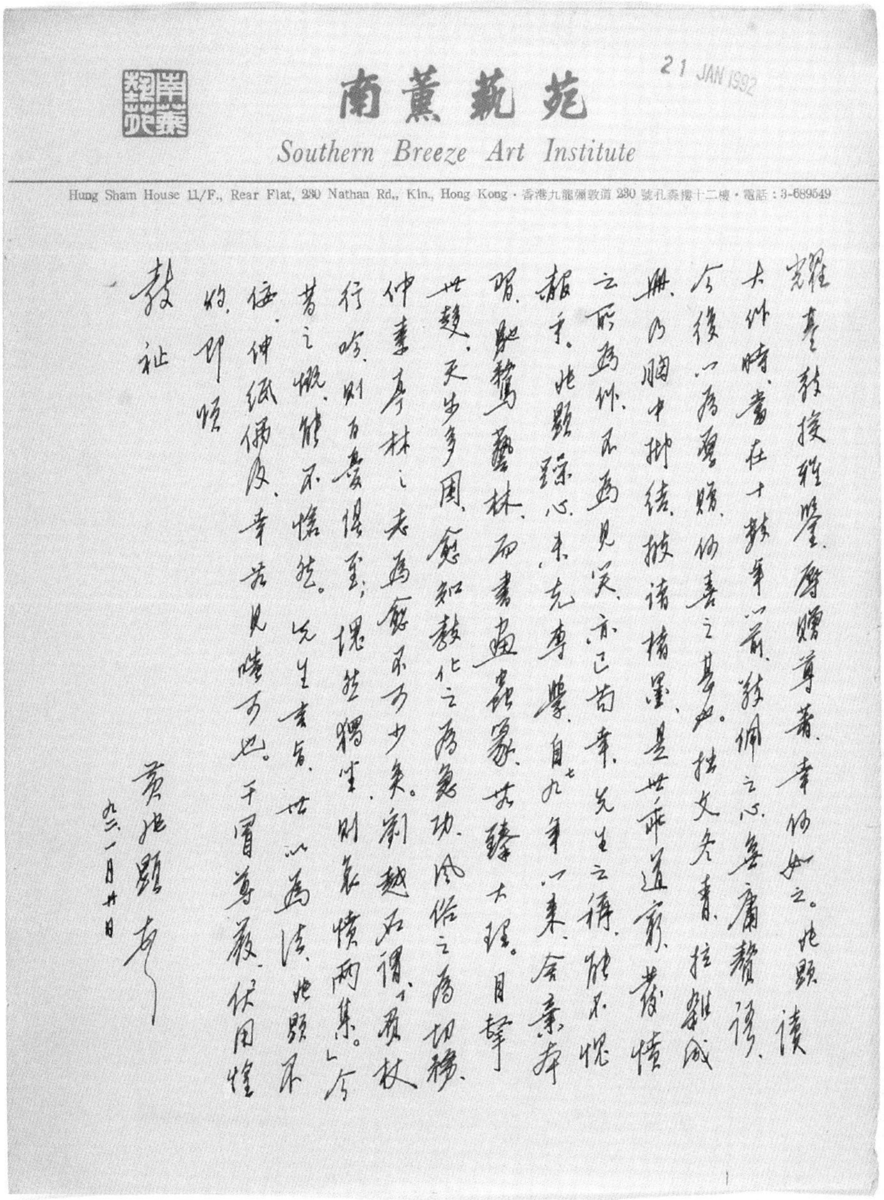

南薰藝苑
Southern Breeze Art Institute

Hung Sham House 11/F., Rear Flat, 230 Nathan Rd., Kln., Hong Kong・香港九龍彌敦道 230 號孔泰樓十二樓・電話：3-689549

21 JAN 1992

耀基教授雅鑒，辱贈尊著，幸何如之，地顯讀
大作時，書在十數年前，敬佩立志奮勉勤讀，
今後以為要贈物者之甚，故扶文矣，青拉雜成
冊乃胸中抒结披諸楮墨，是世所道前暮功
之所為必不為見哭，亦乃者先生之得既不悅，
馳騖藝林而書畫名家遂臻大境，目擊
世題天步多開，念知教化為勉功泊俗之為切稜，
仲素李林之志為能不為少失，剁越石得以麓杖
行伧則方喜悟至，課兹獨空，則氣憤兩集，今
著之慨慢不惟然。此生書有，此以為後，地顯不
惟伸紙俯皮，華若見賜方此，于胃尊嚴，伏同悵
的叩恨。

敬祉

黃兆顯李
辛一月十日

圖96

黃兆顯信（第一封）

我在中大這許多年，除社會學系同事黃壽林、李沛良、黃暉明、劉兆佳、吳白弢、陳膺強、張德勝、張越華、呂大樂、陳海文、譚康榮、丁國輝、王淑英等教授外，當然還有許多深有投契的同事，特別是在我校長任內，與我並肩工作，為中大全力以赴的同事，如廖柏偉、楊綱凱、何文匯、梁少光、Terence, Sophie, Salome, Emily 等許多相濡以沫的同事、朋友，但在這本師友書信集中，卻沒有一封他（她）們的手書。當然，同在一校工作，見面容易，而用電話、傳真是最自然不過的溝通手段，至於公事往來的打字函就算不上是書札了。很有幸的是這本師友書信集中，仍然有幾封中大同事的手札，難得之至。

邢慕寰先生是經濟學系講座教授，他是李卓敏校長特別從台灣聘請來中大的一位資深學者。邢先生是中研院院士，主要的研究領域是「國民所得」及經濟發展，他對台灣七十年代經濟成長有許多政策性的論述與建議。他是中研院經濟研究所首屆所長、台灣七十年代政府所依賴的經濟顧問，最著名的是中研院的「六院士」，即是邢先生與劉大中、蔣碩傑、顧應昌、鄒至莊、費景漢六位經濟學家。邢公（中大同事多以此稱呼他）是老一輩的學者，在經濟學之外，他對中國傳統學問也甚有修養，他能詩，寫一手好文章。邢公是我新亞好友林聰標教授的台大老師，也是舍弟樹基（連戰為台灣外交部長時，曾任政務次長）的老師，所以，我始終視邢先生為師輩人物。在中大，我與邢公之所以多有往來，那是因我們都曾在以余英時為主席的中大「改制小組」共事，日子久了，彼此亦相熟而相識了（圖 97－99）。邢公為人低調，思慮精密，處事為人有原則性，他在中

大成立早期階段，為中大做了許多事，經濟學系在他領導下，固然有了現代大學所應具有的規模與水平，他對中大的貢獻遠比外界所知者為多。邢先生很久前就已退休，一九九九年病故台灣。展讀他的書信，勾起我與邢公在中大那段不尋常的日子的懷念。

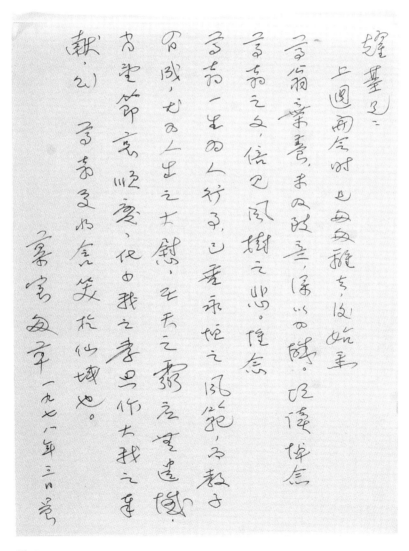

圖97

邢慕寰信（第一封）

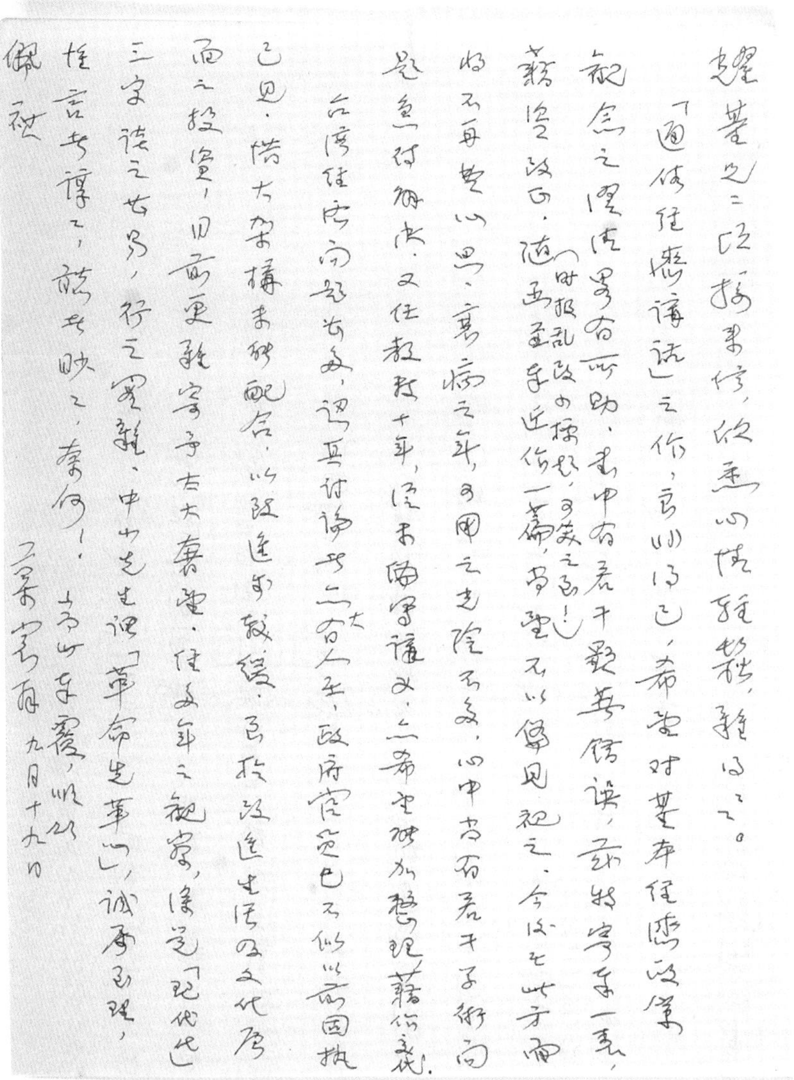

圖 98

邢慕寰信（第二封）

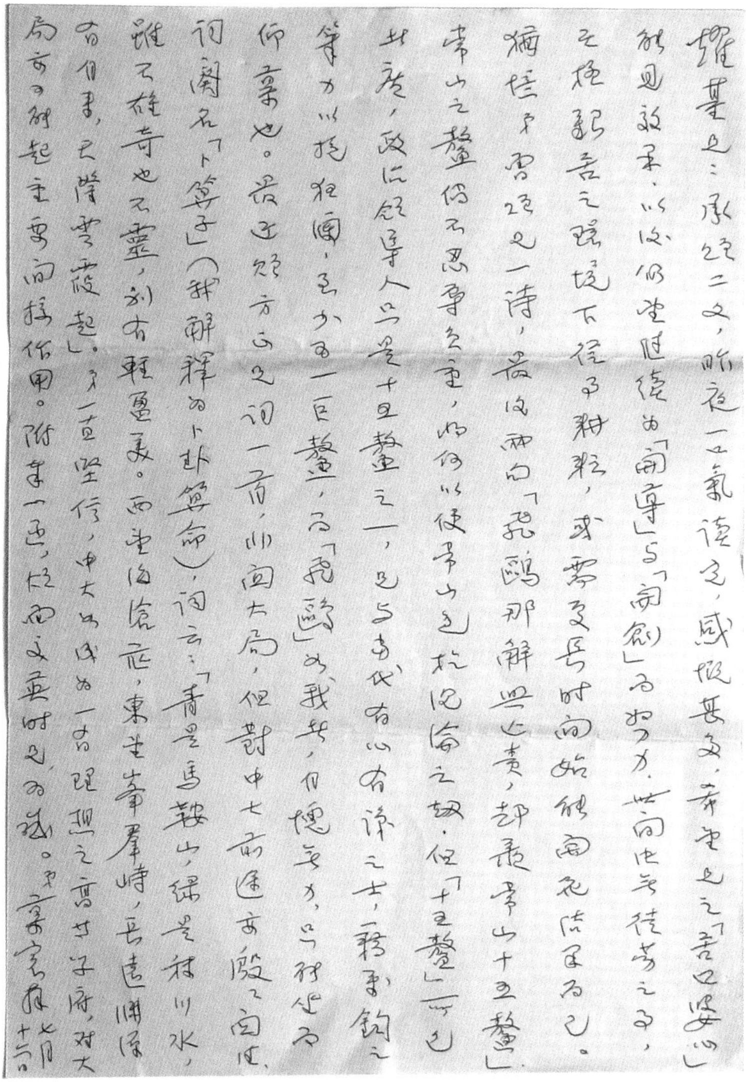

圖 99

邢慕寰信（第三封）

嚴耕望先生在新亞時，我見過幾面，好像第一次是在一個歡迎錢穆先生的宴會上，那天有錢先生伉儷、嚴耕望、余英時等人。嚴先生治學的勤勉是學界中盡人皆知的，他在中國政治制度史和歷史地理上的研究與著作，久已奠定了他在史學上的重要地位，他在中研院史語所工作時，甚為胡適與傅斯年所器重，他與胡、傅亦相與甚得。多年前，他已被選為中研院院士。耕望先生生平最服膺的中國現代四大史學家是錢穆、陳寅恪、陳垣和呂思勉。余英時曾為文推讚嚴耕望集四大家之優點，余說「他之規模弘大承自賓四師，辨析入微取諸陳寅恪，平實穩健尤似陳垣，有計劃而持之以恆則接武呂思勉。」

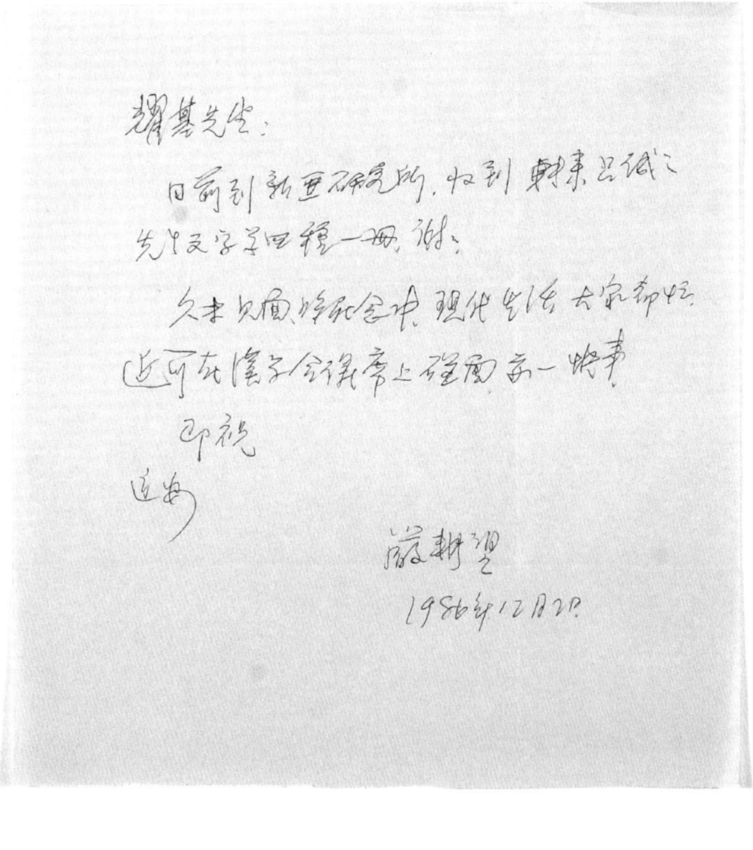

耀基先生：

日前到新亞研究所，收到 寄來呂誠之先生文字學四種一冊，謝謝。

久未見面，時在念中，現代生活大家都忙，近可在港學會議席上碰面，亦一快事。

即祝

近安

嚴耕望

1986年12月27

圖 100

嚴耕望信

值得注意的是，嚴與余二位錢門高弟先後都成為中研院院士，但錢老夫子與呂思勉（誠之）雖得嚴耕望如此盛譽，卻一直未進中研院之門，理由恐亦簡單，傅斯年科學史學觀之獨霸史語所，與錢、呂之治史路數不相同故也。錢老夫子在八十年代是在被勸請情形下，同意接受中研院院士之名銜的，當其時也，傅斯年已故，而科學史學觀亦非史學書寫之範典了。

大約在一九八六年，當時我已卸下新亞院長之職，呂思勉的公子呂翼仁先生贈我他父親的《論學集林》，並託我轉送誠之先生的著作給嚴耕望先生，嚴先生給我的一封短信（圖100），是他收到我轉呈的呂著後的手筆。

劉述先先生與我一樣，早年在台灣大學讀書，他讀的是哲學，受方東美先生之激發，醉心於東西文化哲學，大學時代已發表文章。他一生論述，特別重儒學的「世界性」及儒學的現代意義，以此之故，我與述先專業不同，卻也有許多共同語言。述先兄在美國南伊大取得博士學位後即留校執教，前後近二十年。七十年代後期，述先兄應聘到中文大學，他被視為新亞唐君毅、牟宗三二位大老退休後的接替人。述先到新亞時，正值中大改制，我擔任新亞院長之際。我與他不算故交，但合作無間，他不但懇切支持我設立面向世界（特別是正處於改革開放初期的大陸學術界）的學術講座與訪問學人的計劃，並且是新亞學術交流的有力推手。述先與唐君毅先生之間的不愜，我始終不甚了了，述先在我面也未多說，述先始終肯定唐先生之學術地位。不論如何，述先來新亞後，學養又有進境，他才情高，

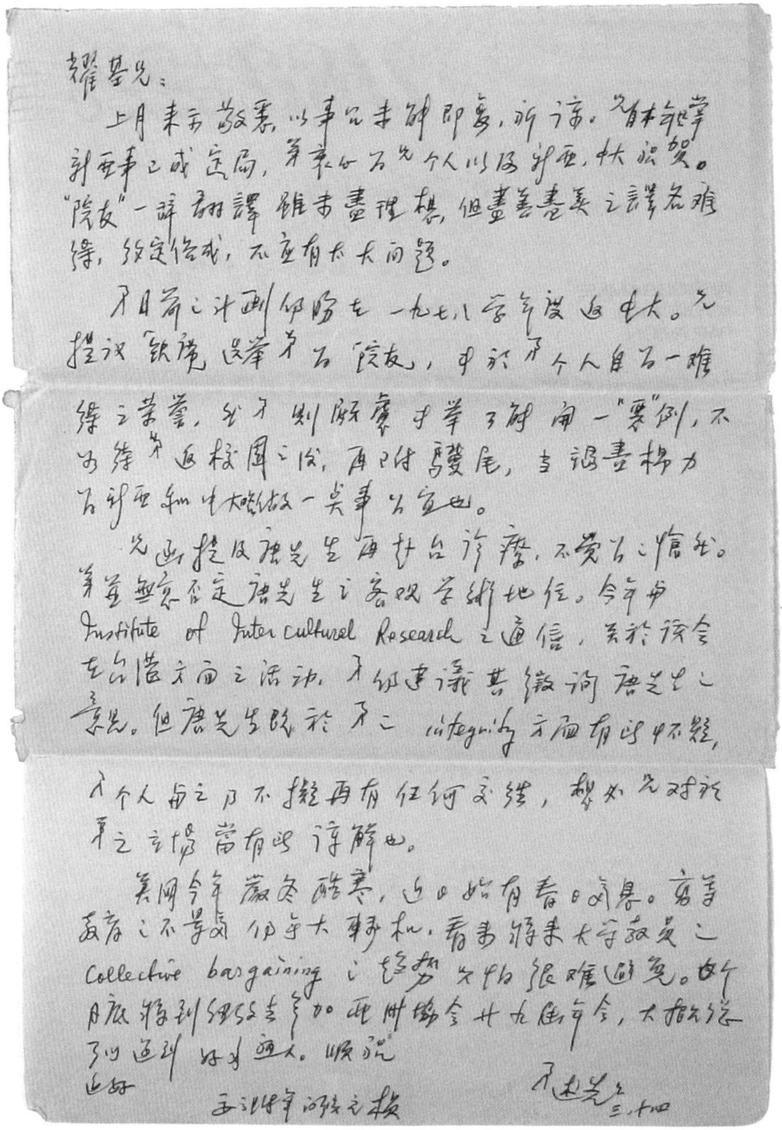

耀基兄：

上月來示敬悉，以事冗未即覆，所謂“新亞學
新亞事之成定局，弟未必為兄以及新亞，快欣賀。
“院友”一詞翻譯雖不盡理想，但盡善盡美之譯名難
得，故定俗成，不宜有太大問題。

弟目前之計劃仍將於一九七八學年後返中大。兄
提議飲虎送舉弟為院友，由於弟個人自有一難
絕之考慮，弟不劃願意弟舉之例，不
宜弟為返校園之後，再以此發展，吾恐畫棣力
有所新亞和中機做一典事公宜也。

兄函提及唐先生再赴台診療，不勝為之懼然。
弟弟無意否定唐先生之崇高學術地位，今年弟
Institute of Intercultural Research 之通信，對於設會
在台灣方面之活動，不但建議弟徵詢唐先生之
意見，但唐先生務於不仁。integrity 方面有以相疑，

大個人每之月不擬再有任何交織，想以兄對於
弟之立場當有以諒解也。

美國今年嚴冬酷寒，近日始有春日氣象。弟等
教員之不舉與你年大革和。看來將來大學教員之
collective bargaining 之趨勢怎也很難避免。故今
日原擬到 SUNY 弟兄加西州協會廿九屆年會，大概仍從
弟以退到弟好近人。順祝
近好
　　　　　　弟劉述先敬上　　　　　　弟述先上
　　　　　　　　　　　　　　　　　　三十四

圖101

劉述先信

又有開放胸懷，轉益多師，蔚成一家之言。他的《朱子哲學思想的發展與完成》是他學問上成熟的代表作，當時徐復觀先生對我說，述先處理中國哲學思想的大問題，給他有一種「舉重若輕」之感。述先兄中大退休後，受聘到中研院新成立的文哲所，退而未休，研著不停。二〇〇五年，應新亞之請回港主持「錢穆講座」，所作〈論儒學的三個大時代〉三講長篇，這是他夫子自道，自我定位是現代新儒學第三代的代表人物之一。誠然，他晚年的兩本英文大著，在西方英語世界推揚儒學之力，與杜維明之貢獻是相互印證輝映的。二〇一六年，述先病逝於台北，我在新亞追思會中以〈卓然成家的現代一儒者〉一文悼念劉述先先生。述先嫂劉安雲女士語我：「述先最後的歲月，幾已失明，深以不能讀書為苦，現在他是解脫了。」劉安雲，有才識，直性快語，少談家事，好談國事天下事，與述先是知心知肺的絕配，她常自認是因慕述先之才而追求述先的。述先有知己如安雲者，可無憾矣。

　　孫國棟先生（圖 102）應該是一位與新亞書院關係最深最久的「新亞人」。他曾任新亞書院董事四年、文學院院長兩年、研究所所長五年、歷史系主任近二十年、新亞中學校監十年。他與新亞結緣，遠早於新亞成為香港中文大學的成員書院之前。孫先生是新亞研究所第一屆畢業生，他的長女、女婿、長子、次子都畢業於新亞，確可說是「一門新亞人」。

圖 102

錢穆、金耀基、孫國棟、張端友、譚汝謙
攝於新亞廣場

　　青壯年時，孫國棟曾轉戰緬甸，受抗日名將孫立人將軍賞識。抗日
勝利後，脫下戎裝，轉向治學一途，他畢業於政治大學，一九四九年後到
香港，一九五三年在初成立的新亞書院研究所讀書，師從錢穆，並得牟潤
孫、嚴耕望諸名師的指導，畢業後又得香港大學博士學位。孫國棟先生著
作甚多，他的《唐代三省制之發展研究》、《唐宋之際社會門第之消融》
為學界所重。他主編的《中國歷史》是歷來香港中學選用最多的課本之

一。孫先生於史學專著外，亦寫與時代呼吸相關的文章，說理通達，文字端正明達。他在二〇〇七年贈我他一九五四年的少作《生活與思想》，是寄時代青年的二十封信，我一夜讀畢，深感是一本勵志上達、對青年上佳的禮物。他這本少作原是以「慕稼」的筆名發表的，他之以「慕稼」為名，是因他自少就慕愛宋代大詞人辛稼軒（辛棄疾），無怪乎孫慕稼的一些時論中頗有金戈鐵馬之氣慨。一般讀者可能看過孫國棟最多的是他對著名作家柏楊評點的白話文《資治通鑑》的嚴厲批判。孫氏評柏楊之文是他自中大退休在加州寓所寫的。孫先生熟讀唐宋史，尤精研《資治通鑑》，他認為柏楊之白話文版，不但文字錯誤百出，對中國文化尤多歪曲與侮蔑，所以要奮筆振書以糾正之。他甚至還有用白話文再譯《資治通鑑》的意願（圖 103）。毫無疑問，孫國棟先生是一位具有強烈正統史觀的學者。

我在新亞之初期，鮮少與孫先生有晤聚，一九七五年秋我得到中文大學一年的長假，全家到英國劍橋大學的克萊亞書院（Clare Hall），意想不到的是，在這水木清華的劍橋，我夫婦與孫國棟伉儷不期而遇，並有多次晤聚。在新亞最初六年，我們不算是親近的同事，在異鄉客地，我們竟成了暢談無隔的朋友。許多年後，我在舊金山又與已退休的孫國棟伉儷歡聚，孫先生那時依然充滿精氣神。在他愛妻何冰姿女士亡故後，他決定回歸香港，此時他早已是逾八的老人，但他住在黃乃正院長為他安排的新亞賓館的暮年歲月，他是享有生命的歡樂的，他晨夕都可見到猶如春燕的少男少女的新亞學生，二〇一三年這位九十一高齡的「新亞人」終老於山巖巖海深深的新亞山頭。

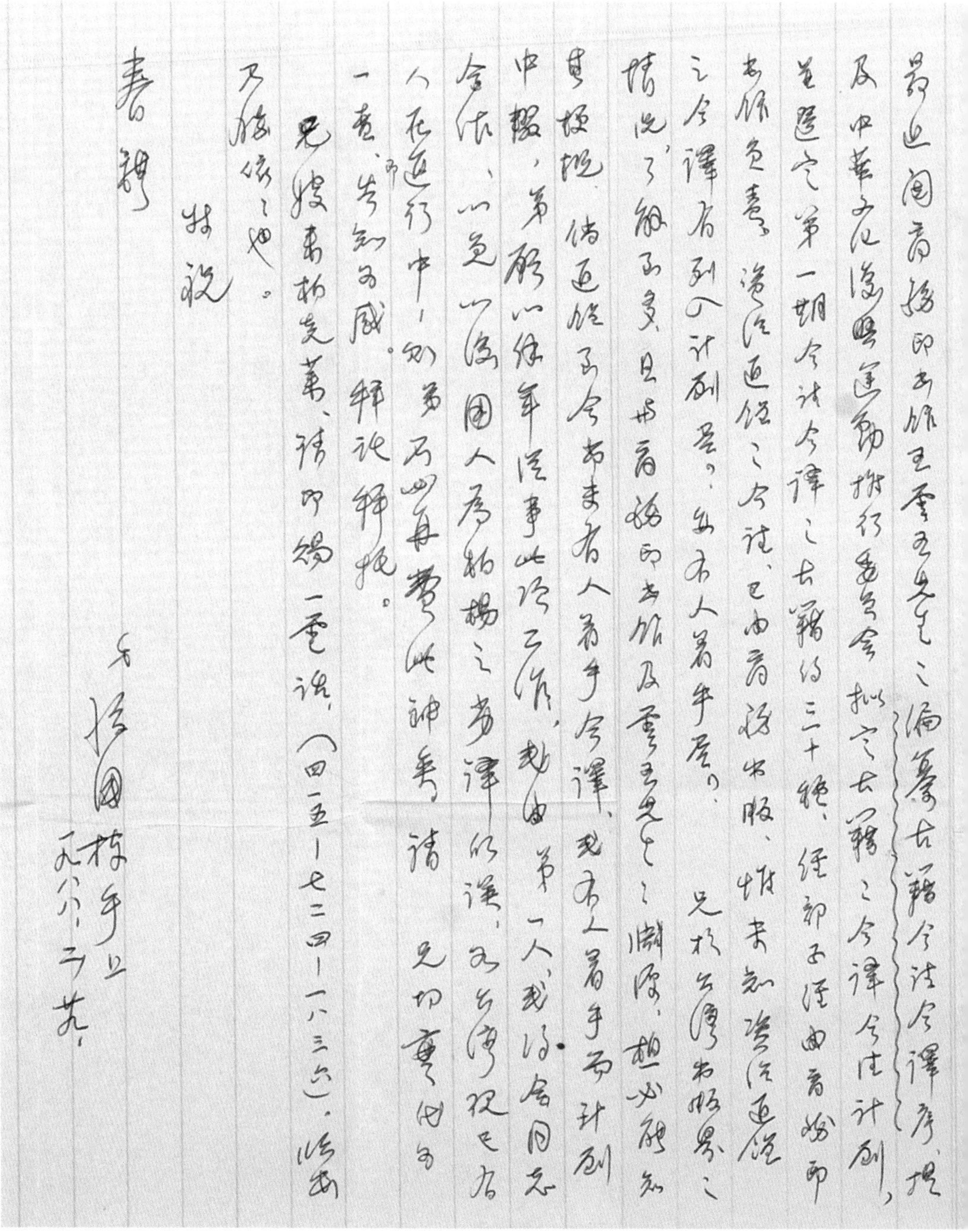

圖 103

孫國棟信（頁一）

擢基吾兄：得惠書，時悵及惠信，兄嫂同來多暑，三位公子
英姿挺秀，老鳳雛鳳相映輝映，一門俊傑，為之欣慰。
承示令二子就讀執委業，弟亦以因緣古稀又將來事也。

鄰城人，弟以復一函，敬悼展惠函……
……每週目疾，惠書走眼迷迷，引謝先治療，去年底竟
更奉探視寬，因旅行時修衣不時，起居失節，遂來印胃
潰瘍後卷，如昨朝冷，呈部又痛風古卷，以目白有人醫院，作
書緒生藥物勿倦，來書仍以繕復，現多痰之漸痊子，作
右目有障迄行謝先治療年。

又來年已四年，手日修謝本研之以目進，研文範圍蓄
重於時此副序史，除保謝拍楊之書，是其故產曲園史，辨嘉證
崴中國之化，一時謝於眾博，和存的文以開之，一文評其所著之
「魏湘加中國人」一文評其所律之直候，俱刊朋昭月刊，趙一克武已
寄與……拍楊老著此思，羞從建正譌，证諸番子中先之文化行
手，好有多少以揚為考行。甚喜注我事书，歪曲國史事大，其時
譯之直候，俱謝百英，謗論手撂，胡十年後，國人然讀直候底厚
文古以甚少，子拍楊之步譯的謀者必甚多。此事關係甚大。

喬健先生早年在台大讀書時，主修的是「冷門」的人類考古學，出現過「一人一屆一班」的空前絕後現象。學生只他一人，但老師卻有李濟、凌純聲、芮逸夫、李方桂、高去尋、陳奇祿一群耀如明星的大學者，喬健真是萬千寵愛集一身的幸運兒。台大畢業後，他到美國康乃爾大學攻讀博士，他研究的是印地安那瓦族，也因此他是第一位中國學者到印地安地區做田野調查。獲博士學位後，他在美國大學執教多年，七十年代末，他應聘到中文大學，並開創了香港第一個人類學系。我與他從那個時期起便成為事業上的同事了。在我主持新亞時，他對我的幫持最力。八十年代起，兩岸三地社會科學界的學者都有一個強烈的願望，希望三地能有一個長期的持續交流合作的平台。此後，三地以「現代化與中國文化」為總題，每兩年舉辦一個學術研討會，由三地輪流主辦，中大的李沛良、我與喬健是香港的召集人，但真正花心力最多的是喬健博士。事實上，「現代化與中國文化」學術研討會能連續成功地辦了二十年，主要是因喬健與費孝通先生是大力的「幕前」推手（此事我在前已談及）。

喬健與我合作多年，可謂相知相識，他給我的信（圖104），是一九九一年寫的。喬健兄自中大退休後近另一個二十年的時日中，先後在大陸、台灣多間大學講學，並無日不在從事於人類學之研究及中國人類學之推展。二〇一六年，上海復旦大學頒發他「人類學終身成就獎」的「金琮獎」，可謂實至名歸。

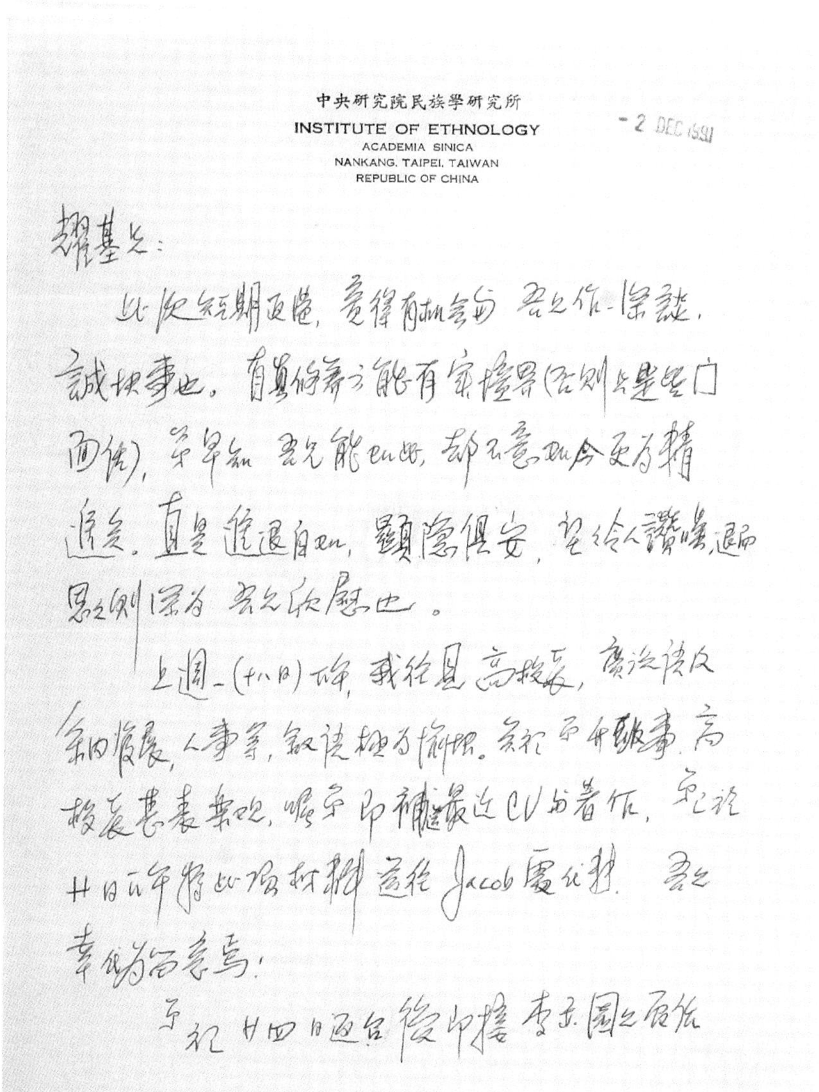

中央研究院民族學研究所
INSTITUTE OF ETHNOLOGY
ACADEMIA SINICA
NANKANG, TAIPEI, TAIWAN
REPUBLIC OF CHINA

-2 DEC 1991

耀基兄：

此次短期返港，覺得有機會與 兄之作 保諗，
誠快事也，自覺得弟之能有實擔界（否則只是空口
面俟），早早知 兄之能 en 此，卻又意 此 今更為精
進之，直是 進退自 en，顯隱俱安，堂 給人讚嘆，邁而
影則深為 兄之欣慰也。

上週一（十八日）晚，我往見 高校長，廣談 讀及
系的發展，人事等，叙談 極有愉悅。義於 平中董事 高
校長甚表業吹，囑弟 即補最近 CV 與著作，定於
廿日云午將此 項 材料 送往 Jacob 處公轉。 兄之
事 或 為 留意 焉：

平記 廿四日返台 後 即撰 李亦園之 原版

圖 104

喬健信（頁一）

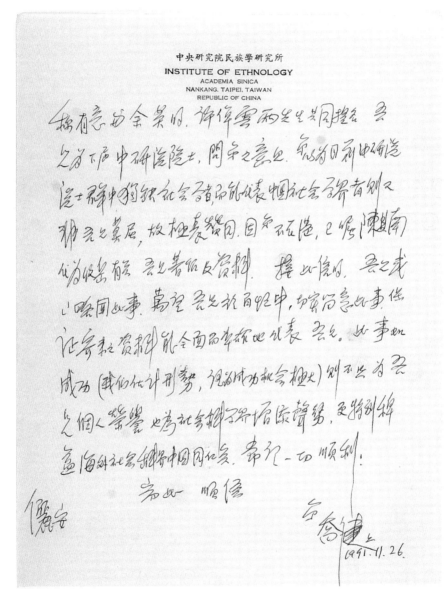

圖104

中央研究院民族學研究所
INSTITUTE OF ETHNOLOGY
ACADEMIA SINICA
NANKANG, TAIPEI, TAIWAN
REPUBLIC OF CHINA

極有意與余英時、許倬雲兩先生共同提名 吾兄為下屆中研院院士，問兄之意見。兄以為目前中研院院士群中獨缺社會學者，而能代表中國社會學界者則又非吾兄莫屬，故極表贊同。因兄在港，已囑陳其南代為收集有關 吾兄著作及資料。接此信時，吾兄或已聽聞此事。萬望 吾兄於百忙中，切實留意此事，俾使所需之資料能全面而準確地代表 吾兄。此事如成功（我們估計形勢，認為成功機會極大）則不只為吾兄個人榮譽，也為社會科學界增添聲勢，更將對海外社會科學中國同仁是一鼓勵。希望一切順利。

專此 順頌

儷安

弟 喬健 上
1991.11.26.

圖 104

喬健信（頁二）

喬健信（頁二）

　　金觀濤、劉青峰（圖105）是一對互讓互諒的夫婦，也是一對互敬互重的學術伴侶。我不知他兩人何年結婚，但我知他兩人都是文革中期北大畢業，之後在鄭州大學任教，並在中國科學院從事科學哲學和科學史研究。我記不得我與他倆是哪年初次見面的，但我記得我與他倆在八七、八九年已有書信往來（圖106–108）。觀濤與青峰於八九年到中大中國文化研究所工作，直至二〇〇八年退休，我們同事達二十年之久，也成為相知相悅的朋友。就我長年觀察所知，金觀濤、劉青峰是真正能放下一切，不求聞達，專志潛心於學術研究的學者，因此，無可驚訝的，觀濤與青峰在學術上的成就是傑出的、第一流的。早於八十年代，他們合著的《興盛與危機——論中國社會超穩定結構》已為他們贏得了重大的學術聲譽。他們主編《走向未來》叢書，在八十年代的新啟蒙運動發生了深遠影響。來

圖105

金耀基、劉青峰、劉小楓

中大後，在默默地研究與深刻的思索中，先後出版了《開放中的變遷——再論中國社會超穩定結構》、《中國現代思想的起源——超穩定結構與中國政治文化的演變》、《觀念史研究——中國現代重要政治術語的形成》等，一本本都是具有原創性的佳構，它們的學術貢獻有理論上的，也有方法論上的。

在二十年中，我與觀濤、青峰平素很少見面，彼此都忙，但我們為《二十一世紀》雙月刊的事，定期必有聚敘。《二十一世紀》的創辦是中國文化研究所陳方正先生接任所長後最優先的學術工程之一，一九九〇年七月正式問世。這本雙月刊誕生之前經過一段時間的醞釀，陳方正、金觀濤、劉青峰與我，還有楊振寧先生等對這個刊物的宗旨、取名、取向以至那些應有的內容（如藝術、科學）和每年出版幾次等都有反覆深入的討論。楊振寧這位大科學家對《二十一世紀》顯然有很大的興致，有很多的看法，也有很高的期待，就在多次的敘談中，我們都覺得觀濤與青峰來主持這個刊物是最適當的，青峰更是做主編的不二人選。的確，劉青峰為這份刊物的付出真可以說是嘔心瀝血，足足花去了她十八年的青春歲月，二〇〇八年觀濤與青峰中大退休時，二人的髮際有了數數根增添魅力的銀絲。誠然，他們未老，他們沒有資格退休，離別香港，觀濤就先後應聘到台灣政治大學、中國美術學院擔任講座教授。近年，觀濤與青峰回到他們少年讀書的北京，做自由自在的民間學者，他們在民間開設的講座，更有一份難有的自得之樂。我讀到他們贈我二人合著四百頁的新書《中國思想史十講》，真覺得觀濤與青峰是一對不會老去的學術伴侶。

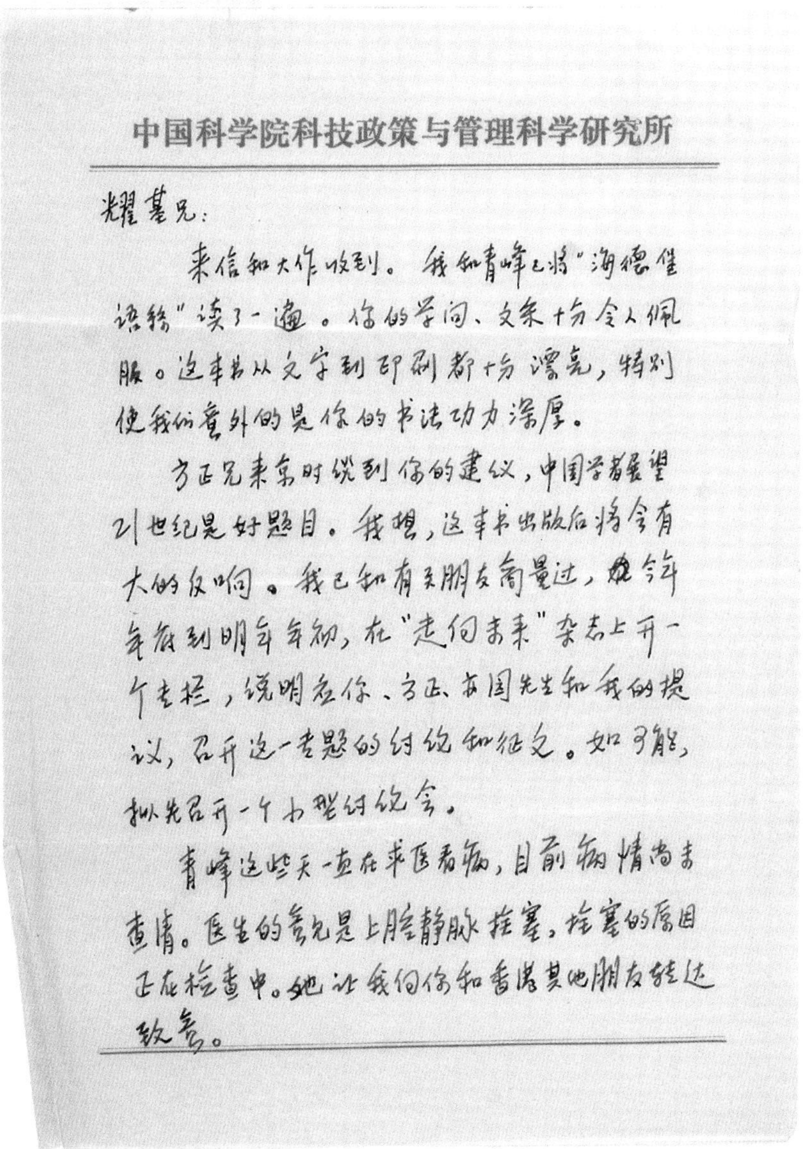

中国科学院科技政策与管理科学研究所

耀基兄：

　　来信和大作收到。我和青峰已将"海德堡语录"读了一遍。你的学问、文采十分令人佩服。这本书从文字到印刷都十分漂亮，特别使我们意外的是你的书法功力深厚。

　　方正兄来京时说到你的建议，中国学者展望21世纪是好题目。我想，这本书出版后将会有大的反响。我已和有关朋友商量过，拟今年底到明年年初，在"走向未来"杂志上开一个专栏，说明应你、方正、杏国先生和我的提议，召开这一专题的讨论和征文。如可能，拟先召开一个小型讨论会。

　　青峰这些天一直在来医看病，目前病情尚未查清。医生的意见是上腔静脉栓塞，栓塞的原因正在检查中。她让我们俩和香港其他朋友转达致意。

圖106

金觀濤、劉青峰信（第一封）（頁一）

中国科学院科技政策与管理科学研究所

出版社正在努力争取中。这些事，在香港可能办起来最快。前几天和方正兄通过电话，知有进展，十分高兴。

读"海德堡语丝"的附录，似乎兄尚未去到过四川。下次来京，我们如能找个机会去看看乐山大佛、峨嵋山和九寨沟。四川风光和江南不同，我们俩定会更有兴致。

祝

好

金观涛

87. 11. 10

圖 106

金觀濤、劉青峰信（第一封）（頁二）

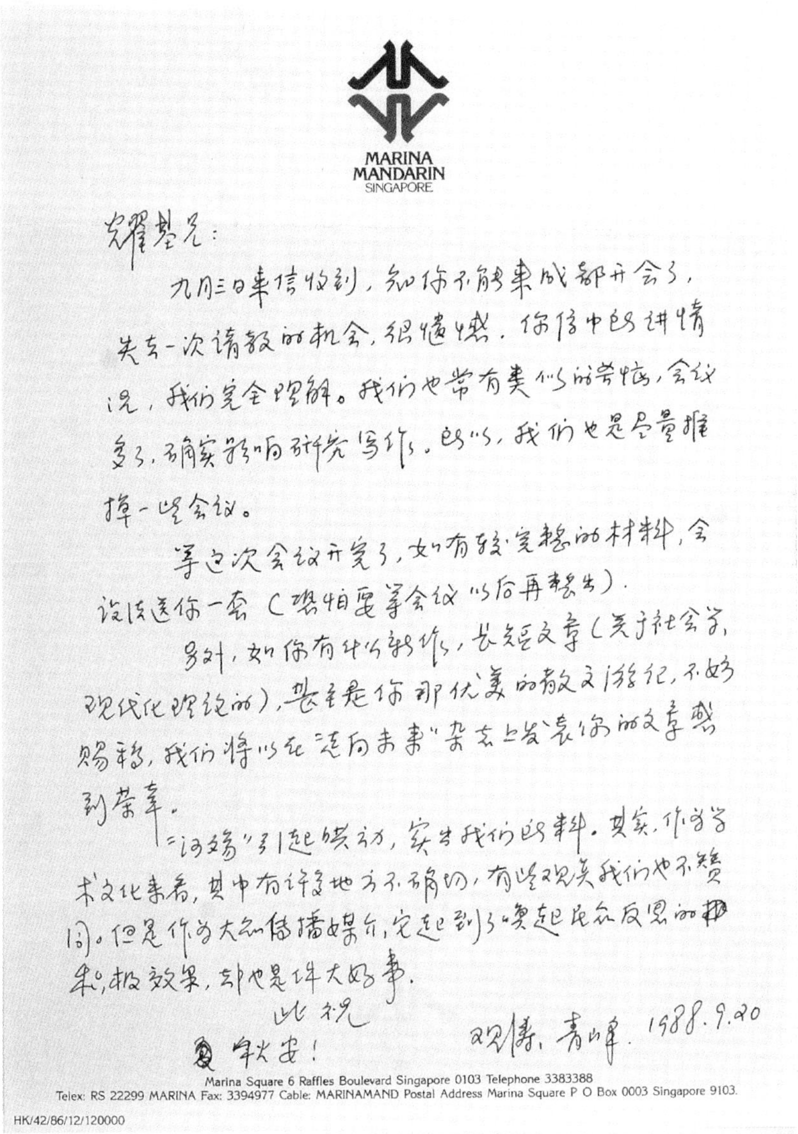

MARINA
MANDARIN
SINGAPORE

耀基兄：

　　九月三日來信收到，知你不能來成都開会了，失去一次請教的机会，很遺憾。你信中的讲情况，我们完全理解。我们也常有類似的苦惱，会议多了，确实影响研究写作。所以，我们也是盡量推掉一些会议。

　　等这次会议开完了，如有較完整的材料，会设法送你一套（哪怕是等会议以后再寄去）。

　　另外，如你有什么新作，長短文章（关于社会学、現代化理论的），或者是你那优美的散文游记，不妨賜稿，我们将以在這两家事"杂志上發表你的文章感到荣幸。

　　《河殇》引起轟动，实出我们的料。其实，作为学术文化来看，其中有许多地方不确的，有些观点我们也不赞同。但是作为大的傳播媒介，它起到了唤起民众反思的轰动效果，却也是件大好事。

　　　此祝
　　秋安！

　　　觀濤、青峰。1988.9.20

Marina Square 6 Raffles Boulevard Singapore 0103 Telephone 3383388
Telex: RS 22299 MARINA Fax: 3394977 Cable: MARINAMAND Postal Address Marina Square P O Box 0003 Singapore 9103.
HK/42/86/12/120000

圖 107

金觀濤、劉青峰信（第二封）

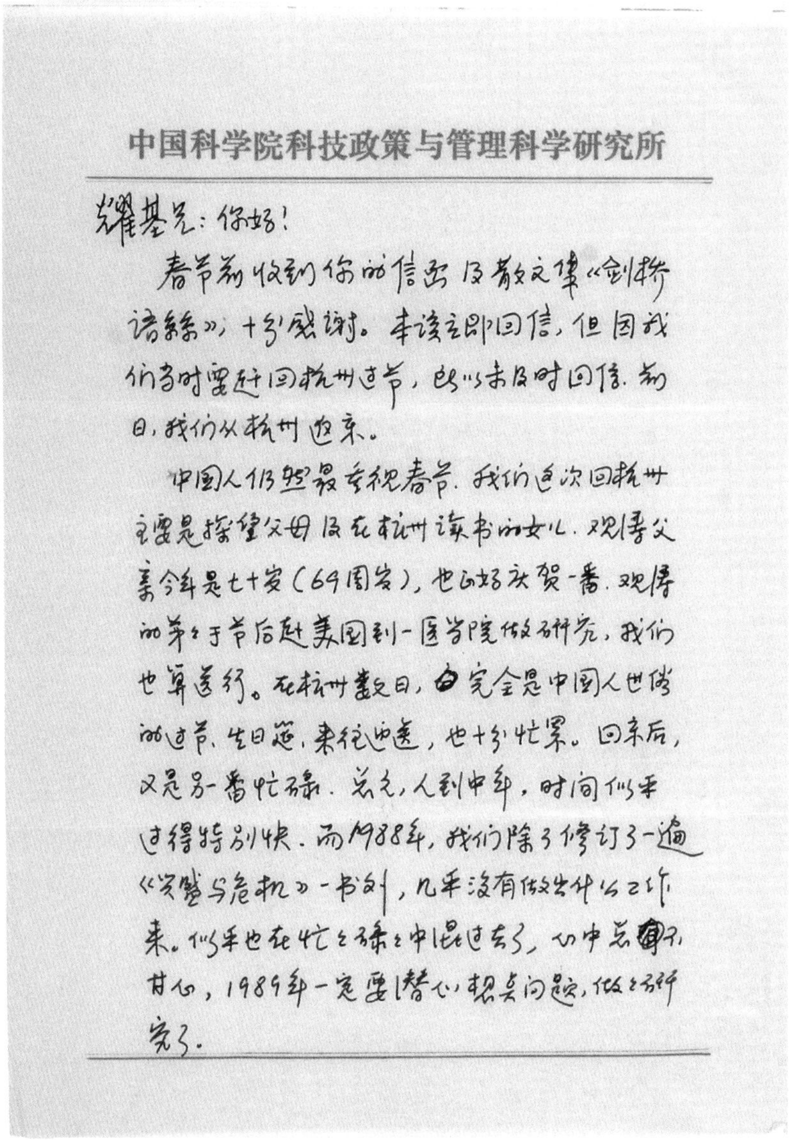

中国科学院科技政策与管理科学研究所

耀基兄：你好！

春节前收到你的信函及散文集《剑桥语丝》，十分感谢。本该立即回信，但因我们当时要赶回杭州过节，所以未及时回信。前日，我们从杭州返京。

中国人仍然最重视春节。我们这次回杭州主要是探望父母及在杭州读书的女儿。观涛父亲今年是七十岁（69周岁），也正好来贺一番。观涛的弟弟于节后赴美国到一医学院做研究，我们也算送行。在杭州数日，完全是中国人世俗的过节，生日宴、来往迎送，也十分忙累。回来后，又是另一番忙碌。总之，人到中年，时间似乎过得特别快。而1988年，我们除了修订了一遍《兴盛与危机》一书外，几乎没有做出什么工作来。似乎也在忙忙碌碌中混过去了，心中总不甘心，1989年一定要潜心思考问题，做些研究了。

圖108

金觀濤、劉青峰信（第三封）（頁一）

168

中国科学院科技政策与管理科学研究所

方正兄为我们安排好今年赴港访问研究的计划。我们想利用这段时间做些资料研究工作，尽量减少社会活动，别到1989年又难做出工作了。在港期间，还想向你及其他学术同仁，多进行些私下的学术交流、讨论，认真思考一下海外学者的研究思路。我们想，这些对我们的眼界开扩是大有裨益的。到时候，请给予我们一定的时间，使我们能登门求教。

我们赴港日期也没有定下来。方正兄的邀请虽是写好在三月份，但还要看我们这边办手续的情况才能定下来。

《剑桥词辞》的文字未来得及读，已翻了一下罢了，真难得。

祝你

全家好！

观寿、青峰
1989.2.13.

（頁二）

　　陳方正先生是一位科學與人文雙修的中大同事。他在哈佛本科讀的是物理學，在布蘭達士大學（Brandeis University）得的也是物理學博士。一九六六年後就到香港中文大學物理學系執教，那時中大才成立三年。我與他同是七十年代余英時主持的中大改制小組的「年輕」成員，也是在那段風雨滿天的日子裏成為知交的。改制小組解散後，我去了劍橋大學，他則去了倫敦，他的信（圖109）是在倫敦寄到劍橋的。信裏充滿了他對中大面臨改制後的問題的憂心，那是四十年前的事了。

　　方正兄有行政才，也有策略思維。馬臨繼李卓敏為中大校長後，堅邀方正為大學秘書長。這是他人生軌道上第一次轉軌，馬臨先生退休，陳

轉任為中國文化研究所所長，這是他人生軌道上第二次轉軌。方正在所長任內，迭有新猷。他與劉殿爵、饒宗頤兩老分別對中國古文獻的電腦處理與出版，是文化所工作的重中之重，對學術文化界的古典研究提供了極大的便利。另一項重要的文化學術工程便是創辦了一份「為了中國的文化建設」的思想性大型雙月刊－《二十一世紀》，這份一九九〇年出版的雙月刊，迄今已二十八年。在二十世紀九十年代出版的雙月刊取名「二十一世紀」，當然代表了一個願想，就是在二十一世紀中將迎來一個中國文化偉大的世紀。具體地說，在過去二十八年中，《二十一世紀》為海內外中國知識人提供了一個學術文化上自由創發的平台，令人感到欣慰的是，自

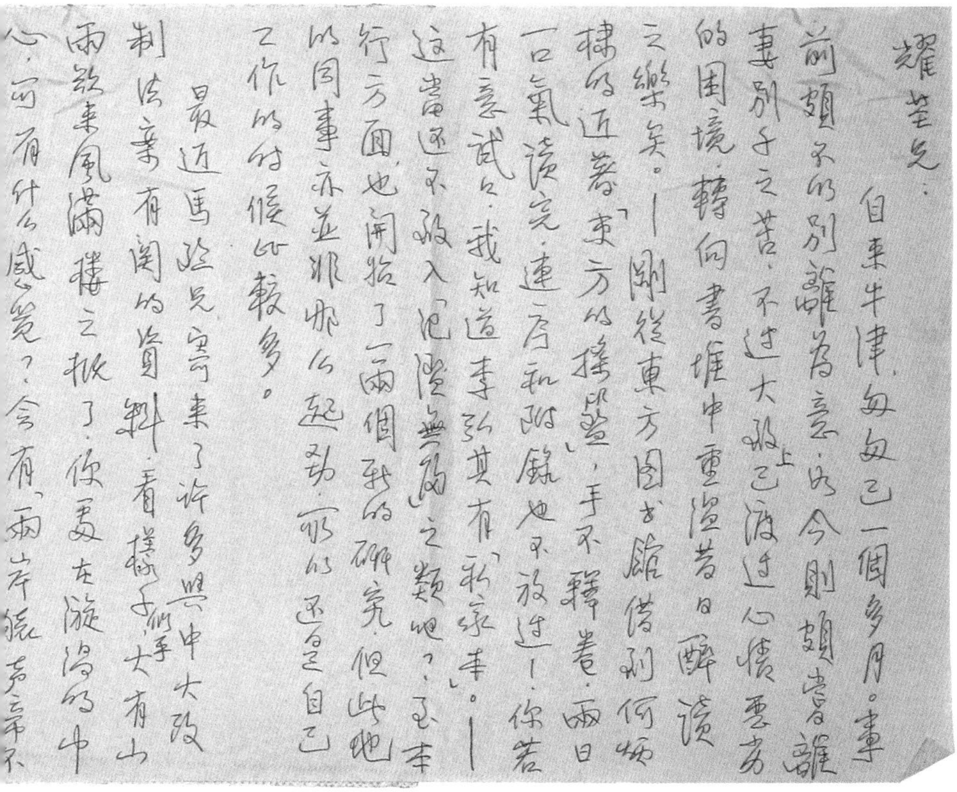
耀基兄：

自來牛津，匆匆已一個多月。事前頗不以別離為意，而今則頗嘗離妻別子之苦，不過大致上已渡過心情惡劣的困境，轉向書堆中重溫昔日醉讀之樂矣。｜剛從東方圖書館借到何炳棣的近著『東方的搖籃』，手不釋卷，兩日一口氣讀完，連序和附錄也不放過！你若有意試試，我知道李弘其有私家本。｜這當還不致入『記隱無為』之類吧？至本行方面，也開始了兩個新的研究，但此地的同事亦並非那么起勁，我們還是自己工作的時候比較多。

最近馬臨兄寄來了許多與中大改制法案有關的資料，看樣子我們手大有山雨欲來風滿樓之概了，你要在漩渦的中心，可有什么感覺？會有『兩岸猿聲啼不

圖 109
陳方正信

一九九〇年之後中文出版界已出現與《二十一世紀》志同道合的高質素的學術文化的刊物了。吾道不孤，何其幸哉！

陳方正兄自所長退休後，轉為該所的名譽高級研究員，專心於研究著述，終於為他自己找到了人生最好的定位。二〇〇九年方正出版了多年科學史研究的成果《繼承與叛逆：現代科學為何出現於西方》，這是一部八百頁的皇皇巨構。史學家余英時稱此書「體大思精」，「是一部出色當行的西方科學與科學思想發展史」。方正兄大著的副題「現代科學為何出現於西方」，事實上，他也間接地、側面地為「李約瑟問題」（即現代科學為何不出現於中國）提供了解答或可供解答的線索。繼《繼承與叛逆》巨著之後，方正兄又陸續出版了《迎接美妙的新世紀》、《常時只道是尋常》（我榮幸為兩書題簽）及《大逆轉與新思潮》等書，盡顯方正在科學與人文兩領域，涵泳遊走，容與自得，出現了個「陳方正現象」。二〇一七年方正在中大設立「陳克文近代史講座」，我還參與了首屆章開沅、次屆張玉法兩位近代史名家開講的盛會。方正兄年前整理完成了《陳克文日記》兩大冊，現又與其姪女梁其姿院士捐資為其父設立講座，亦可謂極盡人子之孝思矣。

王爾敏先生是一位對京劇着迷得很可以的傑出的近代思想史學者。他送我的大著《晚清政治思想史論》的扉頁上就有他着戲裝的大照片，新亞書院每次文化活動，特別是有關京劇的活動，他都會與友人興致勃勃地參加。記得一次昆劇大師俞正飛來新亞演講並示範（特別示範笑聲），爾敏兄一早就求請給他留個座位，我是可以感到他的興奮之情的，後來我知道他還出過《京劇書簡：致劉曾復信十七種》。王爾敏對京劇研究之深幾可追步他對近代思想史、軍事史的研究。王爾敏教授著作甚富，《中國近代

思想史論》、《晚清商約外交》、《淮軍志》、《清季兵工業的興起》都
是傑出的研究成果，我相信王爾敏的學術成就愈後必愈受到認同與推重。
據聞，國內一家知名的出版社要為他出版全集，果如此，則是讀書界之幸
了。

王爾敏先生當年在中大的聯合書院，他與我這個新亞朋友卻十分投
契。爾敏兄的信（圖 110）是我辭卸新亞院長時寄下的，轉眼之間已是
三十三年了。多年前，爾敏兄一家移居楓葉之邦，我心香一瓣，祝他有一
個平安快樂的晚年。

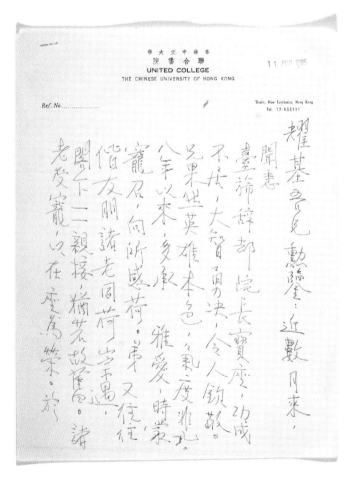

圖 110
王爾敏信（頁一）

圖110

王爾敏信（頁二）

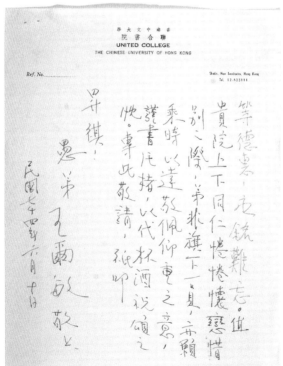

圖110

王爾敏信（頁三）

我在中大卅四年，其中有廿五年，在社會學教職外，先後同時擔任過書院院長、大學副校長、校長的學術行政工作。在大學負責行政職務，有苦有樂，有失有得。就我個人來說，其中之「樂」與「得」之一便是讓我有機會結識到許多自然科學的同事，像高錕（我是他校長任內的副校長）、李國章（我也是他校長任內的副校長）、楊綱凱（他是我校長任內的副校長）、丘成桐、陳之藩、趙傳纓、麥松威、辛世文、沈祖堯（第七任校長）、鄭振耀、梁秉中、霍泰輝、程伯中、黃永成、盧煜明等，都是傑出的科學家。與他們不論是工作或不是工作上的交往中，我都學到許多東西，但我的師友書信集中，僅有陳之藩與楊振寧這兩位科學家的中文手札。

陳之藩先生在一九七七年八月十二日寫了封信給我，信上說：「我下學期要去中大，您很驚訝罷！」的確，我很驚訝，正確說，我很「驚喜」，因為我太高興了。陳之藩是我早所喜愛的散文家，還是在台灣讀書時，我看了他的《旅美小簡》、《在春風裏》及《劍河倒影》，喜愛得不得了。《劍河倒影》文筆清幽空靈，與徐志摩濃華之筆所寫的康橋絕對是各有美趣。我始終認為陳之藩是五四新文學運動以來最好的散文家之一。我一九七五年在劍橋書寫一篇篇劍橋的散文時，心中是有徐志摩、陳之藩的劍橋的，所以我一開始就是要寫一本我自己眼中、心中的劍橋，這就是金耀基的《劍橋語絲》。陳之藩信上說：「見報上《劍橋語絲》即將出版，甚為興奮，因為我只看過一兩篇，沒有看全，就是一兩篇，也使我想念起劍橋來……」（圖111）就這樣，兩個寫劍橋但從未見過面的人在中大成了同事與朋友。

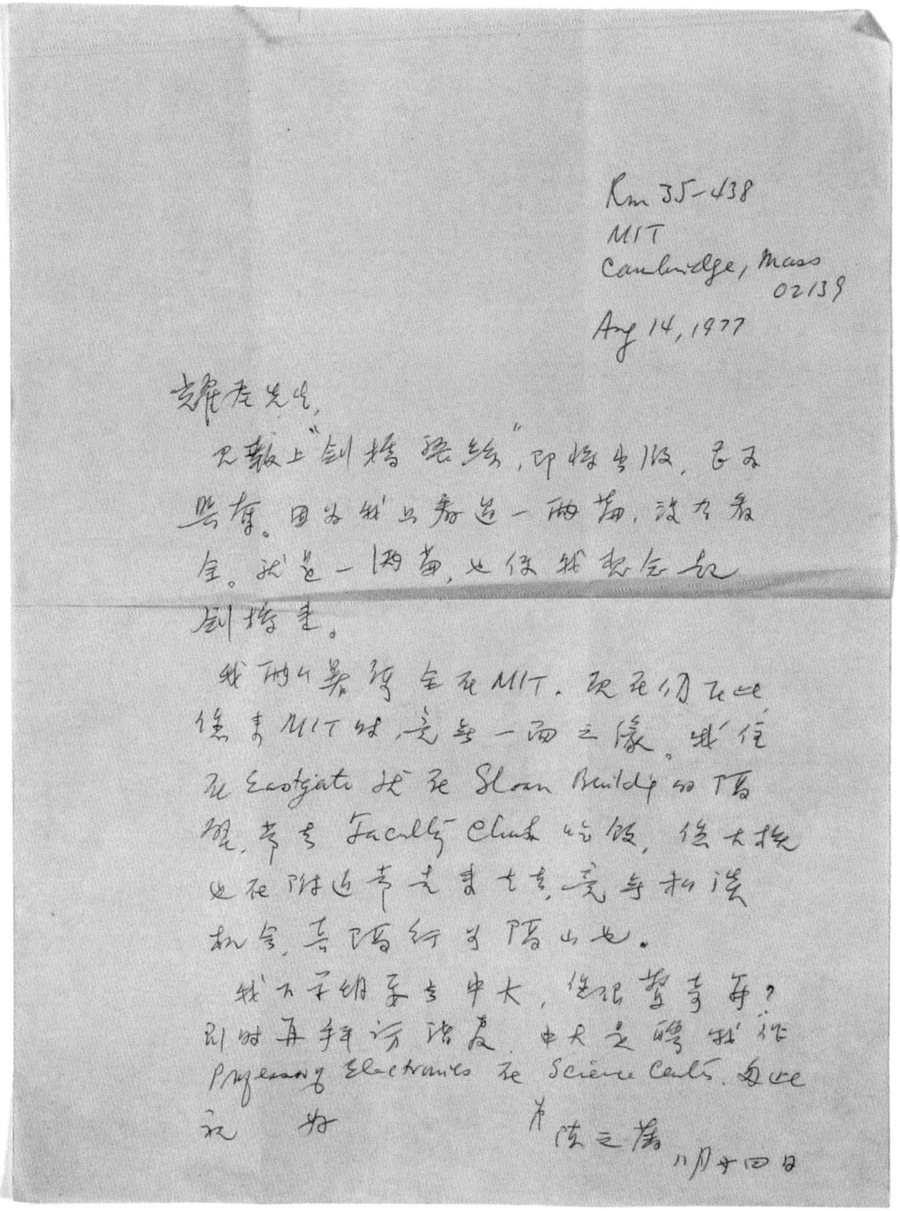

圖 111

陳之藩信（第一封）

　　陳之藩在七十年代是中大的名譽電機系的教授，他是第一個為中大開辦電子學博士課程的。他早年就讀北洋電機系，後得普林斯頓大學碩士、劍橋大學博士，著有電機工程論文百餘篇，是十足十的一位傑出科學家，但他的人文修養一樣十分了得，他的散文是必定傳世的。陳之藩是真正科學與人文雙修雙美之人，我完全同意黃國彬說他是「雙棲奇才」。

　　陳之藩先生七十年代來中大，是短期講學，但我們還是有好幾次聚敘，有很美妙的回憶。一九九三年他從波士頓大學寄來一函（圖 112），說起商務創辦人張菊生曾寫過《中華民族的人格》一書，胡適寫過序，但未發表，說：「我今天想，如果在張菊生、胡適之以後，你來開這個榜單，不知會如何開法？」真糟糕，我完全記不起這件事了，我記不起我當年曾否開過那個榜單！二〇〇二年陳之藩再回中大，他也無再提榜單之事，我只記得二〇〇二年他是與他新夫人童元方一同加盟中大的，元方是哈佛的文學博士，才學過人，入職翻譯學系，時有佳作驚艷文壇。陳之藩在晚年與童元方有一段傍花隨柳、雲淡風清的香港歲月，內心自有快樂。二〇一二年，之藩大兄病故，他是在香港與世長逝的，時年八十有七。

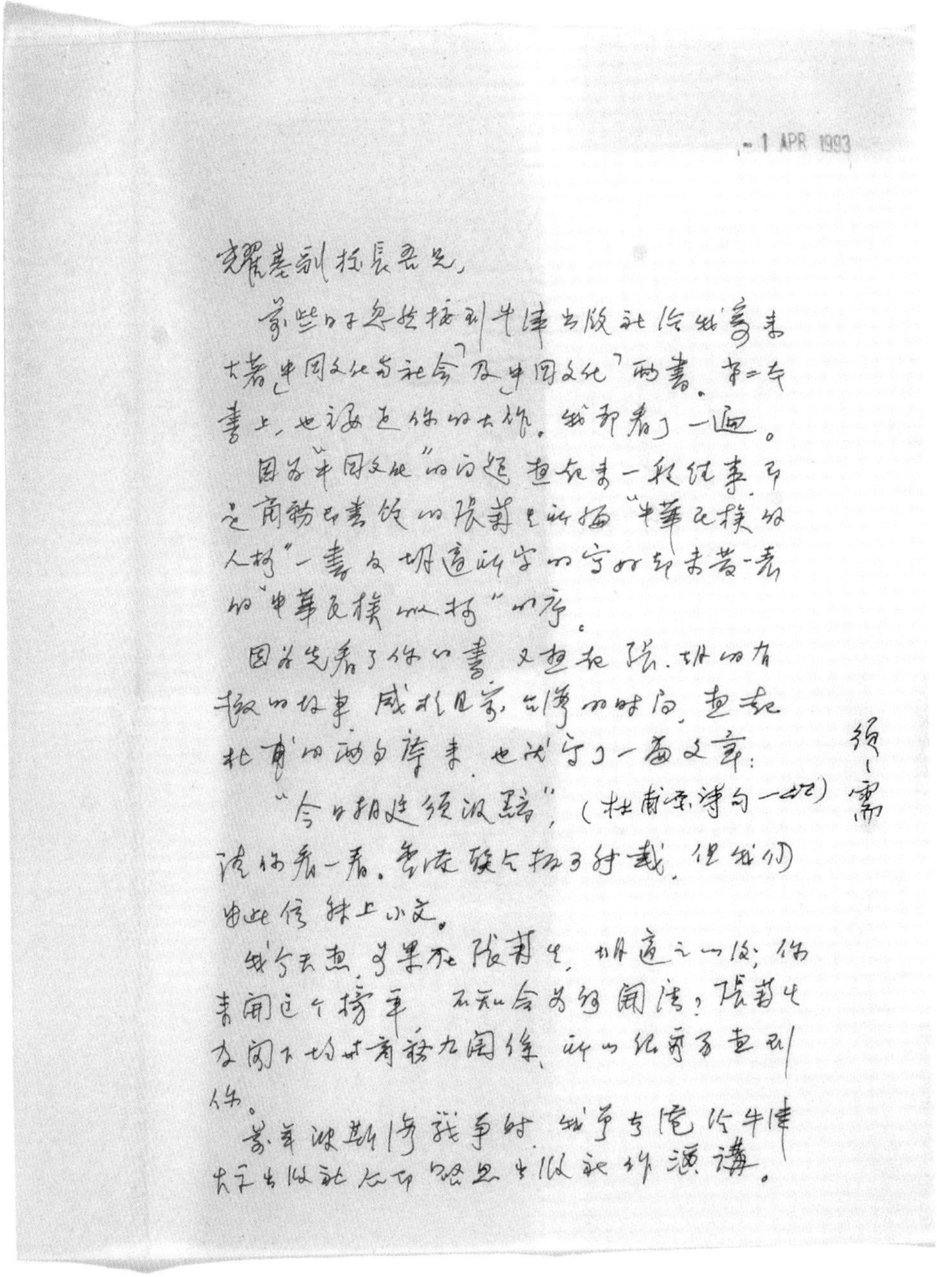

圖 112

陳之藩信（第二封）（頁一）

三月廿一日 1993

（頁二）

　　我與**楊振寧**先生結識是在八十年代初。楊先生是中大第一位博文講座教授，每年有一段時間在中大。八十年代初，我任新亞院長時，他應邀來新亞作「文化聚談」的嘉賓。這是我第一次近距離欣賞到楊振寧先生的言談風采（圖113）。楊先生在一九五七年與李政道榮獲諾貝爾物理學獎，那年是我台大畢業之年，記得當時我們一輩年輕學子是何等興奮，真有一份中國人的自豪感。意想不到二十多年後，我在中大能見到這位科學家本人。

　　說真的，我對楊振寧的真正認識是我看了江才健所寫《規範與對稱之美：楊振寧傳》一書。看了此書我才知道楊振寧不只是諾貝爾獎得主這麼簡單，原來楊先生今日在物理學上最受推崇的是他在一九五四年發表的〈楊 — 米爾斯規範場論〉的論文，該文較楊、李得諾獎之作，早了三年。此後，楊先生又獲物理學界的鮑爾獎，鮑爾獎的頒獎辭中說：「這個理論

圖113

陶元禎（金夫人）、金耀基、楊振寧、劉述先、劉國松（後排）

模型（〈楊 — 米爾斯規範場論〉）和牛頓、麥克斯韋及愛因斯坦的工作相提並論，必將對未來有着足堪比擬的影響。」物理學系的同事告訴我，因楊先生這個理論而獲 Nobel 獎的已有近十之人。物理學諾獎得獎人戴森頌讚楊振寧說：「楊振寧是繼愛因斯坦、狄拉克之後，為二十世紀物理科學樹立風格的一代大師。」顯然，楊振寧是二十世紀科學界的人傑。

楊振寧在中大三十年，在這三十年中，我有幸時有與他談聚請益的機緣。楊先生在我所識的前輩學人中，可能是一位最善於和樂於言談的人。他喜歡講，喜歡聽，也喜歡問，每談到一件事、一個人，他都要弄得清清楚楚。我最喜歡聽他講的是二十世紀科學界的大事件、大人物，有一次他講到大物理學家海森堡（Heisenberg）的「不確定原理」，我特感興趣，因海氏的「不確定原理」也影響社會科學哲學很大。楊先生事後寄來一短信並附上一些資料（圖 114）！楊先生寫信寫論文，都極簡約，他對書寫所求的境界是「秋水文章不染塵」。二〇〇四年六月我自中大校長退休，他特地從北京寫信向我致意（圖 115），他對我為中大所做的工作，有如此的肯許，我是感到很大欣慰的。

我退休後，與楊振寧先生的敘聚不斷。楊先生一年有九、十個月在清華，有二、三個月到中大。他每次回到香港，我與陳方正兄與他總有一次以上的飯局，一談就是幾個小時，比以前更多了言談之樂。有時翁帆同來，則三家餐聚，更添了些輕鬆氣氛。今年新春期間，因楊先生提議，我與方正與他一起到新界西貢一間面海的泰國餐館午餐，這家餐館是楊先生與翁帆第一次二人餐會的地方。轉眼他與翁帆結婚已十四年。我們下車後，走去餐館，楊先生用一枝手杖，步履健實而穩，而記憶之力強，思維談吐之精密清晰，絕不像是九六高齡之人，顯然他與翁帆 82 與 28 的結合是一

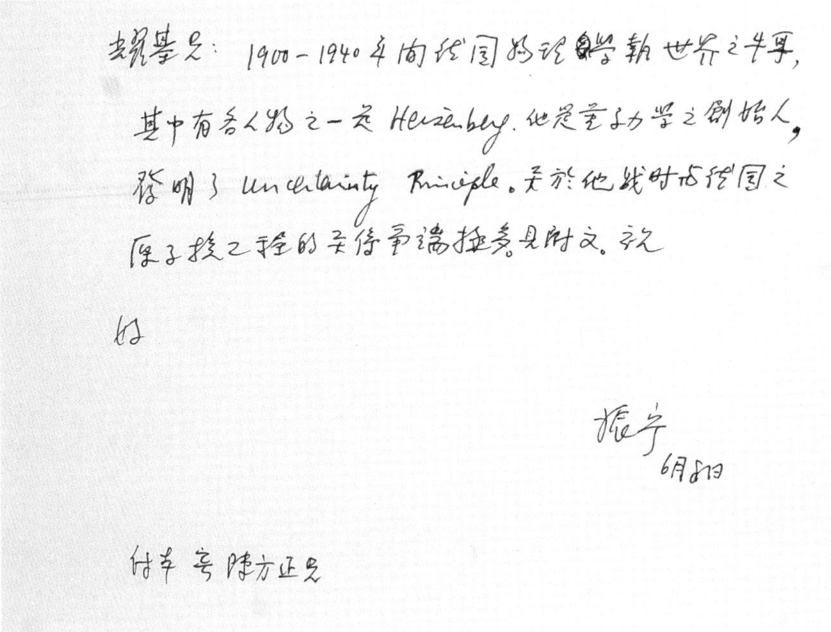

耀基兄：1900–1940年向我们国物理学都世界之牛耳，

其中有名人物之一是 Heisenberg. 他是量子力学之创始人，

发明了 uncertainty Principle. 关於他战时德国之

原子弹之探之经的争诤请挽看見附文。祝

好

振宁 6月8日

付车与陳方正兄

圖 114

楊振寧信（第一封）

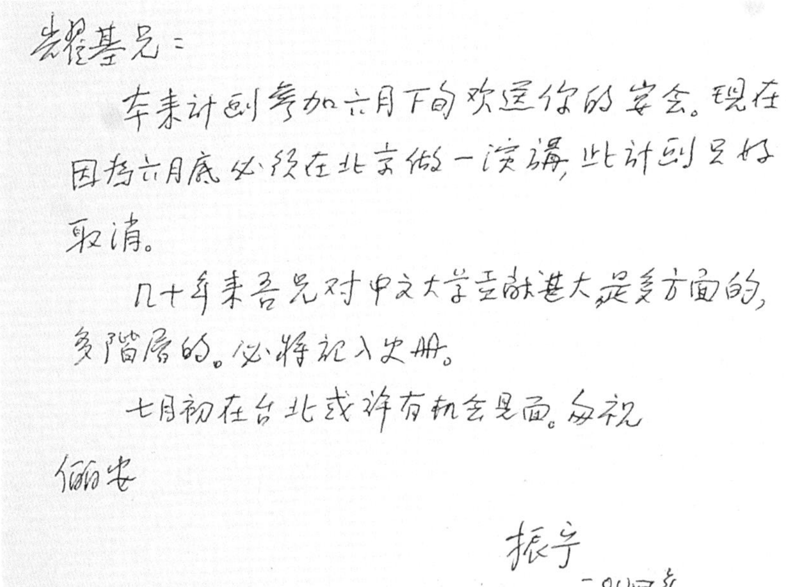

耀基兄：

本来计划参加六月下旬欢送你的宴会。现在

因为六月底必须在北京做一演讲，此计划只好

取消。

几十年来吾兄对中文大学贡献浩大是多方面的，

多阶层的。必将记入史册。

七月初在台北我许有机会见面。每祝

俪安

振宁

二〇〇四年

六月九日

圖 115

楊振寧信（第二封）

成功美滿的婚事。楊、翁結婚之時，我曾送寄一寫上「不一樣的對稱之美」的賀卡。近年，我更贈他一幅書法：「夕陽無限好，只『因』近黃昏」（我把李商隱原詩的「是」字改易為「因」字）。

＊　　　＊　　　＊

我在香港生活了四十八年，中大退休前、退休後，我發現有幾封中大之外的師友書信，彌感珍惜，最可遺憾的是鍾期榮、鄭子瑜、羅孚、湯一介四位師友，信在而人已云亡，睹信思人，低徊不已。

鍾期榮博士是香港有史以來第一間私立大學（樹仁）的創校校長。鍾期榮於一九五六年與夫婿胡鴻烈大律師來港定居。胡鍾夫婦二人皆熱心教育，傾半生積蓄一心一意要在香港辦一間合乎他們心水的大學，但在一九九七年前只能辦學院（無授大學學位資格），因英國及整個歐洲的大學都是公立的，沒有私立的大學。一九九七年後，香港主權已回歸中國，聲譽蒸蒸日上的樹仁學院才得升格為大學。鍾博士獻身教育數十年如一日，樹仁大學有今天的成就與聲譽，鍾期榮校長實大有功焉。

民國時期，鍾期榮畢業於武漢大學，得巴黎大學法學博士學位，她是現代中國首位女法官。鍾博士主持樹仁學院時期，我曾數次受邀對學院提供意見，我深知鍾博士是一位有理想、有原則、擇善固執的教育家，她在一九八九年給我的這封信（圖116），我一直珍藏。鍾博士是我的前輩，對後學的我如此的厚譽，實慚感不已。二〇一四年，鍾校長去世時，祭奠之日，香港各界與樹仁師生千人致敬送別，備極哀榮，感人至深。我對這位香港教育界的女中豪傑有無限的敬念與哀思。

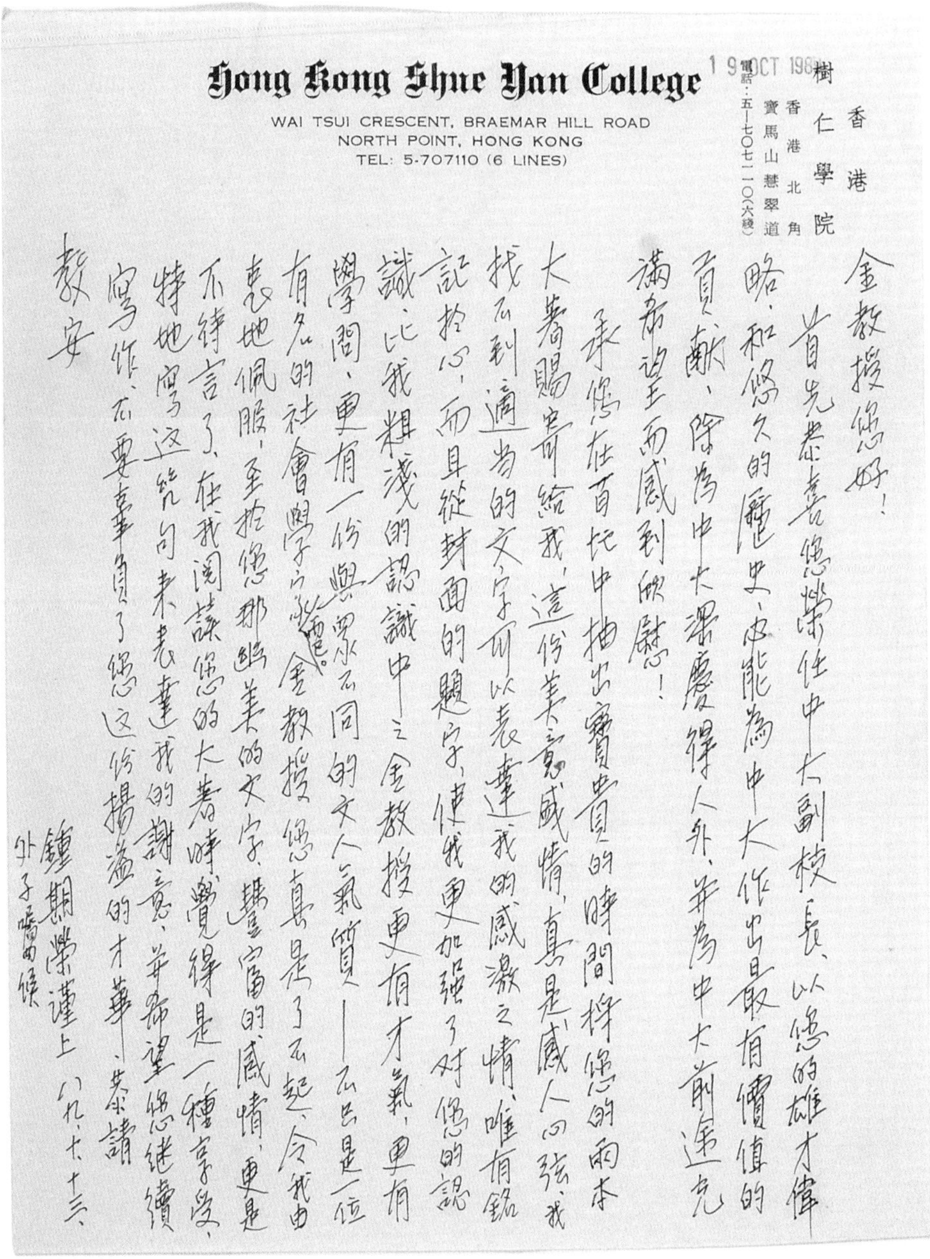

Hong Kong Shue Yan College

WAI TSUI CRESCENT, BRAEMAR HILL ROAD
NORTH POINT, HONG KONG
TEL: 5-707110 (6 LINES)

1 9 OCT 198

樹仁學院

香港北角寶馬山慧翠道

電話：五─七○七二○六綫）

香港

金教授您好！

首先恭喜您榮任中大副校長、以您的雄才偉略、和悠久的歷史、史能為中大作出最有價值的貢獻、除為中大榮慶得人外、并為中大前途充滿希望而感到欣慰！

承您在百忙中抽出實貴的時間將您的兩本大著賜寄給我、這份美意盛情真是感人的、我找不到適當的文字可以表達我的感激之情唯有銘記於心、而且從封面的題字、使我更加確了對您的認識、比我粗淺的認識中之金教授更有才氣、更有學問、更有一份與眾不同的文人氣質──不但是一位有名的社會學家、金教授您真是多了不起令我由衷地佩服、至於您那幽美的文字、豐富的感情、更是不待言了、在我閱讀您的大著時覺得是一種享受、特地寫這幾句來表達我的謝意、華祝您繼續寫作、不要辜負了您這份揚溢的才華、紫請

教安

鍾期榮謹上
外子胡鴻烈候

八九、十、十六。

圖116

鍾期榮信

184

　　羅孚先生在上世紀七十年代是香港一位著名的資深「左派」報人，他是《大公報》的副總編輯，《新晚報》的總編輯。羅孚有深厚文學修養，雜文寫得尤見才情。一九七〇年我自美初次來港，但一般人都視我為來自台灣的學者，誠然，在當時，台灣與大陸是處於敵對狀態的，因此，儘管香港是一個意識型態最稀薄的自由城市，我在香港最初幾年，我交往的同事與朋友中好像沒有「左」的，可能我第一個結識的「左」的名人就是羅孚先生。我第一次到大公報去拜會羅孚實是為父親之病向他求助買藥的。父親時患肝炎，偶得友人所贈大陸出品的片仔癀，用之有奇效，因此我在香港上天下地求之遍，跑遍港、澳的藥房，但總無法買到足夠的片仔癀，後有人相告，說《新晚報》的羅孚先生知我求藥心切，他樂意幫忙，就這樣我在《大公報》社與這位思想開放、重然諾，喜交友的羅孚成了朋友。真的，我與他，還有《大公報》的名記者葉中敏都可說是歡談無礙，從不講「套話」的。

　　後來，知道當年在《華僑日報》專欄常寫「反共」雄文的**徐復觀**先生與羅孚亦友善。徐復老是我在台灣就結識的一位師輩學者。徐復觀先生自稱五十歲後始真正做學問，但積學厚發，著作一部接一部見世，很不久便在學壇佔一席高位。復觀先生生前在台灣東海大學與香港新亞書院講學教十年，育才無數，與唐君毅、牟宗三、張君勱幾位新儒學大家同氣相求，同聲相應。他主編的《民主評論》以維護與發揚中國文化為宗指，與倡導民主、自由的《自由中國》在當時知識界是最有影響力的兩本刊物。復觀先生較少談哲學，但對歷史、文學、藝術都有傑出的論述，他論中國藝術精神之書，斂手推美者眾矣。復老不是象牙塔裏專做高台講章的純粹學者，他關心國事、天下事，遊走在「學術與政治」之間，所寫政論，識見

之高，特別是文筆之雄健，一時無兩，殷海光先生當我面曾多讚譽。復老
當年之不恥與我這個後生交往，應是看我在《大陸雜誌》發表講荀子政治
思想的一篇文字之後。在台灣時，復老曾給我多封長信，可憾一封都找不
到了。

說起來，當代幾位海外儒學大家（錢穆、唐君毅、牟宗三、徐復觀）
中，徐復老是我最早有交往的，事實上，我夫婦與復老伉儷在香港常有聚
敘，元禎對於徐師母親講她當年因愛慕復老而「私奔」的事，讚徐師母是

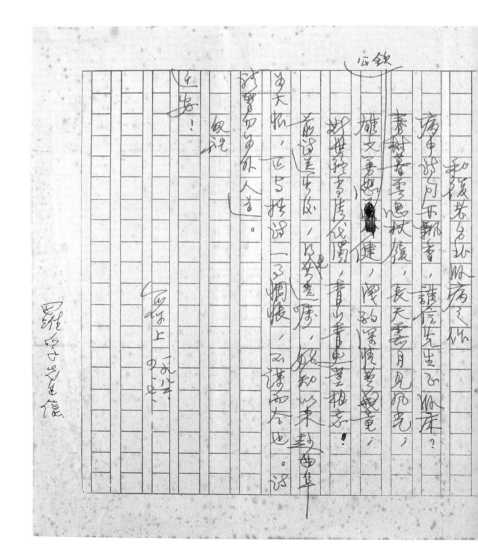

前衛的「時代女性」的先驅。徐復老顯然是同意元禛的讚語的。這些都是近半個世紀的往事了。徐復老是一九八二年四月一日去世的，我於四月八日寫了〈儒者的悲情，儒者的信念〉五千字的長文悼念。羅孚先生知我與復老的情誼，他在四月七日寄了此信（圖117）給我，信中所錄是他寄懷復老的二首詩，極見他與復老有肝膽相照之情。十二年後，羅孚先生也繼復老而長去。我可想見，羅孚定會於第一時間陪復老飛去山東曲阜，以了徐復老生前未了之願也。

圖 117

羅孚信

　　鄭子瑜先生可能是與民國文學界名士（周作人、魯迅、豐子愷、葉聖
陶、林語堂、俞平伯、簡又文、郁達夫等）享受通信之樂最多的新加坡漢
學（文學）名家。鄭子瑜收藏有周作人八十四通書札。鄭氏於二〇一四年
在新加坡亡故，據聞，二〇一四年北京春拍這批書札，價近八百萬，轟動
京華，但不知天上地下，子瑜先生見到此一盛況否？

　　鄭子瑜教授著作近三十部，以修辭學名世，《中國修辭學史》一書備
受葉聖陶稱譽。鄭氏善詩，近代草聖于右任曾親書其詩（圖118），可謂

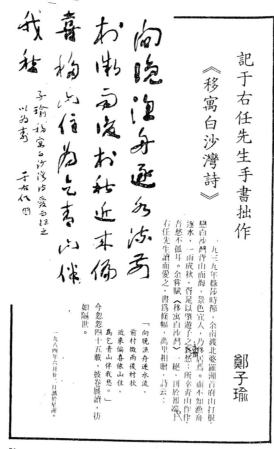

圖118

佳話。一九七八年大陸開放，及其後台灣與大陸三通開禁之前，鄭子瑜的著作在兩地都不能進入，作為一海外華人學者，甚感灰心，有「讀書與寫作，還有何用」之嘆。鄭氏於八九十年代一度在中大文化研究所任高級研究員，我們有數度敘聚，一九九三年他寄給我此信（圖119），信中說我當年論兩岸三地未來發展的政論在新加坡多有轉載，為有識之士所歡迎，且表示希望我到新加坡作短期講學或長期居留與講學。他的盛情厚意我是深為感激的。他寫信之年，我已歲近耳順，而距一九九七香港主權回歸不過四年，當時港人移民歐、美、澳者多矣。誠然一九八四年，《中英聯合聲明》之發佈，絕未能盡消港人對香港前途之憂慮與不安。

寫到這裏，我不能不一述一九九〇年我夫婦與香港工商鉅子、銀行、律師、建築界精英二三十人（我第一次見到李嘉誠先生伉儷）受邀出席新加坡建國二十五周年大典之事。我們一行人受到一週的高規格的款待，每日都有一部長請宴，並為我們介紹解說新加坡的發展狀況。離新加坡前一日的週末，在總統晚宴之前，李光耀總理在總理府與我們所有男士晤談，我才理解我們受邀訪新的真正原因。李光耀這位以識見與能言著稱的世界級政治家用英語（間中說漢語）向我們說明了他的願想。簡單說，他是支持「一國兩制」方案的，但他理解港人當時的憂慮。同時他明白表示，他不願見到香港人才外移歐美，要我們根留香港。為使大家安心，歡迎我們在九七前任何時候到新加坡落籍，九七後如香港一切如常，則可在任何時候回到香港。這是李光耀政府對香港、對我們這批港人最善意與慷慨的支持。今天因鄭子瑜先生的信使我想起二十八年前的這段往事。新加坡真不簡單，李光耀先生去世後，風光不減，在東亞四小龍中最有飛龍之勢。

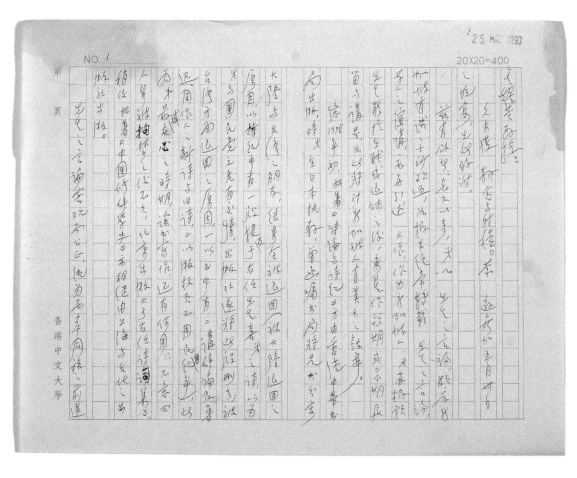

圖 119

鄭子瑜信（頁一）

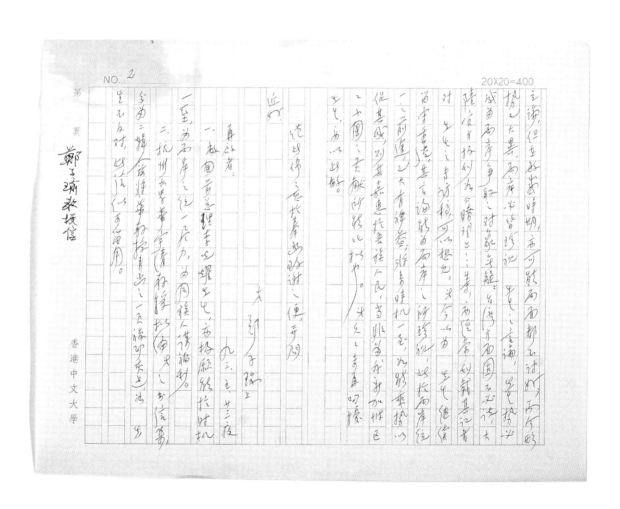

NO. 2　　　　　　　　　　20X20＝400

第　頁

鄭子瑜教授信

香港中文大學

（頁二）

湯一介先生在大陸改革開放後，曾來香港講學，我與他有數面緣，覺得湯一介溫文爾雅，有中國傳統名儒的氣度，印象甚佳。他回北京後，多年未再一面，但我知道他是繼名父中國佛教研究權威湯用彤之後，卓然自立的北大國學名師。有意思的是，父親終身的名山事業在佛教，而他則在道家（教）研究上拓展最多，《早期道教史》自然是一部名著，道教之外，他又在儒學上做工夫，世紀之交出版的《矚望新軸心時代：在新世紀的哲學思考》，則更可見他對中國文化在現代世界的發展與貢獻有新的思考。當然，二〇〇二年他提出編纂《儒藏》的主張，並得到國家巨資的支持是學術界廣為傳說的大事。昔有《道藏》，今有《儒藏》，這是何等重大的學術工程。我只是好奇，湯先生將以什麼標準作為《儒藏》收書的尺度？五四新文化運動實是一「去儒學中心」的文化運動，而五四之後講儒學、儒教、儒術、儒行者雜然紛呈，作為主編《儒藏》的湯先生，其工作之重與勞心傷神是可以想像的。

二〇〇四年年尾，湯先生以中國文化學院院長及北大中國哲學與文化研究所所長身份來信（圖120），邀我主講「蔡元培學術講座」和「湯用彤學術講座」。湯一介先生是我素所敬重的學者，而一九九五年十月我在

北大已做過「潘光旦先生學術講座」，也亟思看看這間著名學府最近十年的大發展。我即答應翌年（二〇〇五）赴會，實則我於二〇〇四年剛卸卻中大校長之職，需一段時間準備講稿。二〇〇五年十月我依約到北大，並赴北大校園拜訪湯一介、樂黛雲伉儷，湯先生的寓所屋外一片綠意，屋內滿室書香。品茗話舊，甚是快事，樂黛雲女士是著名比較文學學者，談鋒最健。但當晚我發現大量血尿，雖不感驚慌，但實有痛楚，湯先生與他中國文化學院繼承人王守常院長，勸我取消第二天的演講，我不肯，第二天我縮短了「蔡元培學術講座」，忍痛講完後即請送我到北大所屬醫院，解我當時之苦痛，再一日清晨即搭第一班飛機返港，並由妻元禎、子潤生、潤之、潤賓直送仁安醫院做緊急手術。無疑，我對此次北大之行是深感遺憾的，我對湯先生、王守常院長和他的同事造成的不便不說，我根本沒有依約作「湯用彤學術講座」，這是我一直耿耿在懷的。不過，健康復原後，我將「蔡元培學術講座」的講稿綱要完成為萬餘言的〈蔡元培與中國現代大學範典之建立〉長文，並收入我的二〇一七年出版的《再思大學之道》一書內，也算是我對湯先生的一個交代。二〇一四年湯一介先生在北京亡故，北望中原，我默默想念這位有儒者氣度的北大名師。

北京大学
PEKING UNIVERSITY

Beijing 100871, P. R. China

RECEIVED
23 DEC 2004

耀基先生:

在這2005年即將到來之際，特此向你拜年。

中國文化書院和北京大學中國哲學與文化研究所主辦的《蔡元培學術講座》和《湯用彤學術講座》每年五月舉行，2005年擬請你來作主講教授，希望能得到你的同意。講演題目由你自己選定，兩個講座各講一次。

我們已經幾年沒見面，真希望你有時間來北京，如果五月有困難，明年十月也可以，這兩個時間北京天氣最好。

我現在正在主持編《儒藏》，進展還算順利，這方面也想聽聽你的意見。 順祝

新年快樂，萬事如意！

湯一介
2004年12月12日

28/12/04 閲
将回件附上
山東 金

Date	23/12/04	# of pages	1
To	Prof King		
Fax#	26035238		
From	Grace		
Phone#	26086606		

地址：中国・北京

邮政编码：100871

圖120

湯一介信（第一封）

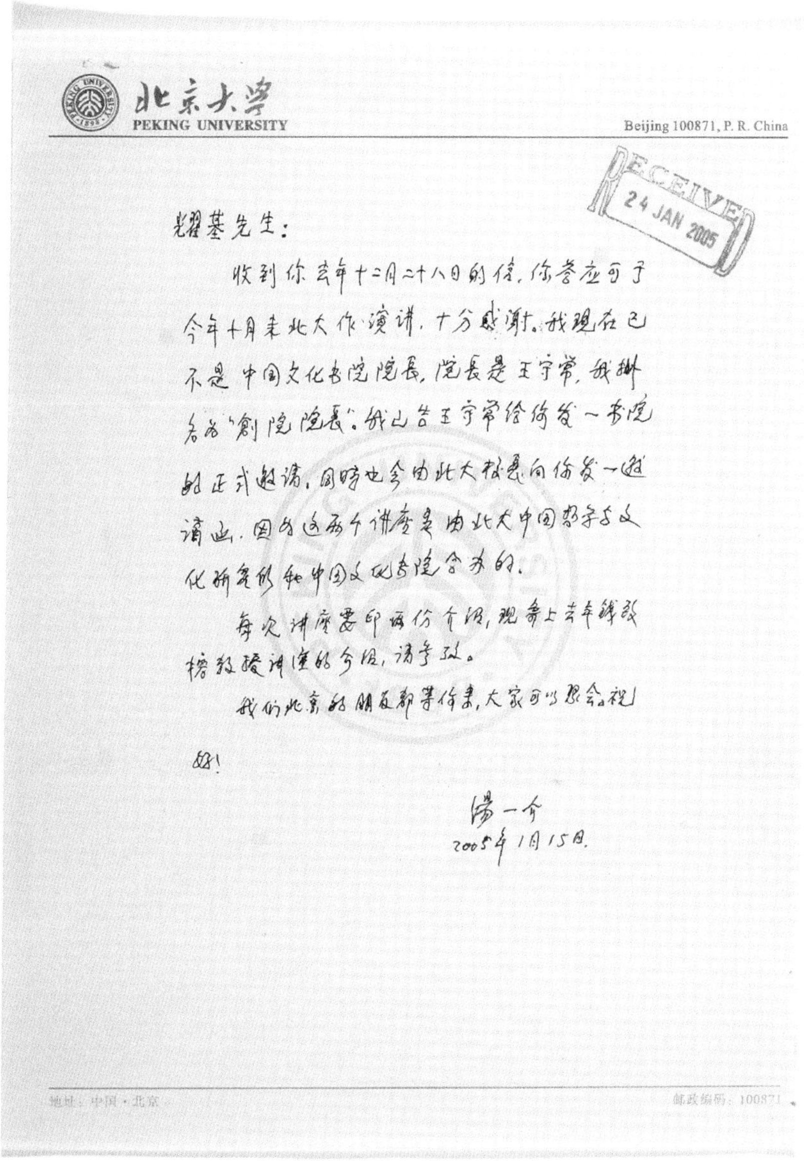
北京大學
PEKING UNIVERSITY
Beijing 100871, P. R. China

RECEIVED
24 JAN 2005

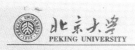

耀基先生：

收到你去年十二月二十八日的信，你答应可于今年十月来北大作演讲，十分感谢。我现在已不是中国文化书院院長，院長是王守常，我挂名为"創院院長"。我也告王守常给你发一书院的正式邀请，同时也会由北大校長向你发一邀请函。因为这两个讲座是由北大中国哲学与文化研究所和中国文化书院合办的。

每次讲座要印两份介绍，现寄上去年钱穆讲座的介绍，请参考。

我们北京的朋友都等待着，大家可以聚会。祝

好！

汤一介
2005年1月15日

地址：中国·北京　邮政编码：100871

圖 121

湯一介信（第二封）

因書寫而結緣的師友

我一生書寫了數十年，迄今未停。我的一生是書寫的人生。因我的書寫而結識了許多師友，其中大不乏「同聲相應」的知音。

我的書寫分為學術、時（政）論、散文與書法四類，有的師友只知我一二類的書寫，對我四類書寫都有所知者則應是我最幸有的知己了。

學術書寫

學術書寫是我的志業所在，也即是我社會學上的書寫。我學術的中心興趣是中國現代化、現代性的研究。一九六六年在台灣出版的《從傳統到現代》是我第一本論中國現代化的著作。一九七〇年到香港中文大學任教，四十年中，我研究的中心興趣始終一貫，不過，我的研究重點則從中國的現代化轉向中國現代性之建構，亦即是中國現代文明秩序之建構。我的研究視域則從「傳統」與「現代」的縱向思考擴延到「全球性」與「本地性」的橫向思考。我的研究主線則從中國現代化的論述進入中國文明的現代轉型的三個「主旋律」的論述：即一，從農業社會經濟轉向工業社會經濟；二，從帝國君主制轉向共和民主制；三，從經學為主導的學術文化轉向以科學為主導的學術文化。通過這三個主旋律的發展，一百五十年來，中國的古典文明已轉型為中國的現代文明，這是真正中國三千年未有的一大變局。當然，中國的現代文明還正在完成的過程中，我期待的是這個跨越三個世紀的中國文明轉型在二十一世紀可以修成正果。

　　我四十年主要的中文學術書寫是牛津大學出版社出版的六書，即《中國的現代轉向》、《中國社會與文化》、《中國政治與文化》、《社會學與中國研究》及《大學之理念》與《再思大學之道》。英文則是二〇一六年中文大學出版社出版的 *China's Great Transformation: Selected Essays on Confucianism, Modernization and Democracy*。

　　我的中英文七書都是論文的結集，也即是論文集。這些論文有的是大學應邀的講座上發表的，有的是受邀在國際學術會議上宣讀的，當然，有的是學術期刊投文發表的，誠然，我的學術研究是有學術上的知音的。記得我有一篇在英國社會學學會的旗艦期刊發表的論文，被收入到一本英國社會學導論的大學讀本中，有一篇在柏克萊出版的 *Asian Survey* 發表的〈行政吸納政治〉的論文還讓我成為香港三任港督的「座上客」。九七後一年，我時任中大副校長，獲頒特區政府的「銀紫荊」勳章，頗感意外，讀《南華早報》，始知我之獲獎是因我的學術書寫，真是妙事！更令我高興的是一九九〇年我在德國 Bad Homburg 一個學術會議中發表的一篇有關韋伯的論文，竟為會議主席韋伯學權威 Wolfgang Schluchter 教授看重，並聘我為「韋伯學訪問教授」，到海德堡大學訪學一年，我是十分高興的。之前，我已在海德堡大學擔任訪問教授半年，我還寫了《海德堡語絲》一書，我對再次能以「韋伯學訪問教授」身份重訪海德堡，誠歡喜之至。但因我在中大先有承諾，不能分身，不能不說是一大憾事，但我不能不引 Schluchter 教授為我學術書寫的一位異國知音。

圖 122

金耀基在牛津出版社出版的六本學術著作

誠然，說到我的學術書寫的知音，殷海光先生應該是最早的一位。我的《從傳統到現代》一書未成書出版時，他已經對它青眼相加了。我在寫作此書時，很幸運在**殷海光**（圖123）的《中國文化的展望》書中，發現夾藏了殷先生的一封短信（圖124）。它勾起了我與殷先生晚年幾年中談學論人的愉快日子。殷海光是當年胡適外台灣思想界的另一位領袖人物，他在《自由中國》發表的文章是青年學子所爭相追讀的。其時，他在台大已不能授課，家居亦時受監視；五十年代初，我在台大法律學系讀書時，殷先生是哲學系的教授，但從無一面，六十年代中，我第一次赴美返台後，有幸與他結識，殷先生是我一見如故，相交亦如故的一位師輩人物。他是一個最真實的人，我們的交談，真實無虛語。他知道他的有些朋友或學生都「不便」與他來往，他理解，也不在意，但像我這樣完全「不設防」

圖 123
殷海光先生照片

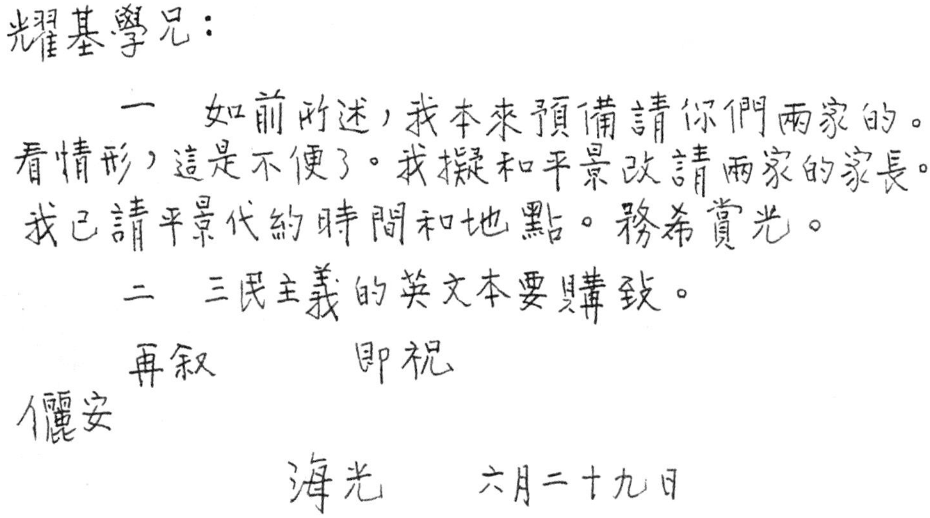

耀基學兄：

一　如前所述，我本來預備請你們兩家的。看情形，這是不便了。我擬和平景改請兩家的家長。我已請平景代約時間和地點。務希賞光。

二　三民主義的英文本要購致。

再叙　　即祝

儷安

海光　　六月二十九日

圖124
殷海光信

的後輩與他的來往，他是快樂的，也是赤誠相待的，我永遠不能忘記殷先生這樣堅強的人在我面曾流過三次眼淚，他是有不尋常的委曲的。從他給我的短信中，我意識到當年我與殷先生已非浮淺之交，他鬱結心中的話都對我傾吐不能自止，他的信更使我想起殷先生不只是我，也是我夫婦敬重的師輩朋友。我記得有一次殷先生與他學生陳平景從台北到碧潭我家裏吃飯，當年沒有地鐵，是很遠的路程，我忘了他是如何去我家的，但我非常清楚記得，我與殷先生第一次是如何見面的。

大約在一九六五年，殷先生因看到我在《出版月刊》發表的現代化的單篇論述，便囑他的門人陳鼓應與陳平景兩位到台灣商務印書館三樓請我

到殷府「喝咖啡」。他們說殷先生很想跟我討論中國現代化的一些學術論點。記得我第一次到殷府見到殷先生時，還來不及對眼前滿頭白髮，面容清癯的哲學教授表達我的心儀欽遲，他已請我坐下，用手指着桌上我的現代化論文，文章上有他圈圈點點的印記。說真的，殷先生對我論述不吝嗇的讚賞，我是深感他是我現代化書寫最早的一位知音。當時，我覺得殷先生對中國傳統文化的態度與反傳統的西化論者截然不同，比較正確地說，殷先生對中國未來之發展的主張與看法是近於「現代化論」的。我們的專業不同，視域有別，但結論頗多契合，我們可說是殊途同歸，志同道合。殷先生去世前不久，我對他新出版的《中國文化的展望》一書曾寫過一篇五千字的評論，在香港友聯出版的《大學生活》上發表，是我對斯人斯書最誠摯的敬意。誠然，一九六七年，殷先生與我原本都有去美國之計劃，但殷先生卻患了癌症，令人憂傷不已，《民主評論》的主編，也是當代儒家鉅子徐復觀先生曾託我送贈殷先生新台幣三千元，殷亡故後復觀先生寫了一篇〈吾悼吾敵，吾悼吾友〉之文。很長時間裏，他與殷先生在思想上對立互敵，但在才情上，卻多彼此之相惜相重。俱往矣，我的二位師輩學人都已先後去世數十年矣，能不令人唏噓乎？！

殷先生去世後，我去了美國，陳鼓應與陳平景與我從此海角天涯，參商難面，**陳鼓應**數十年苦讀精研，已成老莊哲學著名學者，在台大，北大輪流開講。他的《老子今註今譯》、《莊子淺說》、《易傳與道家思想》等著作，流行於兩岸。其間，他曾數次來書（圖 125），深堪懷念。鼓應是一位情感極豐富的人，他信中說，夢見了我「感動得流淚」。元禎（妻）告訴過我，我去美國後，她在新店去台北的公車上遇見陳鼓應，鼓應說起我時，也曾流淚。我深感鼓應是一位有真情待己的朋友。

耀基兄：

一直要給你信，但只是心記想寫，始終沒有動筆。這是我的老毛病，不習慣扎筆信。昨天中午睡午覺，夢見又接到你的信，我讀了感動得流淚。急忙把我哭醒過來，醒後的站上郵局買了這張郵簡。

多了兩信，我現在天天要上班，心記的不舒服，但是可以想見的，但是沒了奈何。台大的事，本以為可以問您，結果還是沒有弄成。

世事真捉摸。好在我現在換個環間，我只想看點書和帶的孩子玩上，其他的事一概不管。

我這學期的課很多，除了台大世新（台大有兩堂課）。中華記工學院也請我上二堂課，此外，遠代簽費舉先生去華崗上志芸。

我現在著手譯完它，而後分段剖釋，新物論一篇已譯出，費了好大的心血，書拿上做得太久，過分用腦，結果把胃又弄壞了。志芸叫人不要勞心燒思，但他作的文章才叫人傷透腦筋。我搞志上的校釋之作，費了三個多月，新芸的才寫個段落。

當代四文化學院，放先生多待還很好，出國事恐怕不成了。

我每天要上班，晚上要京記，所以很少碰見熟人。很偶書很好，走酒車上遇見你太太。你的志大，比以前胖多了。

祝好

保立
1957 11.8

圖125
陳鼓應信

陳平景先生自殷先生亡故後，在文革後期，曾攜殷先生遺著前往北京，親手奉呈殷先生之業師金岳霖教授，以了殷先生生前之願。平景是殷先生晚年最貼近倚重之人，也最是個性情中人。其實，早年我讀到青年時代陳平景所撰《梧桐落葉時》的小說，就感到平景之心造有異凡俗。他在北京時，曾於午夜之際受邀與周恩來總理在人民大會堂見面，想來周總理

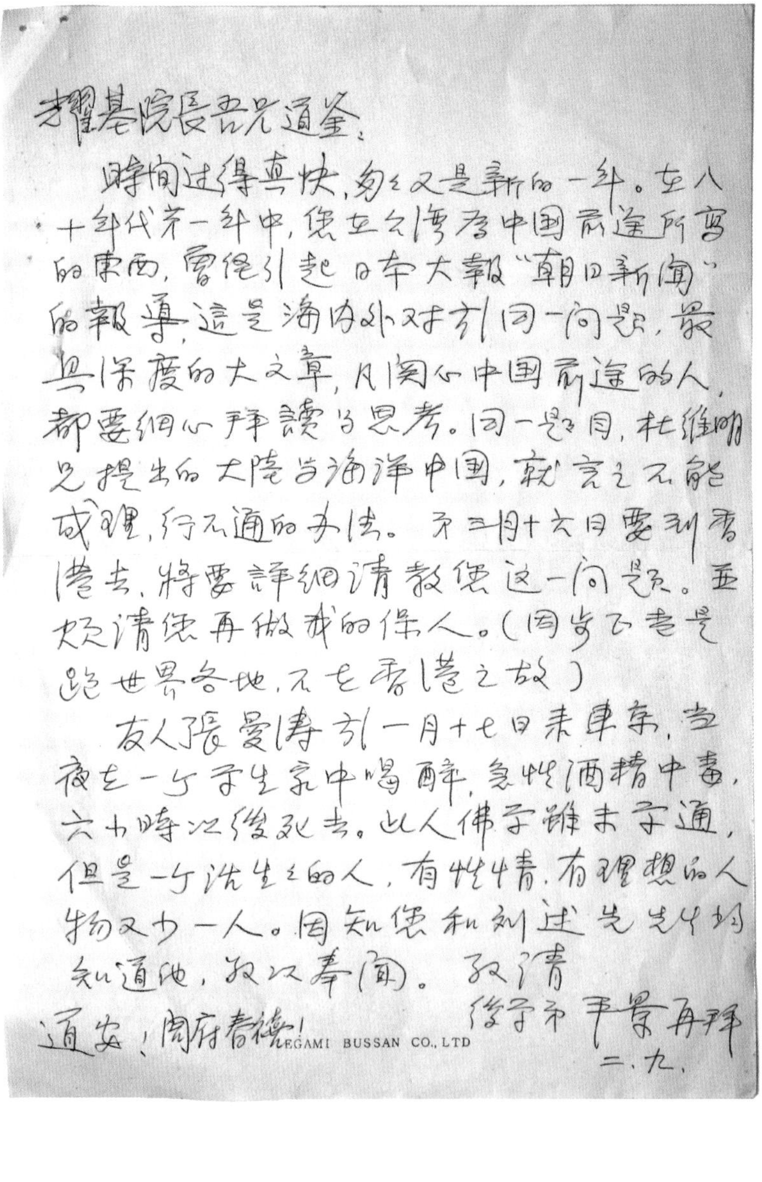
耀基院長吾兄道鑒：

時間过得真快，匆匆又是新的一年。在八十年代第一年中，您在台灣為中国前途所寫的東西，曾經引起日本大報"朝日新聞"的報導，這是海內外对於同一問題，最具深度的大文章，凡関心中国前途的人，都要细心拜讀与思考。同一題目，杜维明兄提出的大陸与海洋中国，就言之不能成理，行不通的方法。第二月十六日要到香港去，將要詳细請教您这一问題。並煩請您再做我的保人。（因為下一年是跑世界各地，不在香港之故）

友人張愛濤于一月十七日来東京，當夜在一个学生家中喝醉，急性酒精中毒，六小時以後死去。此人佛学雖未学通，但是一个活生生的人，有性情，有理想的人物又少一人。因知您和劉述先先生均知道他，故以奉聞。敬請

道安！闔府春禧！

後学弟 平景再拜

二．九．

EGAMI BUSSAN CO., LTD

圖126

陳平景信（第一封）

是知道殷海光其人其事的，周氏以稀飯款待平景，備見親切，言談之間，足見周氏對台灣種種的關切。平景對於周總理之以禮等己，留下深刻印象，也深有感念。

平景在過去幾十年中，漫遊列國，並在巴黎、南美、日本生活過，一九八一年自東京來信（圖126、127），說起當年殷先生對我推崇的評語。殷先生於我，亦師亦友，真可謂「平生風義兼師友」。

03/81

耀基院長吾兄道鑒：

去歲香江拜別，勿又一斗。八〇年曾讀到日本"朝日新聞"為文介紹吾兄為中國前途所作發言，印証了平景心中常々希望的一些事，就是：希望將來中國的問題，由真有學問，又有責任感的人來吳出一道曙光，而平景真々注視的兩个人，除吾兄之外，就只有許倬云氏。殷先生吾斗教我留心的人物之中，永遠記得对您的評語，他說："你看他那氣象，那相貌，還有那大腦。" 殷先生從來沒有对人如此推崇述，所以給我印象特別深。他对殷先生的評語是：在詩人与学者之間，对何秀煌兄是：一位好的教師。对許倬云是：有学問，又聰明，但是是子很多。

（此信寫到這裡，七十五歲的宋晒由美国來電話，問春節的情形，所以忽然名寫一信，完全擱欹之至。）

圖127

陳平景信（第二封）

207

圖128

《從傳統到現代》（圖128）一書出版後，贏得許許多多識者、不識者的熱情回響，我的老師、同學、朋友，一見面就說我的新書，報紙雜誌更是又報道又採訪，我好像是一書成名而天下知了，但坦白講，我一點都沒被沖昏頭腦。我當然是高興的，特別高興的是對當時思想、文化界好談、浮談、亂談現代化而又不知現代化為何物的現象可以有一摧陷廓清的作用。事實上，不到一年，我就再度離台去美深造了。是的，我是關注《從傳統到現代》的「影響力」或「生命力」的，事實上，我離台後，該書已停版多年，直到七十年代後期，我才重新將它付梓問世的。那時，我到香港中大新亞已經七年，也時有返台之行，意想不到十年前舊書重印之後，再次引起讀書界的大回響。也許十年來，台灣快速從農業社會經濟走上工業社會經濟，因此更能對我十年前的現代化論述增多共鳴吧。我記得七七年《時報》的名記者邱秀文就寫了〈為中國現代化的答案〉的訪談，《書評書目》的編輯章湄在七八年也寫了〈傳統、現代化與知識分子〉的訪談。我的現代化論著似乎生命力更強了，對年輕一代依然影響不止。令我有意外的快樂的是我還存有七七年與八〇年兩位台灣年輕學者的來信，有力地顯示我的書對年輕一代產生了很積極的作用。

郭正昭先生的七七年來信（圖 129）說我的現代化論述「曾導致了國內一個持續影響迄今不衰的學術運動」，這是我最期求、最高興的事。郭正昭是一位對學問持有嚴肅態度的年輕學者，那時他正在完成匹茲堡大學的博士學位。四十年了，我們失去了聯絡已太久了，我想他在科技史上必會有一番成就的。我不知他當年提到的研究計劃——中國歷代癌症之研究——最後如何了？四十年中，人事已幾度翻新，正昭的信留住了舊日時光。

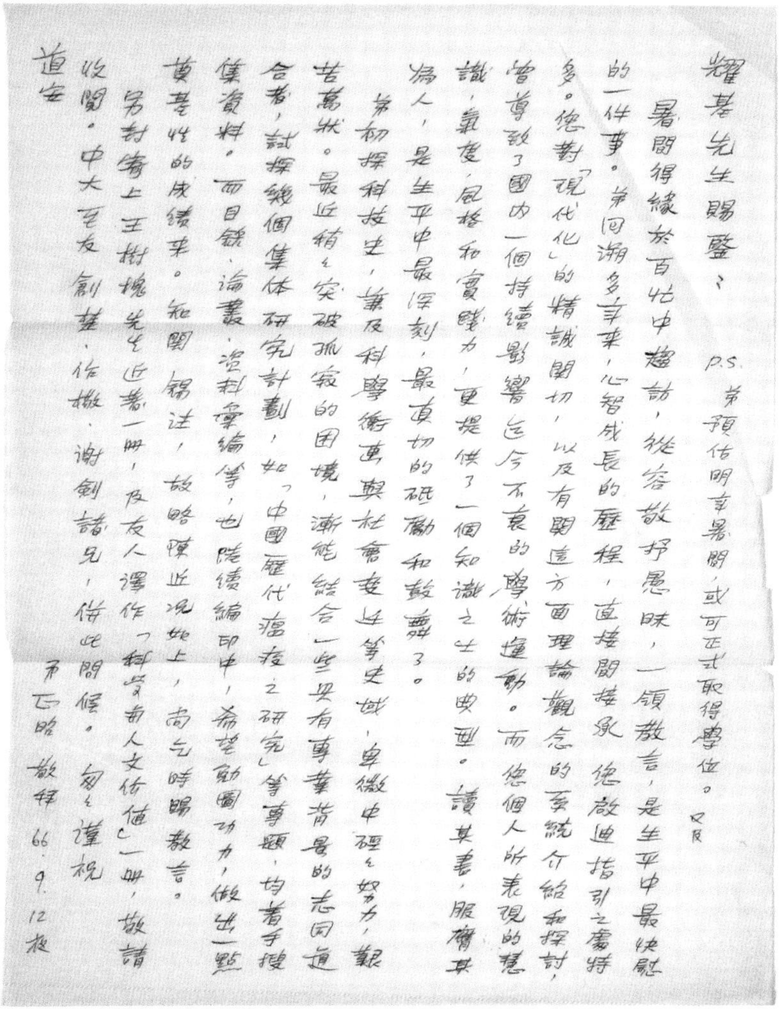
耀基先生賜鑒：

暑間得緣於百忙中趨訪，從容敬抒愚昧，一領教言，是生平中最快慰的一件事。弟回溯多年來，心智成長的歷程，直接間接承您啟迪指引之處特多。您對「現代化」的精誠關切，以及有關這方面理論觀念的系統介紹和探討，曾導致了國內一個持續影響迄今不衰的學術運動。而您個人所表現的慧識、氣度、風格和實踐力，更提供了一個知識之士的典型。讀其書，服膺其為人，是生平中最深刻、最真切的砥勵和鼓舞了。

弟初探科技史，兼及科學衛生與社會變遷等史域，卑微中硜硜努力，艱苦萬狀。最近稍稍突破孤寂的困境，漸能結合一些具有專業背景的志同道合者，試探幾個集体研究計劃，如「中國歷代癌症之研究」等專題，均着手搜集資料。而目錄、論叢、資料彙編等，也陸續編印中，希望勉圖功力，做出一點真善些的成績來。知關錦注，故略陳近況如上，尚乞時賜教言。

另封寄上王樹槐先生近著一冊，及友人譯作「科學與人文價值」一冊，敬請收閱。中大至友劉甚、佑撤、謝劍諸兄，併此問候。匆匆謹祝

道安

弟正昭 敬拜 66.9.12 夜

P.S. 弟預估明年暑間，或可正式取得學位。又及

圖 129

郭正昭信

高承恕先生一九八〇年給我信（圖130），一開頭就說我的書寫對他當年在大學讀書時「有一種啟蒙的作用」，這對我來說是莫大的欣慰。真的，能對像高承恕這樣優秀的年輕學者產生一種啟蒙作用是何等值得欣慰之事。承恕致我信時他是東海大學社會學系教授，他是台灣社會學旭旭上升的一位社會學學者。承恕在美、德留學，對名滿世界的德國的哈貝瑪斯（J. Habermas）的批判理論深有研究，回台後，對台灣小工廠、小商家的調查研究尤為出色。之後，我與他見面時除了談台灣的社會學發展外，談得最痛快的是哈貝瑪斯其人其學。說起來，我在香港中大社會學工作多年，其中有兩件愉快的事，值得紀念。一是七十年代，我邀請了美國社會學「皇帝」（《紐約時報》如此稱他）柏森斯（T. Parsons）到新亞演講（他講美國的現代型大學已成為 congnitive complex），他是退休後第一次赴日講學途經香港，被我半途有禮貌地截下的。九十年代，我代表香港學術界在浸會大學大禮堂介紹哈貝瑪斯關於康德的世界永久和平論述的演講。承恕對美、德兩位社會學大師的學說知之甚稔，我們有很多社會學的共同語言。多年後，高承恕教授離開東海，全心到他父親高信創辦的私立逢甲大學負起董事會的工作，我曾應他之邀擔任逢甲董事會董事六年之久。承恕是個理論家，也是實踐家，他為逢甲建立起一個以校長為中心的一流教育團隊。逢甲這些年聲譽蒸蒸日上，成就亮眼，在台灣的大學界贏得一席重要地位。我是很為這個「老朋友」（承恕今天也是古稀之齡了）感到驕傲的。

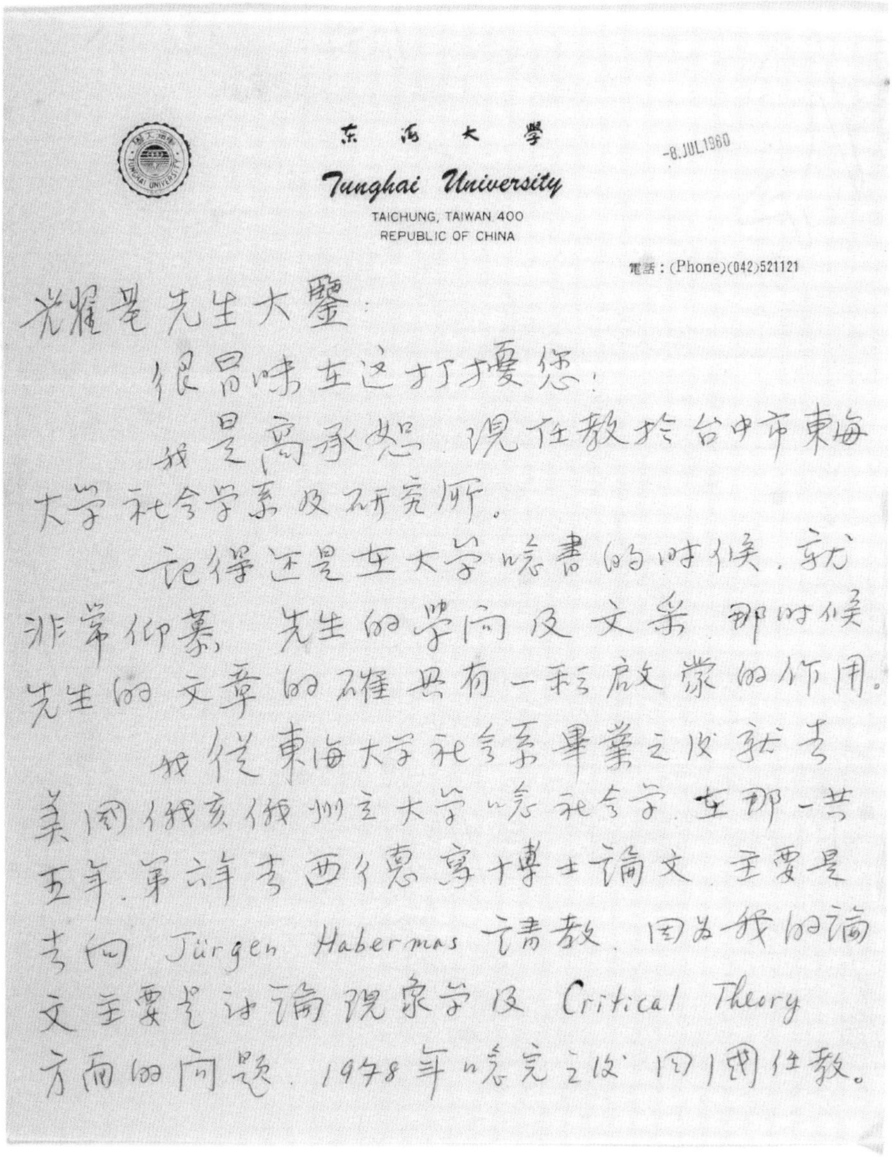

東海大學
Tunghai University

-8.JUL.1960

TAICHUNG, TAIWAN 400
REPUBLIC OF CHINA

電話：(Phone)(042)521121

光耀瑩先生大鑒：

很冒昧在这打擾您：

我是高承恕，現在教於台中市東海
大学社会学系及研究所。

記得还是在大学唸書的时候，就
非常仰慕　先生的学问及文采　那时候
先生的文章的確是有一彩啟蒙的作用。

我從東海大学社会系畢業之後就去
美國俄亥俄州立大学唸社会学，在那一共
五年，第六年去西德寫博士論文　主要是
去向 Jürgen Habermas 請教，因為我的論
文主要是討論現象学及 Critical Theory
方面的問題，1978 年唸完之後，回國任教。

圖 130

高承恕信（頁一）

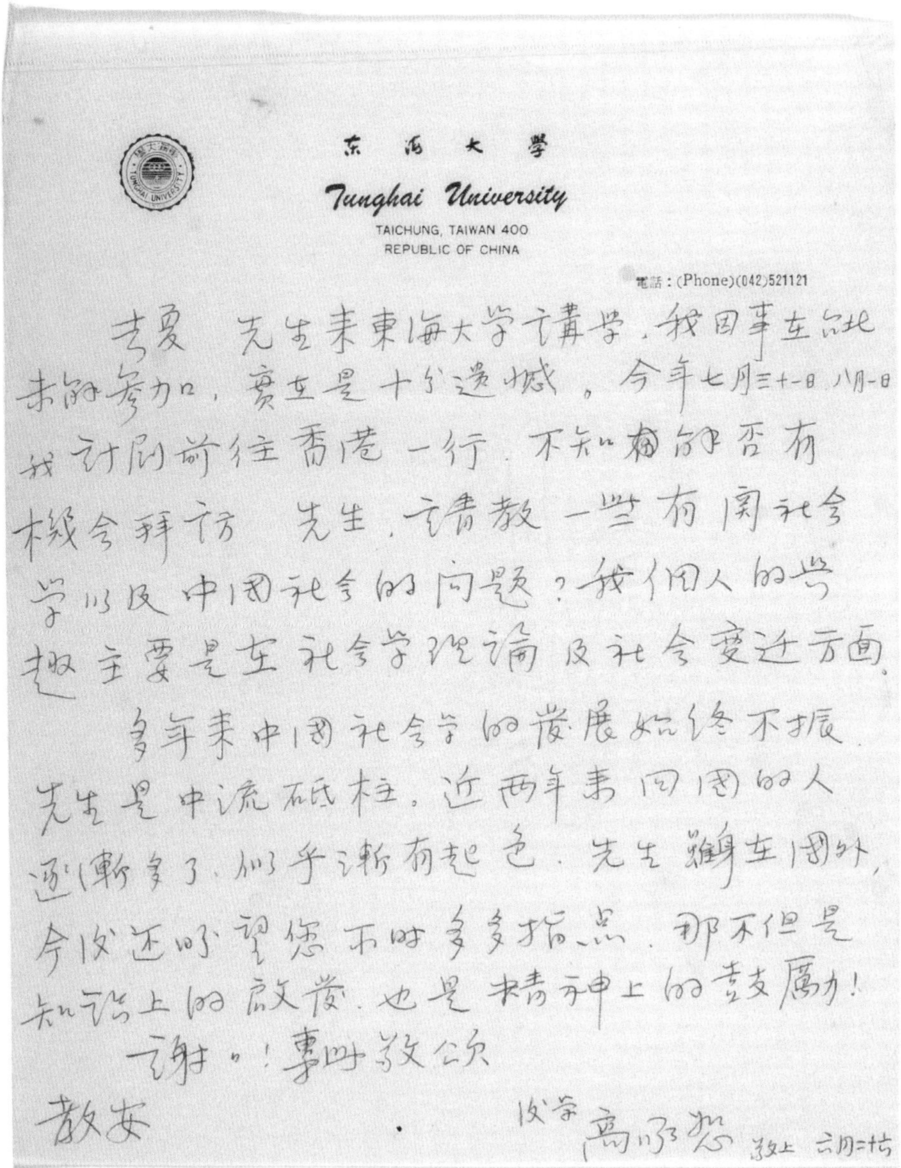

东 海 大 学
Tunghai University
TAICHUNG, TAIWAN 400
REPUBLIC OF CHINA

電話：(Phone)(042)521121

去夏　先生來東海大學講學．我因事在台北
未能參加，實在是十分遺憾。今年七月三十一日八月一日
我計劃前往香港一行．不知有能否有
機會拜訪　先生．請教一些有關社會
學以及中國社會的問題？我個人的興
趣主要是在社會學理論及社會變遷方面．

多年來中國社會學的發展始終不振．
先生是中流砥柱．近兩年來回國的人
逐漸多了．似乎漸有起色．先生雖身在國外．
今後還吋望您不時多多指点．那不但是
知識上的啟發．也是精神上的支勵！
謝。！專此敬頌

教安

　　　　　　　　　　　　　　　　　　後學　高承恕　敬上 三月二+六

圖130

高承恕信（頁二）

自郭正昭、高承恕的信之後，又七年，《從傳統到現代》出版已過二十年了。到了九十年代，不但台灣在現代化上已取得亮眼成就，大陸自一九七八年開啟新運，在「四個現代化」上也出現了生猛的發展，就在這個時期，台灣的《自由青年》主編**鍾惠民**因讀了我討論政治現代化的時論集《中國民主之困境與發展》而又再提起我二十年前問世的第一本現代化論著。她對我作了訪問，寫了〈學術生命與智慧的開啟〉的文章，還把我的照片作了《自由青年》的封面（圖131）。鍾惠民女士無疑是我

圖 131

《自由青年》的封面

學術書寫的一位台灣的知音人。也不知從哪年起,《從傳統到現代》的部分篇段也被香港教育當局選入香港高中畢業班的必讀文本。但一九九〇年看到台灣清華大學傅大為教授的論文,我才更明白我的書在台灣思想界的一個位置,傅大為的論文題目很長,〈由台灣思想史的一個歷史轉折看發言權的取代與轉型:從殷海光《中國文化展望》過渡到金耀基《從傳統到現代》〉。我不認識傅大為教授,我相信他的論文是沒有帶個人喜惡的情緒的。

說實在的,對我的《從傳統到現代》的評論雖然不少,但真正客觀理性觸及到此書根本性意義與問題的,則是**劉小楓**先生一九九四年二月發表在《二十一世紀》的〈金耀基的「現代化論」及其問題意識〉一文。劉小楓對此書的一些批評都深刻到位,而他指出此書在漢語學術界的意義中說:「金先生致力於社會科學在漢語知識界的確立和擴散,抑制文人式的泛泛之論,實際促成了漢語思想學術言路之轉向。」他認為我的學術言述是漢語「現代學」的先驅性理論建構。對於他的評論,我確有「知我,罪我,其唯小楓」之感。劉小楓二十多年前寫此文時是一位清俊朗目的年輕學者。他是比利時盧文大學的博士,論著甚富而精,對「現代學」有深刻論述,早多時他與中國哲學大家李澤厚的美學論辯,已然是頭角崢嶸的學界英才,他在中大文化所訪問期間,我與他有數面之聚,九七後他返大陸發展,已十多年沒有見面了。我總認為劉小楓先生對我中國的現代學的書寫的評論極有見地,也令我刮目相看的。

寫到這裏,我不能不提評論我的學術書寫的一位美國學者**墨子刻**（Thomas Metzger）教授,比劉小楓的文章早一年,墨子刻在西方享有盛譽的 *The Journal of Asian Studies* 上發表了 "The Sociological Imagination in

China: Comments on the Thought of Chin Yao - Chi（Ambrose Y.C. King）" 達十二頁的長篇論文。墨子刻哈佛出身，是一位在中國學術思想研究上甚有聲名的學者，著作極富。他在一九七七年哥倫比亞大學出版的 *Escape from Predicament: Neo - Confucianism and China's Evolving Political Culture*，是一本論新儒學與中國演變的政治文化的名著。四十年前墨子刻已名重一時，中國學者中，他與哈佛同門張灝教授最為投緣，他中文甚好，用中國話可以談天論道，他喜與當年台灣學術文化界交友，他看我的書、我的文章，好的他說好，不同意的他說不同意。墨子刻就是這樣一位真誠的人。我萬想不到的是他會花那麼大氣力來評介「金耀基的思想」。他對我的學術著作和一些時（政）論看得十分認真，他有直率的批評，也不吝提出他的看法，但他這篇論文確是正正經經一絲不苟地評介了我的「思想」，光憑這一點，我就不能不引他為我學術書寫的一位知己。

講我學術書寫的知己，我必須講**蘇耀昌**先生。蘇耀昌是香港科技大學社會科學部的社會學講座教授，是一位傑出的社會學者，我第一次認得 Alvin So（蘇的英文名）這個名字是我讀到他的一本 *Social Change and Development* 的英文著作。在這本書的自序中，他說他在一九七〇年上過我「社會變遷理論」的課，說他選擇社會變遷作為專門研究領域是受了我的影響。耀昌在加州大學（洛杉磯）獲博士後，在美執教多年，之後，應香港科大之聘返港定居。蘇耀昌是個默默做學問的人，我們同住香港一地，但見面屈指可數，我與他幾次見面都是在台北中央研究院的社會學研究所，他與知名社會學家林南院士和我都是該所聘請的國際學術諮詢會的委員。

去歲九月，耀昌陪同一對美國學者夫婦到沙田駿景園來看我，他們離去時，我問他有無時間看我一本英文書稿。耀昌欣然說有時間，也有興趣。我當時正忙於我的「八十書法展」，無時間，也無心情為中大出版社早就排竣的書稿書寫序文或導言，就為此託付了耀昌。真想不到，不到一個月的時間，耀昌為我的十二篇論文寫了長達二十頁的導引。他對我每一篇論文定性、定位的解讀，都精要到位。一向要求完美的中文大學出版社社長甘琦看了也大表滿意，並即刻決定把我的書稿付印了（圖132）。我除了欽佩這位謙謙君子的學術造詣外，更不能不引耀昌這位同行為我學術書寫的解人知友了。

圖 132

在這裏，我想指出，我的《從傳統到現代》出版於一九六六年，那一年恰是中國文化大革命爆發的一年，因此我的書只流行在台灣和海外華人地區，大陸是進不了的。文化大革命本質上是反現代、反現代化的。一九七八年鄧小平的改革開放政策，實際上也是回歸到百年來中國現代化的歷史進程。也因此，《從傳統到現代》也得以不同的版本出現在大陸多地，它們都未經我的授權，但我是由衷高興一本講現代化的書可以在文革浩劫之後與大陸讀者見面。我這本書到一九九〇年才正式由人民大學出版社出版；又十年後，北京的法律出版社為此書出了個增訂版。

八十年代，中國知識界出現了一九四九年建國以來，真正一次百花齊放的「新啟蒙」運動，現代化是其中的一個強音。我忘了何時北京的**包遵信**先生邀我為他主編的《論壇》的編委，《論壇》以傳播現代化思想為主旨，我是欣然同意的。

這裏刊出的是包遵信的來信（圖133）。記不得包先生何時來過香港，但記得我們見過面，也記得他熱情洋溢，一見面就放懷暢言，對中國的現代化有很大的期望。包遵信，北大畢業，治思想史，著作頗富，他曾參與主編《走向未來》叢書，也參與過《讀書》雜誌的編務，是新啟蒙運動中一位剛直、坦率，有強烈正義感，有不平凡新思維的讀書人。

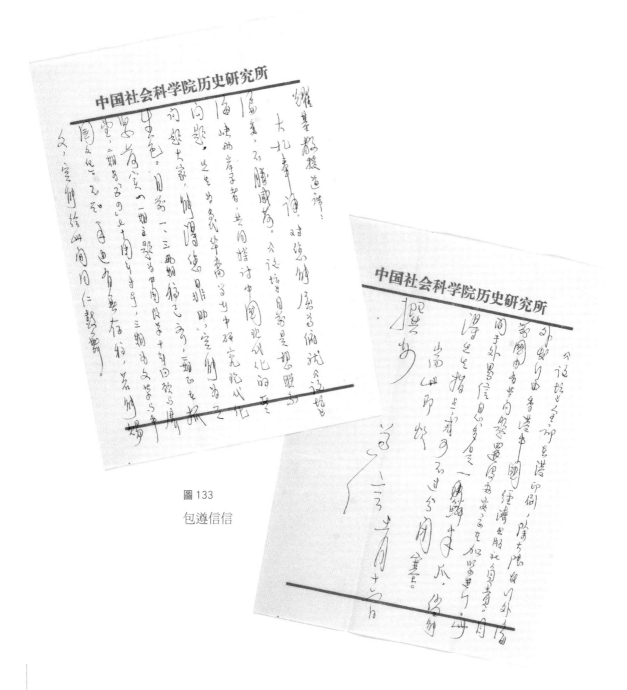

圖 133

包遵信信

八十年代，我的現代化的文字，在大陸不少刊物上出現，有的是事先不知情的，有的是規規矩矩經我同意的。復旦大學**姜義華**教授主編出版的《港台及海外學者論近代中國文化》中選我的《中國的現代化》一文是我首肯的，姜教授還致送我稿酬人民幣三百一十元。姜義華是復旦「現代化進程研究中心」主任，歷史系教授，主治中國文化史，近代思想史，甚著聲名。姜教授在中大的《二十一世紀》發表的論文，我是拜讀過的，我們在港有幾次晤面，談得很愉快，記得有一次姜教授談及他在中大校園看到我的題字，表示很喜歡。姜義華兄是善書之人，我當然樂意贈他一幅拙字，請他清正。說起來，又是多年前的事了。

＊　　　＊　　　＊

我的學術書寫，現代化論述外，就是我的大學論述。一九八五年出版的《大學之理念》在兩岸三地都有幾個版本，一印再印，可見同聲相應者正多。二〇一七年，我又出版《再思大學之道》，與前出的《大學之理念》是論大學的姊妹篇。而《再思大學之道》則與我的現代化論述接連一起了。因此書所講的是中國文明轉型的第三個「主旋律」，亦即從「經學」到「科學」之變。而從「經學」到「科學」之變是在大學發生的。

科學是現代文明的根源，無科學，世界不能進入現代。科學對中國現代文明之建構作用大矣。但從「經學」到「科學」之變，也改變了傳統中國的「大學之道」。古之大學之道是「在明明德，在親民，在止於至善」。而今之大學之道則已變為「在明明理（科學之理），在新知（科學之新知），在止於至真（科學之真理）」。我深以為求「真」之重要自不

待言，但欲建構中國的現代文明，決不能只有求真之學，而無求「善」求「美」之學。此所以我有《再思大學之道》之書，蓋要將「古」「今」大學之道相結合也。簡言之，就是在「知識之學」外，還要有「價值之學」。我曾將《再思大學之道》中之〈從大學之道說中國哲學之方向〉一文寄給**劉夢溪**先生，供他主編的《中國文化》選用，這裏刊出的信（圖 134）是劉先生對該文讀後的回應，顯然他是十分高看並是同聲相應的共鳴者。

　　劉夢溪先生是北京藝術研究院・中國文化研究所所長，是名重當代的文化學者，我久有耳聞。一九九五年十二月初，我第一次與劉夢溪先生在香港見面，那一次見面實際上是我們連續二天，每天三四小時的訪談（正確說是對話）。劉夫人・兒童文學名家陳祖芬也在座，幫做記錄。這個訪談成為一篇一萬五千字的〈中國現代文明秩序的蒼涼與自信〉的長文。通過這次對話，我們成為無話不可談的學問之友。其後，他與夫人來港，我

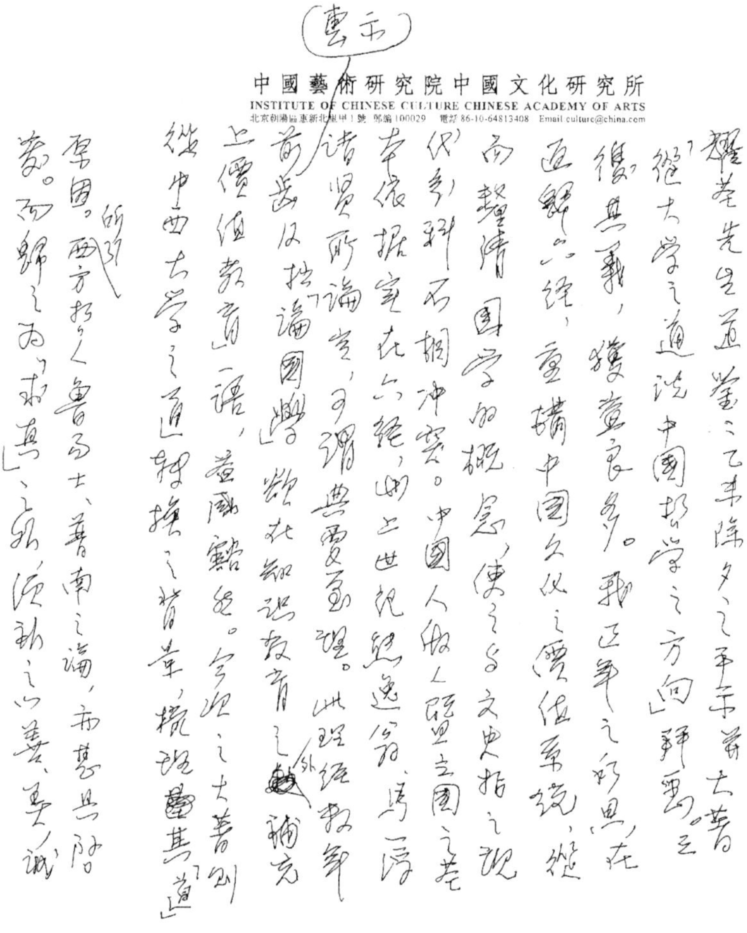

中國藝術研究院中國文化研究所
INSTITUTE OF CHINESE CULTURE CHINESE ACADEMY OF ARTS
北京朝陽區惠新北里甲1號　郵編100029　電話 86-10-64813408　Email culture@china.com

圖134
劉夢溪信（第一封）

們一定會有聚會，而我亦成為《中國文化》的顧問了。近二十年來，他在北京，我在香港，我們淡交如水，但交往從未間斷。劉先生有新著時，常厚我寄下，我拜讀後多喜與他電話討論，甚是樂事，有時亦藉書信寄意，這裏刊出一信（圖135）是他以信答信。劉先生極善書（信），每書（信）必有高論。讀他的信多有享受，難得的是他的鋼筆字寫出了書法趣味。

劉夢溪先生近年出書既多且精，贈我的有《中國文化的狂者精神》、《陳寶箴和湖南新政》、《論國學》、《陳寅恪的學說》、《馬一浮與

國學》，一本本都是厚積厚發的深思之作，去歲又收到他上、中、下三卷本巨製《學術與傳統》，真有驚艷之感。劉夢溪先生晚年有「文化託命」之思，返歸六經，最服膺馬一浮之說。他的學術志趣與我的現代化論述似北轍南轅，了不相干，但我們對中國現代文明除構建「知識之學」外，必須有「價值之學」的樹立，則所見正多交集，我們之交實有緣而亦相知也。夢溪先生以為然乎？

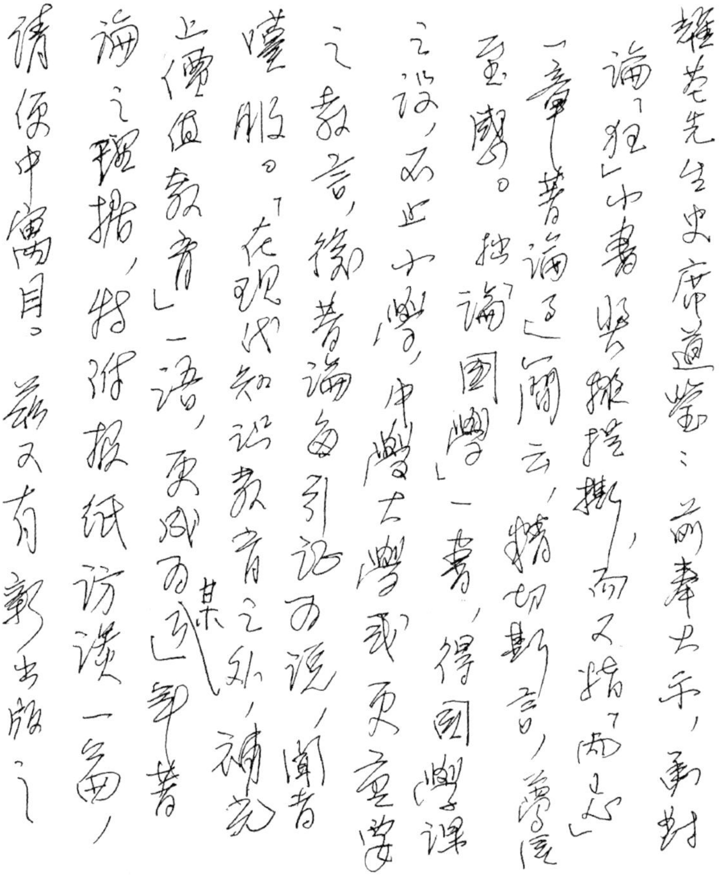
耀基先生史席道鉴：前奉大示，兼封
論「狂」小書照拂指撥，而又指「而已」
一章，著論已閱云，精切斯言，彌佩
至感。拙論「國學」一書，得國學課
之設，不止小學，中學大學或更應當
之教言，總著論多引証而說，聞者
嘆服。「在現代知識教育之外，補充
上價值教育」一語，更成為某近年著
論之題指，特作報紙訪談一篇，
請便中寓目。茲又有新出版之

圖 135
劉夢溪信（第二封）

我的學術書寫可以分為三種，一是現代化的論述，共四書；另一是大學的論述，共二書，這六本學術著作，全由香港牛津大學出版社的**林道群**先生（圖 136）為我策劃出版的。道群與我相識二十六年，他的識見、巧思與情志是我欣賞與欽佩。二〇〇〇年，他對我作了一次訪談，寫成一篇五千多字的〈從劍橋到中大，從文學到社會學：談文學和大學教育〉（收入《學思與生涯：金耀基對話錄》中，牛津出版），很可見他對我的書寫人生是很清楚的。事實上，除上面提到的六本學術著作，另外我的三本文學作品（語絲）也是他在牛津主持出版的。我的書寫人生中，林道群是一位可貴的知己書友。

說到我的學術出版，我不能不想到**許紀霖**先生，他是華東師範大學的教授，我的兩本學術書寫《金耀基自選集》（圖 137）與《中國現代化的終極願景》都是由他（還有章毅先生）為我策劃，先後在上海教育出版社及上海人民出版社出版問世的。許紀霖是著名的歷史學者，公共知識分子，著有《中國知識分子十論》、《家國天下：現代中國的個人、國家與世界認同》及《第三種尊嚴》等書，廣受知識界所重視與歡迎。我與許紀

圖 136
林道群、金耀基

霖兄只見過一二面，但對斯人的言談風采留有深刻的印象。

許紀霖先生之後，最肯用心把我的學術著作在大陸出版的是一位年輕文友**李懷宇**先生。李懷宇是我中大退休後才相識的，認識他時，他在南方都市報工作，曾對我作過幾次訪問，寫了幾篇介紹我著作的文章。懷宇心敏筆快，才思可人，我發覺他對我的多種書寫都掌握得十分到位，見地不凡，我更發覺他與海外的中國學人結識甚多，且非泛泛之交。我的海外友好的近況，常從他談天中得以知悉。由於懷宇有一個很得信任的交友圈，他今日去廣東人民出版社負責專著出版，就不愁沒有書稿了。他為我出版的《中國文明的現代轉型》（圖138），是我多篇現代化論文的結集，他告訴我問世不數月，已銷了七千冊，他又加印了。我聽了學術書有此反應，當然高興，懷宇目前正在排印我《有緣有幸同斯世》一書，此書是我悼懷師友之文集。師友中有王雲五、錢穆、費孝通、朱光潛、徐復觀、李約瑟（英）、狄培理（英）、小川環樹（日）、劉述先、孫國棟、逯耀東、李亦園等，還有我的書法啟蒙師父親。《有緣有幸同斯世》與我這本《師友書信集》同年（二〇一八年）出版問世，這是我事前未曾計劃的一個巧合。

圖137

圖138

時（政）論書寫

　　我的時（政）論是我學術的「副業」。學術書寫是我以學者身份的論述，時（政）論書寫則是我以知識分子身份的論述。作為一個研究中國現代化、現代性的社會學者，對於兩岸三地在現代化過程中出現的種種問題與現象，我不能無所感，無所思，無有憂樂。以此，多年來我陸續發表了不少文字，結集成書的有《中國民主的困局與發展》、《兩岸中國民主之反思》及《中國人的三個政治》三書。我的學術書寫謹守韋伯（M. Weber）的「價值中性」的規範，我的時（政）論則擺明我的價值取向。我理解，甚至尊重政治人的「信念倫理」（ethics of conviction），但我主張並推重的是政治人的「責任倫理」（ethics of responsibility）。數十年中，閱讀我的政論書寫並產生共鳴者可能更多於我的學術書寫。本集前面提到陳平景、鄭子瑜兩位所述日本及新加坡報紙的報道與反應，可知對我時（政）論感興趣者不止於兩岸三地之人。誠然，讀我時（政）論的人多矣。這裏刊出的幾位師友輩的書信，實是我十分珍惜的。

　　陶百川先生一九〇三年生，二〇〇二年去世，是一位跨世紀的百歲老人。他去世前是台灣總統府資政。我在台灣最早認識這位前輩時，他是監察院的監察委員，還是中年後的人。陶百老在蔣中正的威權時代，就在捍衛人權與民主上展示了公正不阿，鐵骨錚錚的形象，被譽為「現代御史」。他在調查孫立人將軍叛變事件的報告書中，很為孫立人還了個公道。陶百老最為世人稱道的是他常見於報章的政論。他的政論，立意正大，文章酣暢淋漓，我是見到就必讀的。七十年代，我在《中國時報》、《聯合報》也寫過不少政論文字，也很受到重視與歡迎，有的人還把我與他的政論來

比看（見後面陳少廷先生的信）。陶百老對我這個後學是有認識的，他在得知家嚴逝世時，寫了此信（圖 139），寄到香港給我。陶百老的公誼私情，長懷我心。

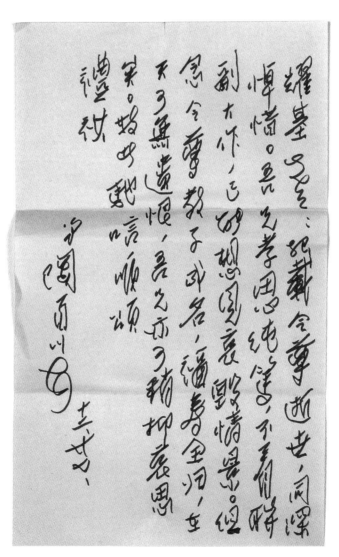

圖 139

陶百川信

　　陳少廷先生是六十年代中，我出版《從傳統到現代》一書後不久認識的，他給我的印象是一位說實話，自視高，有濃烈學術興趣之人。他對西方社會科學之情況知之甚稔，告訴我他正着手翻譯當時最前沿的《現代行為科學》一書。我們結識一年後，一九六七年我第二次赴美。這裏刊出

吾兄賜書之雅意。又兄刊主東方論壇之大作
三篇皆力作也。坦白說，为最欣賞佩服
者实为 吾兄處理華美，鏗鏘有力之筆鋒，
比陶自川寫得好，为希望兄多寫此類文
章，其貢獻者远在純學術論著之下。
为之近況与芸徒諸君告，雅尼碌如垣。目前
譯畢傳璋撰台灣姓氏之分佈自序（尊遍），華
寧呈傳宗耀先生，希望能先生賞刊發表。
又为冰四經早將「現代行为科学」乙書譯出，一
則償平之凤願，二則報吾兄鼓勵之盛情。
为完分之辭，吾兄学业必定蒸蒸异常，倘蒙
吾兄便中再賜大教，則尤所感銘。不一即頌

學安

吾兄

弟陳少廷拜泐美十六

的是他寄到美國匹城之信（圖 140），信中他表示特別喜歡我在《東方雜誌》（我當時還掛着主編之名）上發表的三篇時論（關於學術文化的），他希望我多寫時論，認為「其貢獻當不在純學術論著之下。」一年後，陳少廷辦了一本《大學雜誌》，他是社長，楊國樞是總編輯（楊是心理學家，

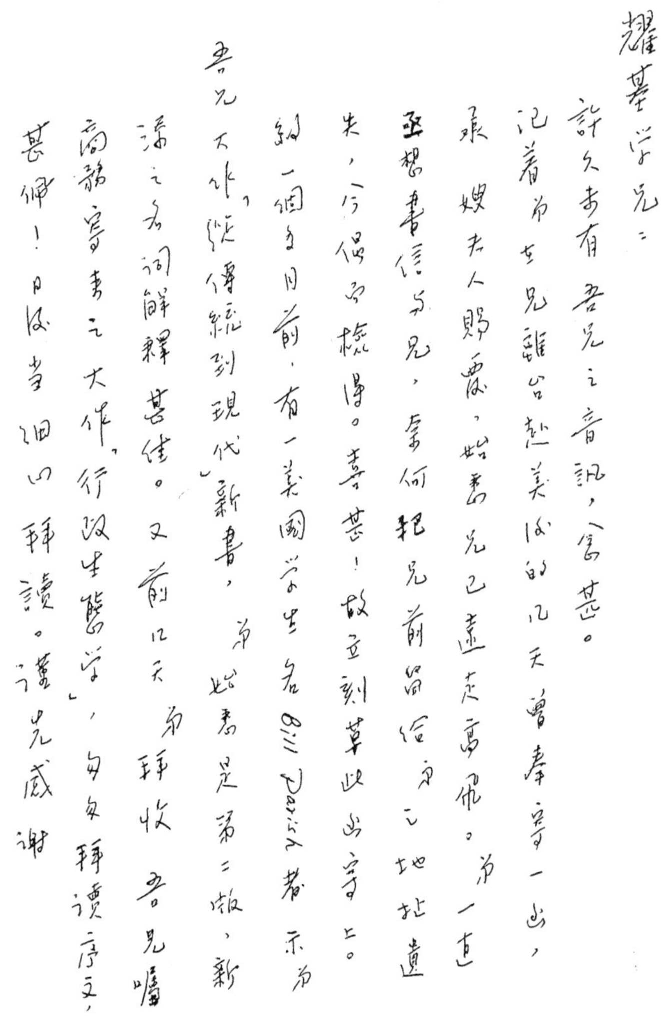
耀基学兄：
許久未有 吾兄之音訊，念甚。
記着弟去兄離台赴美後的幾天曾奉寄一函，
承 嫂夫人賜覆，始悉兄已遠走高飛。弟一直
亟想書信與兄，奈何把兄前留給弟之地址遺
失，今偶而檢得。喜甚！故立刻草此函寄上。
約一個多月前，有一美國学生名Bill Davis者示弟
吾兄大作「從傳統到現代」新書，弟始悉是第二版，新
添之名詞解釋甚佳。又前幾天 弟拜收 吾兄囑
商務寄来之大作「行政生態学」，匆匆拜讀序文，
甚佩！日後當細心拜讀。謹此先感謝

圖 140
陳少廷信（第一封）

多年後選為中研院院士），當時台灣學界的年輕精英，幾全被網羅，一時朝野注目。少廷問我要稿，拳拳誠意，他後來寄到匹城的信（圖 141、142），還是盼我多寫時論。少廷有大志，認為我輩應該超過胡適一代，這也是實話，五四到七十年代，已六十年，社會科學的發展決非五四時代

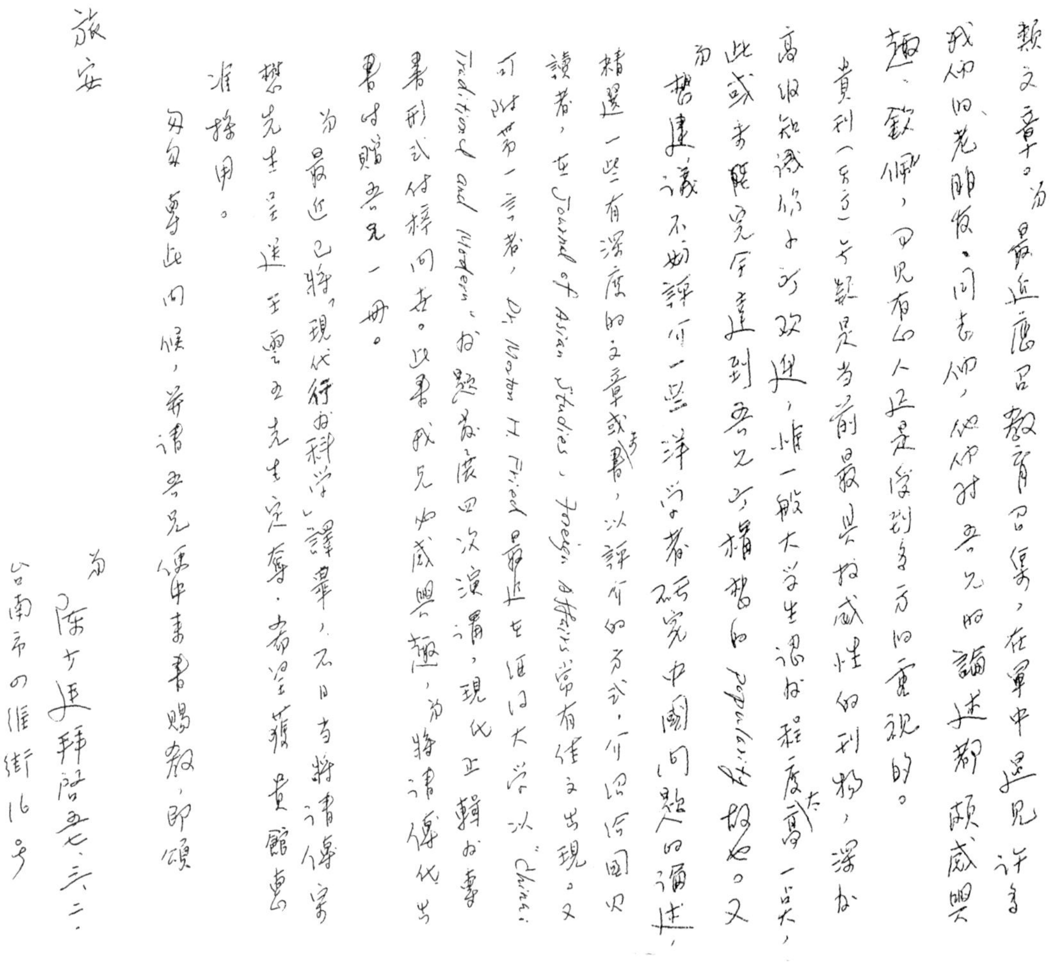
類文章。弟最近應召教育召集，在軍中遇見許多
我們的老朋友、同志們，他們對吾兄的論述都頗感興
趣、欽佩，可見有心人還是受到多方面的重視的。
貴刊（月刊）可說是當前最具有感性的刊物，深為
高級知識份子所歡迎，惟一般大學生認為程度太高一點，
此或未能完全達到吾兄之指望的 Popularity 的目的。又
弟個人建議不妨評介一些洋學者研究中國問題的論述，
精選一些有深度的文章或專書，以評介的方式，介紹給國內
讀者，在 Journal of Asian Studies、Foreign Affairs 常有佳文出現。又
可附帶一言者，Dr. Morton H. Fried 最近在經國大學以 "Chinese
Traditional and Modern" 為題發表四次演講，現代正輯為專
書形式付梓問世。此書我兄如感興趣，弟將請傳代出
書時贈吾兄一冊。
弟最近已將「現代行為科學」譯畢，不日當將請傳宗
懋先生呈送王雲五先生定奪，希望獲貴館惠
准採用。
匆匆專此問候，並請吾兄便中來書賜教，即頌
旅安
弟 陳少廷拜啓 五七、三、二、
台南市四維街16號

圖 141

陳少廷信（第二封）

所能望及。少廷最認同我所說「中國必須現代化，但絕不能西化」。遺憾的是，此後四十年，我們不復再有見面，是生是死兩茫茫。他的信成為雪泥留印的鴻爪了。

耀基学兄：

許久未寫信給吾兄，心甚罪，为近在「東方」及「大學雜誌」拜讀吾兄大作三篇，深感欽佩。三論皆保鍵辦有力的謹論，其中尤以論知識份子（大學）及現代化（吾子第八期）而文最佳，論點涉現代化之文，因題目所牽涉的範圍至为廣泛，並有些樹於吾兄觀上的限制，甚難撰論，故似有，美中不足之其。此为后少瞭解，此不能共於吾兄之學識，乃是固有其他困難域也。不書吾兄以为然否？

弟生「大學試作論壇文字（第三期，三期比前二期進步多，弟以为論壇应選寫吾兄，弟自知不擅長於寫此類文字，都是拋磚者，請吾兄赐教益。弟以为我仲這一代知識青年中富於時代責任感者實不多，因此我仲必須挺身出来打气喝。我仲都有一個共同的奮開目標，中國的現代化、科学化。而知識份子应該想共的言運即一代的責任就是善写重心的一代。但事實说明我仲是善写重心的一代。吾兄是当代青年中少數会发生領导作用的一位，为希望我兄便中多寫些

最欢迎的。

美國最近發生的几件大事——詹森的兩項大决定和尼恩博士被殺，亦是成們國內的人們最關心的。為吾曾唱建洋水，但對美國近年事的一些發展，頗感失望。記着吾兄曾說，中國必須現代化，但何必不能西化（洋化），為完全賛成。当我冲冷着西方的現代文化所產生的种之怪事項时，成们則更深一層地对着我们自己的傳統，進尋我们應該選擇的方向，而会深切地感到我们傳統中最珍貴的遺產，也許有些朋友会認为此种看法是落伍的，但成欢告诉他们成比他们前進多了。

書經意義長，望吾兄便中多賜教益。吾兄回信是我最欢迎的，最珍貴的。

又，大學雜誌第四期已出来了，書已另邮吾兄，些已收到。拙文「論現代大學的社会責任」，望我兄書賜批評。讀刊頁責朋友的熱情是可佩的，吾兄如能再賜鸿文，即就是他们朋的「譯作」，實是求之不得的。

書介，將譯作，现代行的科学的附錄印行，也去记的意義一樣，採稿譯方式，發表於「大學雜話」。為覺得我們國內的智識份七，還停留在杜威，曾吉的时代，我们必須提供他们更新的「洋玩兒」，為之譯介工作，实應當做些。

順祝
旅安

弟 陳少廷 拜啟 老。七。

圖142

陳少廷信（第三封）

耀基学兄：来分感謝吾兄三月首日的信，請原諒成

迄許久沒有給您覆信。

承 F. Fried 有関中国研究的新书还沒有出版，方己將

吾兄大址告訴他，請他书出来時，一定要送吾兄一冊、

又他的政治人類学（The Evolution of Political Society : An Essay in Political

Anthropology, Random House, N.Y.）已於去年底向吾。这是一专相考的书

的著作，雖此也許有許多正統的政治学者和人類学者対其

理論感到驚異或甚憤慨，但対於喜好作理論思考

的学者来说，这是一本极富清醒作用的书。方颇有意

撰寫书介。至於翻譯恐怕不太容易，因為这冷門的书，

可能没有出版商願賠太錢出版它（譯成中文可能畸廿苇

餘字，倘若圈立編譯館或雲五先生所主持的中山基金会

願選譯此書，即是最好的了。

税"譯現代行有科学"業承雲五先生核准納入人文

庫出版，此书得完成，吾兄的功勞最大，除在摆序上

誌謝之外，方要在这裡的吾兄表示由衷的感謝。又

吾兄提議为翻譯的 K. Boulding 的两本书，方也颇有此意（吾

我们所谈產地说，某堆所見略同），The Image 乙书方早已揽有

李國鼎先生（圖 143）被稱為上世紀八十年代台灣「經濟奇跡」的總設計師，也許不算過譽。他絕對是推動台灣工業化，使台灣成為東亞四小龍之一的重要推手之一（當時還有尹仲容、孫運璿等領軍人物）。李國鼎是一九三四年以中英庚款到劍橋大學深造的，讀的是核子物理，他在台灣也是科技發展的領航人，贏得「科技教父」之名。他在台灣從農業文明走上工業文明無疑作了關鍵性的貢獻。我最被他所感動的是他在一九八八年三月在台北舉行社會學會的年會中發表的〈八十年代社會學者面對的挑戰〉的演講。他說台灣在工業化之後，出現了中國式的個人主義，一種有我無他人的利己主義，因此呼籲在儒家的「五倫」之外應建立「第六倫」，亦即「群己倫」，是個人與社會的新規範關係。這是一個科學家了不起的人文關懷。後來，我於一九八八年十一月在馬來西亞大學舉辦的國際漢學研討會上發表了〈個人與社會：儒家倫理範典的特性及其在現代社會中的問題〉一文，特別提到並推重李國鼎的「第六倫」。

圖 143
高尚仁、李國鼎、金耀基
攝於金鐘鑪峰學會晚宴

一九八九年十二月我收到這位台灣經濟界、科技界大老李國鼎先生的信（圖144），他是感謝十二月初香港「鑪峯學會」邀請他到港演講並受盛宴款待。我是「鑪峯學會」會長，我與國鼎先生是初次見面，他對我說：「神交已久。」他說他常讀我的文章。我邀他到中大短遊，他對中大的山水之勝，人文薈萃，印象甚佳，他並盼我到台灣講學。其實，我與高尚仁教授、郭俊沂、官錦堃先生等友人籌立的「鑪峯學會」的宗旨，就是促進兩岸三地的學術交流。李國鼎先生對於六四後，大陸對外關係陷於停頓狀況是很憂心的，國鼎先生的一生事業在台灣，但他對大陸一九七八年改革開放帶來的新發展，一直有很大期待。

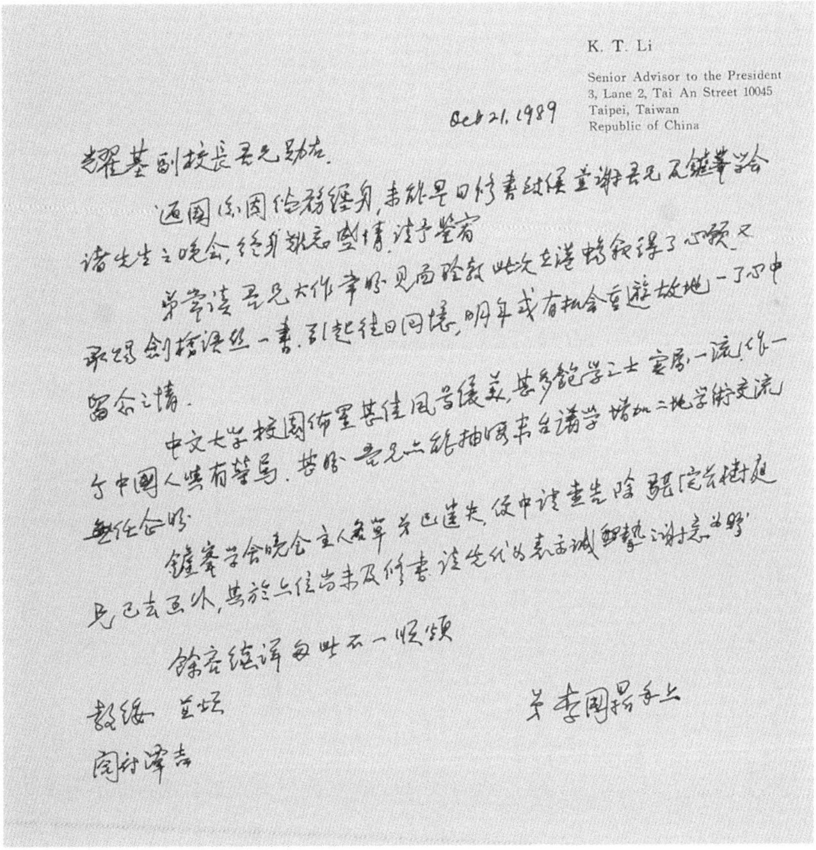

圖 144

李國鼎信

　　鄧小平先生一九七八年的改革開放是救黨、救國，為中國現代化的新長征開創的歷史新運會，以此，一九八九年六四天安門發生的事是令人深感沉痛、不幸的神州大悲劇。在這大悲劇之後，海內外對中共所以尚存一點期待的是中共領導層依然沒有改變改革開放的口風，依然肯定十三大所提出的「沿着中國特色社會主義道路前進的報告」，鄧小平甚至堅持這個報告「一個字不能改」，但就在這樣令海內外希望不滅的情形下，從香港科技大學李少民博士那裏知道他父親**李洪林**先生被「拘留」的消息，我感到震驚與悲哀。我覺得六四悲劇後，應做的事是彌痛療傷，收拾人心，不容青史成灰，便於一九八九年七月在《明報》發表了一文，呼籲尊重李洪林先生人格和公民權利，促請儘早釋放李洪林先生，這是我覺得我應做可做的事。我之所以這樣做，是我知道李洪林是一位堅信走中國特色社會主義道路的共產黨人，他是真誠擁護鄧小平改革開放的國策方針的，他是馬列研究的傑出理論家。我與李洪林先生只在八五年有過一面之緣，只知道他頗受胡耀邦總書記的器重，做過福建社科院院長。我在《明報》發表一文後，再也沒有任何李洪林先生的消息。這裏刊出的信（圖145）是李先生一九九三年春節寫於北京的。我得悉李先生已回家過春節，內心是感到十分欣慰的。收到此信後一年，一九九四年，鄧小平第二次南巡，再奏起改革開放新長征的號角，此後三十年便是中國現代化展開的「敢教日月換新天」的大局面了。

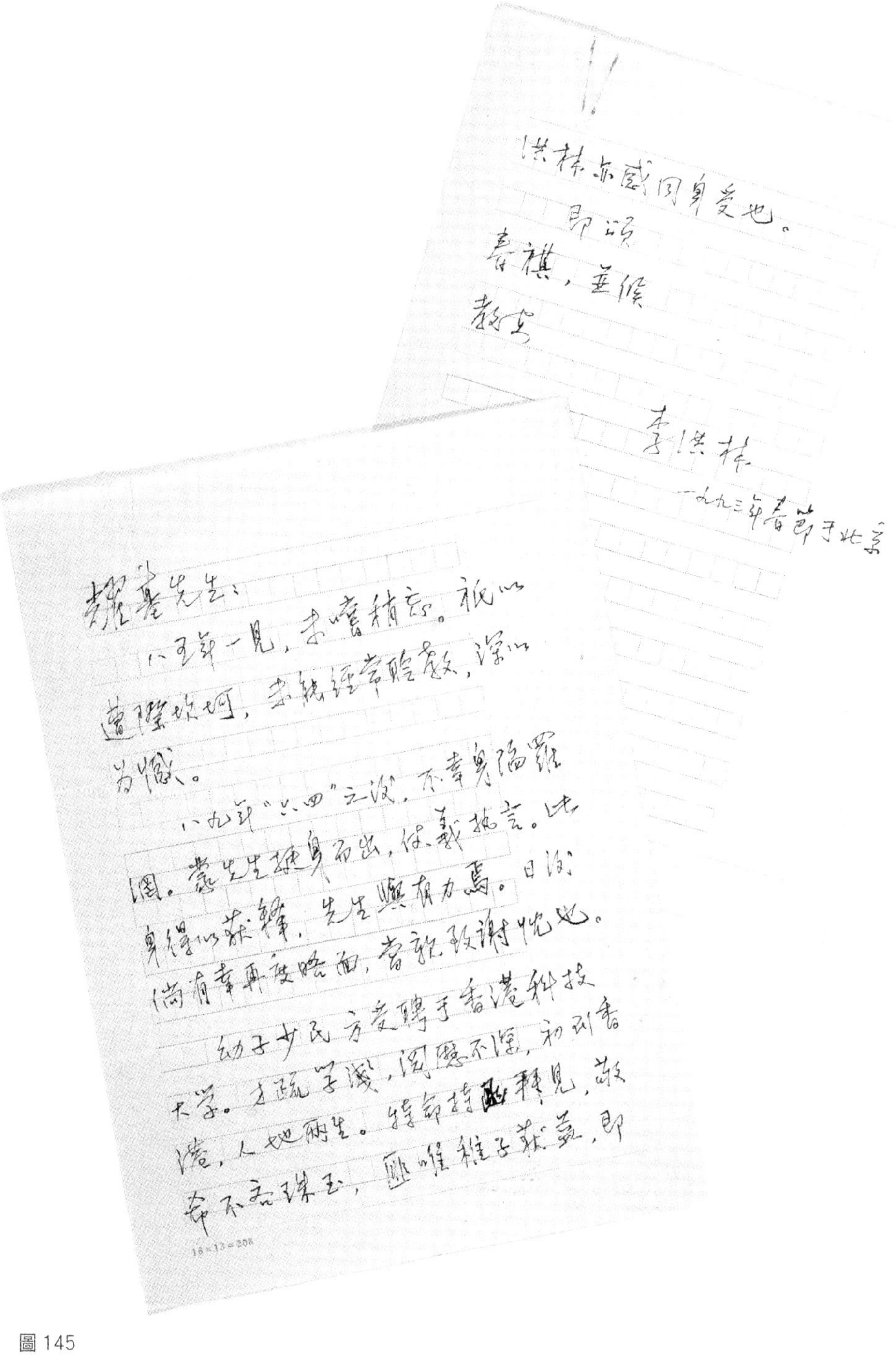

耀基先生：

八五年一見，未嘗稍忘。祇以遭際坎坷，未能經常聆教，深以為憾。

八九年"六四"之役，不幸身陷羅網。蒙先生挺身而出，仗義執言。此身得以获释，先生與有力焉。日後倘有幸再度晤面，當致謝忱也。

幼子少民方受聘于香港科技大学。才疏学浅，阅歷不深，初到香港，人地两生。特命持函拜見，敬希不吝珠玉，亟唯稚子获益，即

洪林亦感同身受也。

即頌

春祺，並候

教安

李洪林

一九九三年春節于北京

18×13＝208

圖 145

李洪林信

　　我的時（政）論書寫的最大知音非**余紀忠**先生莫屬。余紀忠與王惕吾兩位是七八十年代台灣報業的兩大鉅子，《中國時報》與《聯合報》日銷百萬，在輿論界各領風騷，兩報的副刊，「中時」由高信疆，「聯合」由瘂弦主掌，亦文采煥然，各有千秋。我的散文及一般文化性時論大都分別在兩報副刊發表，只要文章上了兩大報，你就擁有百萬讀者了。至於我的政論文字則更多在「中時」正版與讀者見面，當年報紙不過數大張，我有幾篇長文竟然佔了兩大整版，一次刊完。講到底，全是發行人余紀老對我的政論青眼特加（圖146）。余紀老是大報人，更是一對時代社會有極大

圖 146

余紀忠信（第一封）（頁一）

責任感的書生，他對於國民應走憲政民主的大道是堅信不疑的，蔣經國晚年從威權政治邁向共和民主，余紀老是國民黨內一個重要的聲音和能量。余紀忠先生十分清楚從威權向民主轉型是有困難，甚至有風險的，故他十分關慮政治轉型的安定性，他認為政治的「成長」與政治「安定」是同步而不可分的。余紀忠老成謀國的報人赤心在給我信（圖147）中，流露無遺。我已經答應紀老的女公子余範英董事長（余紀忠文教基金會），將紀老給我的信的原件轉贈紀老的母校（南京大學與東南大學）展藏，余紀老的母校是以這位心存國族之愛的校友為榮的。

（頁二）

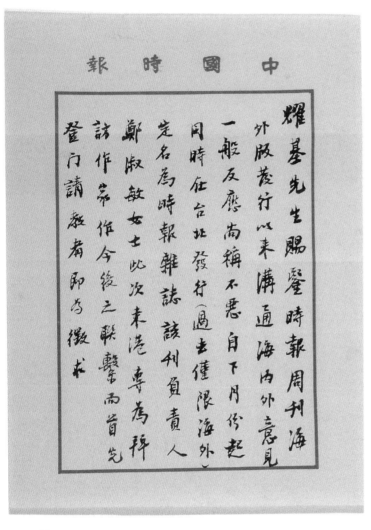

中國時報

耀基先生賜鑒時報周刊海
外版發行以來溝通海內外意見
一般反應尚稱不惡自下月份起
同時在台北發行（過去僅限海外）
定名為時報雜誌該刊負責人
鄭淑敏女士此次來港專為籌
諮作宗旨今後之聯繫而首先
登門請教者即為徵求

報 時

國情者夏之守百不得一至希
有以嚴之弟忙於久疏問候祗
思慕之情與時俱切至希

圖 147

余紀忠信（第二封）（頁一）　　　　　　　　　（頁二）

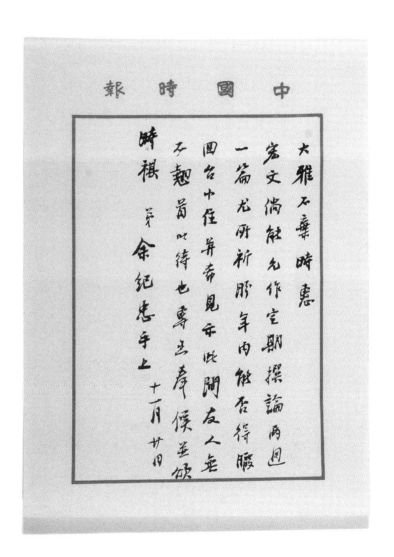

中國時報

大雅不棄　時惠
宏文倘能允作定期撰論兩週
一篇尤所祈盼　明年內能否待賜
圇台中住弟希見示此閒友人無
不翹首以待也尊去候甚頒
時祺
　　弟　余紀忠手上　十月廿日

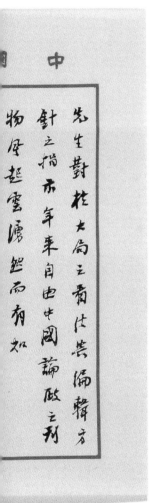

中國

先生對於大局之晉仕無偏聲方
針之揭示年來自由中國論啟之刊
物尾起雲湧綜而有如

（頁三）

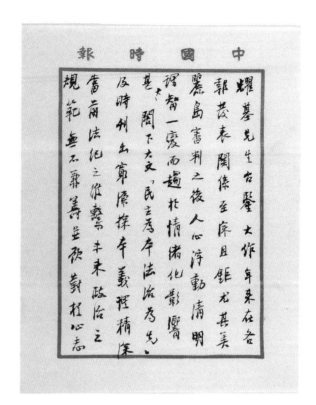

圖148

余紀忠信（第三封）

（頁一）

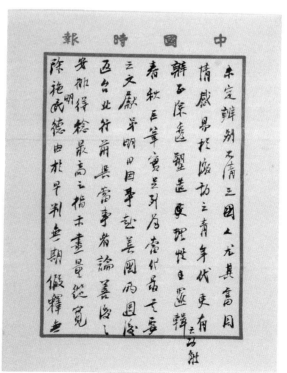

（頁二）

（頁三）

（頁四）

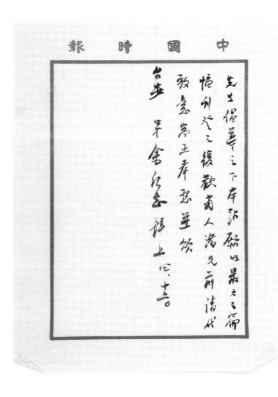

（頁五）

散文書寫

學術書寫是我的志業，散文書寫則是我之所愛。我的散文主要是三本「語絲」：《劍橋語絲》、《海德堡語絲》與《敦煌語絲》。也許還應加上我即將出版的《有緣有幸同斯世》，這是一本我對師友的悼懷之作，是另一種散文書寫。

我的三本「語絲」都是在沒有行政負擔時候寫出來的，劍橋與海德堡兩本語絲是我服務中大卅四年中，兩次長假的產品，《敦煌語絲》則是我退休後問世的。劍橋、海德堡都是寫外國的，《敦煌語絲》則是寫中國的，它是由〈敦煌語絲〉、〈歸去來兮，天台〉及〈最難忘情是山水〉三個長篇組成的。三本「語絲」是我一生書寫中在兩岸三地印行最多，也可能是幾種書寫中最多「同聲相應」知音人的。第一本一九七六年《劍橋語絲》出版後，先後得業師王雲五、父親、美學老人朱光潛的讚許肯定，而我最早見到的則是文船山的一篇長文，認為我劍橋一書「寫得有詩意，又有歷史感，有文學的神韻」。他似乎在說，此書已寫盡劍橋之為劍橋了。後來我知道文船山是我的一位研究生黃載生的筆名，不覺莞爾。載生有文才，在讀社會學碩士前，已出版幾本文學著作，後去了美國，因數學好，又改學電子計算機，並成功進了 IBM，但不數年因心臟病去世，黃載生英年早逝，思之黯然。

一九八五年我出版了第二本散文集《海德堡語絲》。中大文學系的**梁佳蘿**（錫華）教授在一個學術會議上發表了〈金耀基：海德堡語絲〉的評論，他說此書「有文士德性，哲人頭腦，且有行政高才的社會學家……往往給讀者以啟迪，又豈只是松風明月，石上清泉而已」。他在論文結尾

上說：「處在宏麗的文學殿堂，金氏書的金光無疑會長期閃亮於遊記文學的一角，即使歲月無情，相信也難把它沖刷掩藏。」佳蘿是徐志摩專家，在比較文學上深有研究，他寫文，心如平鏡，才華洋溢。他的樣子一直是那麼俊秀年輕，誰也看不通他真正的年紀。佳蘿留給我的信（圖149），才知他已從中大退休，之後，他返加拿大，我竟無一言為別，真是遺憾。人生聚散，緣在緣去，思之每感神傷。

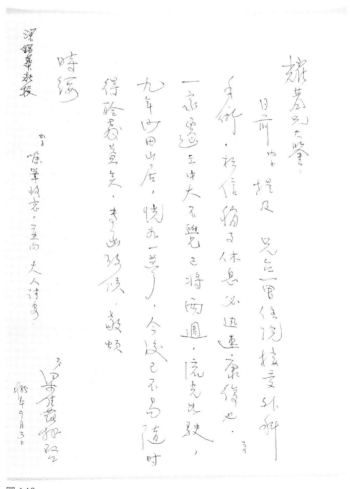

圖 149

梁錫華信

　　梁佳蘿外，令我常多懷念的是**蔡思果**先生。蔡思果，原名濯堂，當年中大有宋淇、余光中、梁佳蘿、蔡思果等一批文學界名士，齊聚沙田，真是「八方風雨會中州」（康有為句）。思果老兄是翻譯界前輩，他譯的《大衛‧考勃菲爾》（舊譯《塊肉餘生錄》）上下二大冊，譯林拜手推美，視為譯事之典範。思果長我我十七歲，是長輩，亦是友人，屬「師友輩」，曾是《讀者文摘》中文版編輯，聲名早籍，他曾說：「譯老英文最難，像攀登景陽崗，老虎多，風險大，要有武松的體魄，才不會送命。」思果老兄本身不算壯健，但他在譯事上精通十八般武器，絕對有打虎英雄武松的本事。其實，蔡思果不止翻譯好，散文更好，有　回，他送我一本新出的散文集（遺憾找不着了），我一看入迷，不能釋手，對他從容不迫，充滿機趣的筆調甚為心折，我對妻元禎說：「蔡思果的散文了不起，可讀、耐讀。」我覺得他的散文最有英國老派英文的風韻。他給我的信（圖150）是九二年他從中大退休返美後寫的，他稱許我的散文「文字精妙，思想高超，信為傳世之作」，原來他在中大時，我們彼此已是相知相重，但當時見面，交淡如水，從未有信中這般說話。自古有言「見信如面」，實則見面恐有不如見信者。我從思果老兄信中，也才知他還是一位書法高手，甚至他的鋼筆字已寫出米元章的書趣。

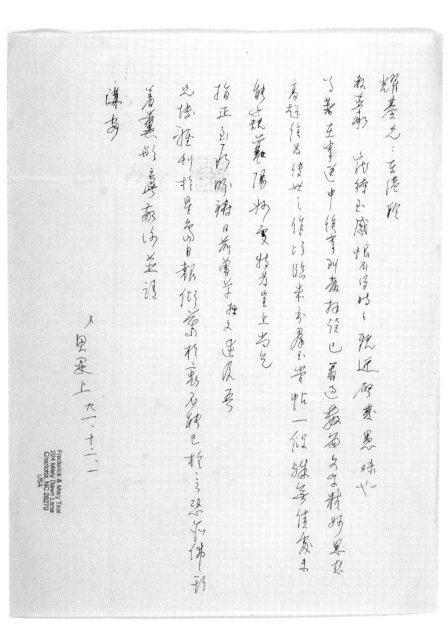

圖 150

蔡思果信

　　梁佳蘿、蔡思果之外，令我感動心動的知音，應該**張佛千**老先生了。
張佛老給我第一封信（圖151）說出了他對我《劍橋語絲》的醉心，他說：
「你寫劍橋，文章好到使我不想親身去看劍橋，而願意『讀遊』……從來
沒有一個人的筆下能有這樣使人『讀遊』的魔力……尤其是最近讀到〈是
那一片古趣的聯想〉，美到每一句都是詩！」說實話，我讀到張佛千這樣
的名士的如此讚賞，我是有些醉意的。

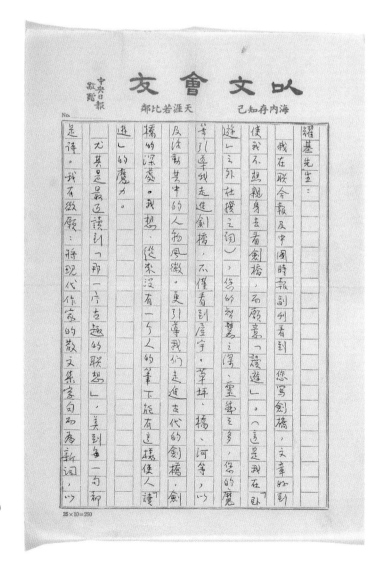

圖151
張佛千信（第一封）
（頁一）

　　張佛千先生後來我們見過面，不用說，是一次非常愉快的歡聚。張佛老早年曾任台灣新聞處長，退休前做過陸軍總司令部政治部主任。張佛老雖常年在軍中，但他是位百分百的雅人。他的居處，室名「九萬里堂」，是張大千的題匾，書房「愛晚書屋」是錢穆的手筆。他來往唱和的是大千居士、莊嚴、臺靜農、江兆申、王壯為等書藝名家。

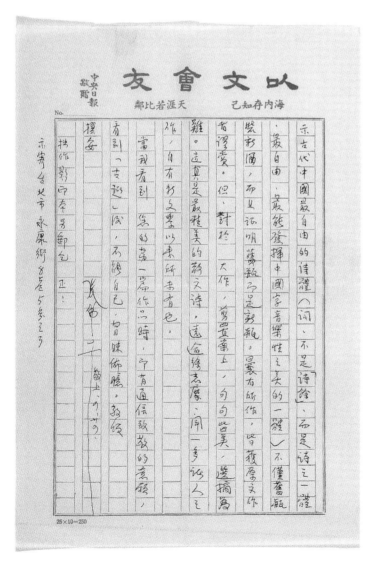

（頁二）

張佛老最大興趣，也是最大本事是作聯，是位楹聯家，人稱「台灣聯聖」。他有題聯：

直以友朋為性命

多以翰墨結因緣

他贈啟功聯：

中國字萬歲

一支筆千秋

張佛老給我的第二封信（圖152），他說古人會友多贈人以詩，他則贈人以聯。第三封信（圖153）則知他用了「耀基」及妻「元禎」二人的名字製成一聯：

「耀」往廣遠　「元」為善長

「基」宇宏邈　「禎」乃正貞

真是難為他了，心中感激不已。他告訴我，他會請名家題書此聯寄來我香港寓所。一看之下，大喜之至，原來書題張佛老所作妙聯者竟是大書法家臺靜農先生（圖154）。

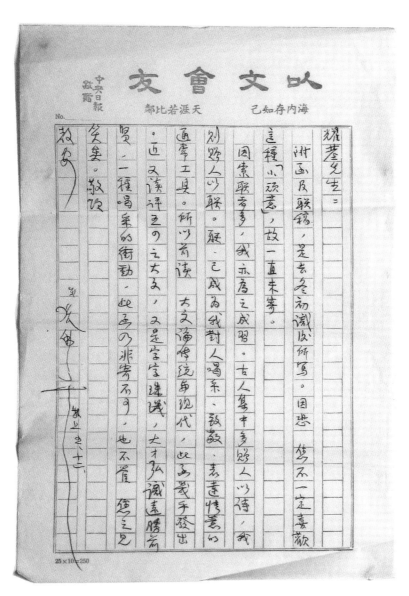

圖152

張佛千信（第二封）

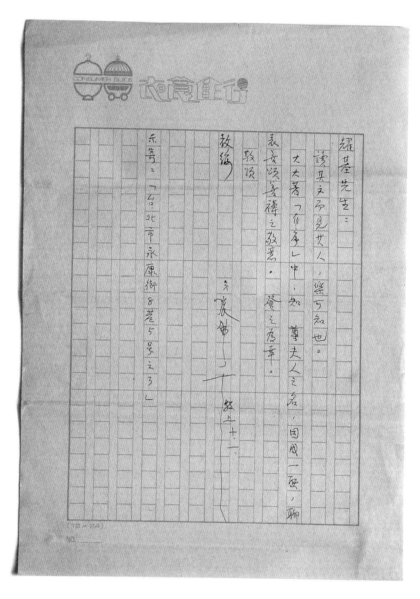

耀基先生：

讀其文，不見其人，樂可知也。

大大著「介庵」中，知尊夫人之名，因成一函，聊

表芻蕘奉祿之敬意，簽之賡章。

敬頌

教綏

　　　　　張佛千　拜上　十一

永籌：「台」北市永康街8巷5號之3「L」

圖 153

張佛千信（第三封）

252

圖 154

張佛千對聯　臺靜農書法

　　我的散文書寫受到最大的榮寵，是來自**牟潤孫**老教授的。這是我絕對意想不到的。牟潤老給我的信（圖155）中說：「讀大作〈最難忘情是山水〉，為之傾倒，真當代第一文情並茂之作也。」牟潤老讀到《劍橋語絲》後，又說：「兄以社會學家而兼為才氣洋溢之文人，弟年已七十有八，尚首次見之，故佩服之情，殊非言語所能形容。平生不妄許人，亦無所求於先生，諒必不以為弟貢諛辭也。」我環誦至再，雖不無愧汗，但實深感牟潤老是我散文的知己知音。

　　牟潤孫先生，生於一九〇八年，師從大史學家陳垣（援庵），自己亦是史學名家，著有《魏晉以來尚談辯及其影響》、《論儒、釋二家之講經與義疏》等書。牟潤老與嚴耕望先生是錢穆校長當年特從台灣邀請加盟新亞的，他是當年中大錢先生外唯一的歷史學講座教授，我的同事逯耀東、孫國棟皆曾跟他讀過書，遺憾的是，我雖然「看見」過牟潤孫教授，但沒有真正見過面，他寫信給我時，已是望八之齡，退休已多年。牟潤老對我這個後學肯如此推美，又能如此自我謙抑，令我深感老輩學者的襟懷實有不可及者。

＊　　　　＊　　　　＊

　　在我散文書寫的日子裏，**高信疆**是我不能忘懷的一個朋友。我在台灣發表的散文以及文化思想性的時論，多數是在高信疆主持的《中國時報》的副刊上發表的。信疆是把副刊變成報紙最亮眼的版面的第一人。我常說他是位文化企業家。文化人很少有他的企業才能，他點子多，他能把一篇文章、一本書、一個演講，搞得紅紅火火，造成轟動性的社會效果。

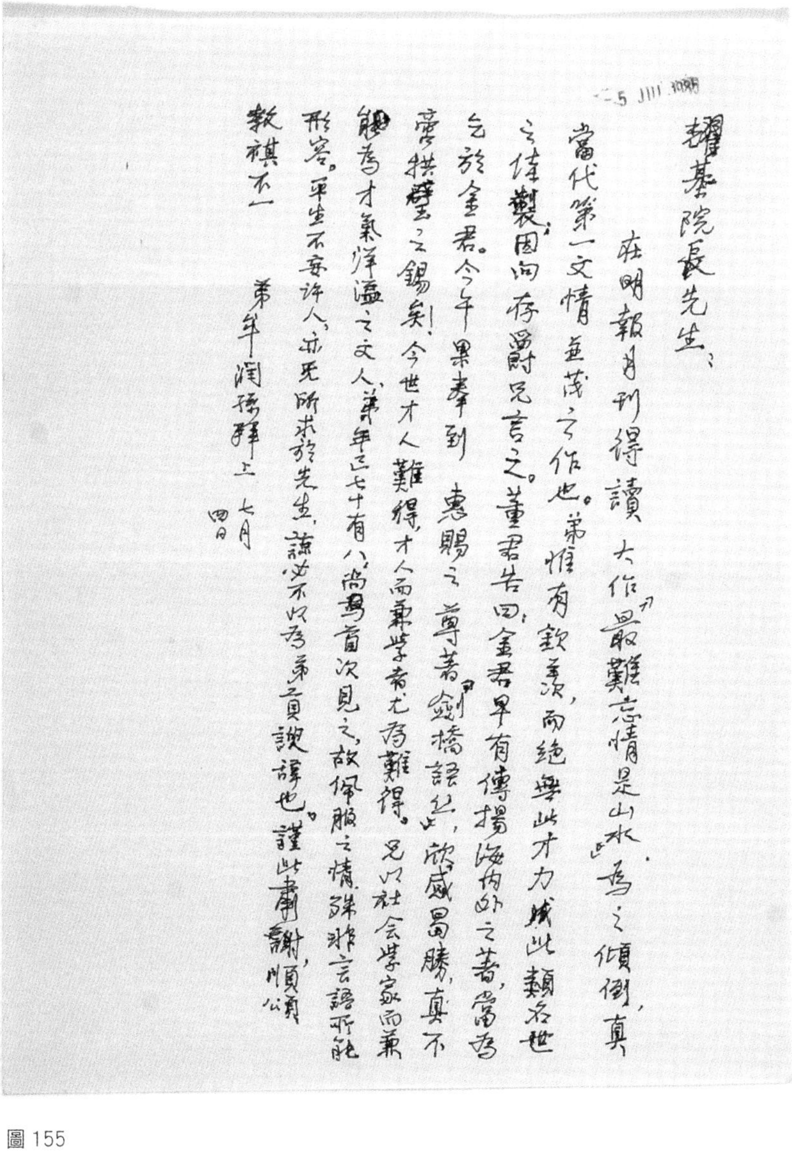

耀基院長先生：

莊明報月刊得讀 大作，最難忘情是山水，為之傾倒，真

當代第一文情並茂之作也。弟惟有欽羨，而絕與此才力，城此類名世

之佳製固向 存尉兄言之。董君告四 金君早有傳揚海內外之著，當為

兌於金君。今千果奉到 惠賜之 尊著劍橋語絲，欣感萬滕，真不

夢拱璧之錫矣！今世才人難得，才人而兼學者尤為難得。兄以社會學家而兼

能為才氣洋溢之文人，弟年已七十有八尚為首次見之，故保腑之情殊非言語所能

形容。平生不妄許人，亦無所求於先生，諒必不以為毛貞謏諛也。謹此奉謝順頌

教祺不一

弟牟潤孫拜上 七月
四日

圖 155

牟潤孫信

信疆歡迎我的文章，甚至還喜歡為我安排演講，有一次在空軍俱樂部，近千人的大講廳擠得滿滿的，我對坐着站着的聽眾說的第一句話是：「你們來錯了地方，我不是鄭少秋。」當然，我收到的是滿堂掌聲。當年鄭少秋演的楚留香紅遍寶島。總之，信疆有本事做大事，世界級的木雕大師朱銘就是他捧出大名的。信疆送我朱銘幾刀雕成的一隻神態活現的小雞，成為

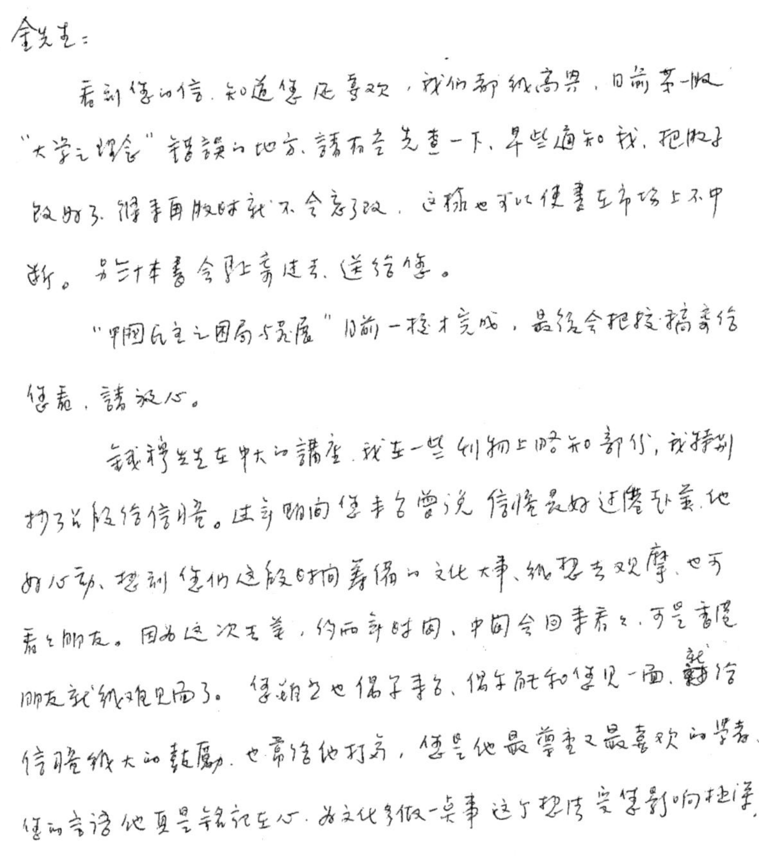

金先生：

看到您的信，知道您很喜欢，我们都很高兴。日前第一版 "大学之理念" 错误的地方，请有空先查一下，早些通知我，把版子改好了，得再再版时就不会忘了改。这样也可以使书在市场上不中断。另一本书今托寄建元，送给您。

"中国民主之困局与发展" 目前一稿才完成，最后会把校稿寄给您看，请放心。

钱穆先生在中大的讲座，我在一些刊物上略知部份，我特别抄了几段给信疆看。他生前时向信疆多次说信疆最好还能去看他，他好心动，想到你们这段时向筹备的诸大事、纸忙去观摩，也可看老朋友。因为这次生意，约两年时向，中向会回来看看，可是言犹在耳朋友就纸頁见面了。信疆也很孝顺，很年轻和您见一面，能给信疆很大的鼓励，也常给他打气，您是他最尊重又最喜欢的学者，您的言语他更是铭记在心。为文化多做一点事，这个热情会是影响柱疆

圖 156

高信疆妻柯元馨信

256

了我與他多年友情的紀念（我曾在《讀者文摘》寫過一篇朱銘木雕小雞的短文）。信疆有文思文才，但卻很懶動筆，他與我聯絡，從不寫信，都用電話，那時候，長途電話奇貴，但他每次打電話到香港，一談就是十分鐘。我收有唯一高信疆的信，不是信疆寫的，是信疆愛妻也是信疆事業伙伴柯元馨寫的（圖156）。這封信自然勾起了我與信疆那段火紅的歲月。

这次出国好些误是事西，是对的，他也会好的地势加。

支前如忙得很，许多朋友都是隔一岁两年不罕轻，後事要、就是林宗之颂之，一直到上飛机为此。信疆心想童恩去不啣，行前名打了电話给復，童也才能如願，特别嘱我要写信向您报告，临人已至陌地生，成功康辛，住的地方还稳定下，一切都有了安顿，还没冷在接连繫，弄好了，他会给您写信。

       謝之健
           敬礼
              编祝
                 晚元馨 敬上 4/22

復对献讶的讚美，他很感谢，希望"陶的之之图向5卷展"能有更好的封面设计出来不好。

《中國時報》的副刊主編高信疆最懶動筆，《聯合報》副刊主編大詩人**瘂弦**就不吝給作者寫信。瘂弦兄收到我的文章，就會親筆賜我手書，這裏刊出的信，透露了一個小秘密，外傳「中副」與「聯副」之間向作者爭稿的事，未必是真，瘂弦與信疆兩個大主編原來是「小同鄉，好朋友」。

瘂弦先生原名王慶麟，是現代詩大家，他青年從軍，隨軍來台灣時是通訊連的上等兵，他以一本詩集，震動詩壇。五十年代初，他創辦「創世紀」詩社，與洛夫、張默並稱創世紀的鐵三角。六十年代，台灣詩壇三分

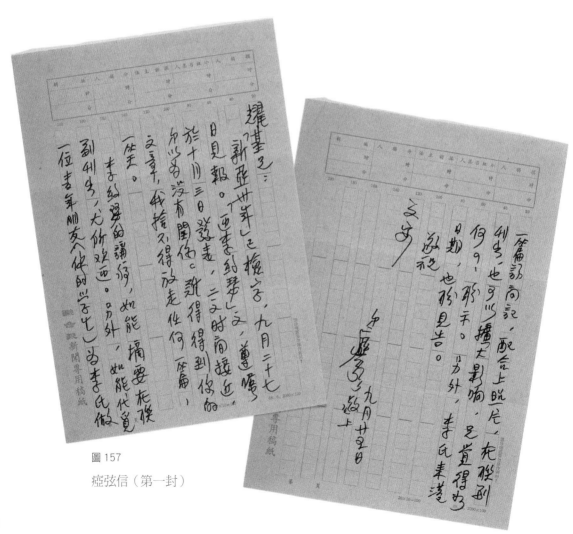

圖 157

瘂弦信（第一封）

天下。創世紀詩社與紀弦的現代詩社、余光中的藍星詩社鼎足而立，各領風騷。紀弦是我的老師，余光中是我中大的同事朋友，瘂弦我只有幾面緣，他給我的印象是一個有氣度、有學養，有才氣的詩人編輯。他對我的文章有點偏愛，說「捨不得放走任何一篇」（圖157、158）。我倒覺得他是最懂得好文章的好編輯，一笑。一轉眼，此信已近四十年矣，紀弦、余光中、洛夫都已仙遊，今日的詩壇，瘂弦老兄已是最高輩份的老詩翁了。

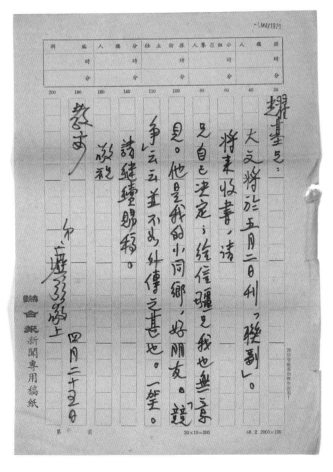

圖158

瘂弦信（第二封）

　　黃維樑先生給我的信（圖 159）是二〇一三年寫的，距我中大退休已九年。維樑與我退休後才多了來往。維樑是中大畢業生，在美國俄亥俄大學獲文學博士學位，後返中大母校執教。在中大時，與余光中、梁佳蘿、黃國彬等多有唱和，有了一個頗成氣候的「沙田文學園」，維樑是最年輕的一員。黃維樑教授因家庭不幸事件離開中大，先後在佛光、澳門、四川等大學教學，交遊益廣。維樑對中國古典文論以及當代中國文學都深有研究，著有《詩學縱橫論》、《香港文學初探》、《文心雕龍：體系與應用》、《壯麗：余光中論》、《文化英雄拜會記》等二十餘種，多產而質美，實難能而可貴，他有的著作將在中國文學史上留名傳遠。爾來，維樑嘗用《文心雕龍》的理論評析我的《劍橋語絲》，頭頭是道，讀之莞然。維樑雖健朗勝昔，亦已近古稀之年，看到他與陳婕母子的合家照，覺得維樑是越活越有人生之樂了。

＊　　＊　　＊

　　科學家喜歡我的散文的頗有人在，但寫信來說喜歡我散文的**吳家瑋**先生是少數的一位。吳家瑋是香港科技大學創校校長（一九八八年），之前，一九八三年他是舊金山加州州立大學的校長，是美國第一位華裔大學校長。家瑋兄是出色的物理學家，又有豐富的學術行政的經驗，由他來創辦香港科技大學，可謂得人。事實上，在他十三年的領導下，平地而起的香港科大成為了一間世界級的大學。這是一個奇跡性的成就，我個人認為吳家瑋是李卓敏創辦香港中大之後，第二位改變了香港的高等教育生態的人。

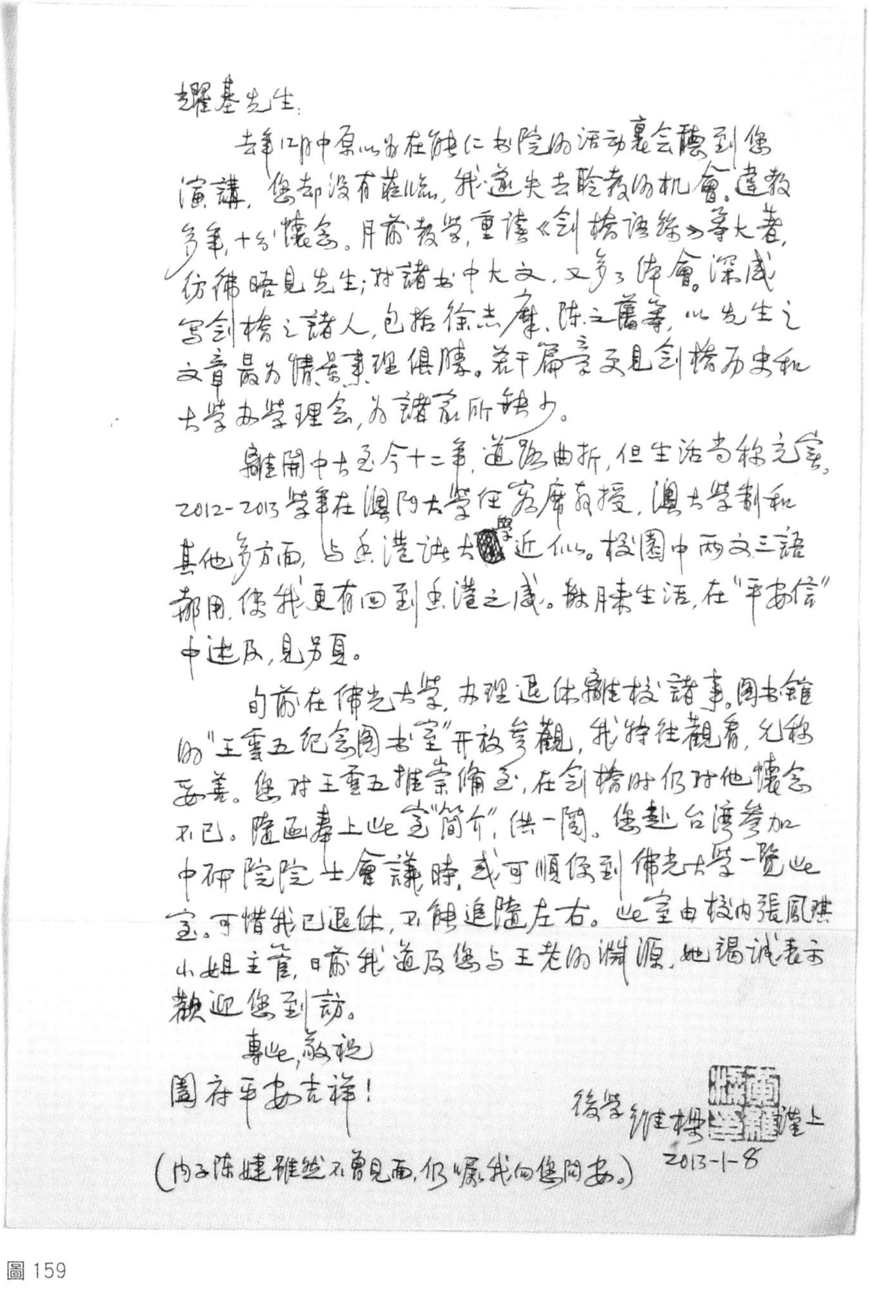

耀基先生：

　　去年12月中原以為在雄仁書院的活動裏会聽到您演講，您却沒有蒞臨，我遂失去聆教的机會，這教多年，仍多懷念。月前教學，重讀《劍橋語絲》等大著，彷彿暗見先生；對諸書中大文，又多了体會，深感寫劍橋之諸人，包括徐志摩，陳之藩等，以先生之文章最為情景事理俱陳，若干篇言及劍橋歷史和大學辦學理念，為諸家所較少。

　　離開中大至今十二年，道路曲折，但生活尚稱充實，2012-2013學年在澳門大學任客座教授，澳大學制和其他多方面，与香港诸大学□近似。校園中兩文三語都用，使我更有回到香港之感。教聘生活，在"平安信"中述及，見另頁。

　　目前在佛光大学，办理退休離校諸事，圖書館的"王雲五紀念圖書室"开放参觀，我特往觀看，以稱盡善。您對王雲五推崇備至，在劍橋時仍對他懷念不已。隨函寄上此室"简介"供一閱。您赴台灣參加中研院院士會議時，或可順便到佛光大学一覽此室。可惜我已退休，不便追陪左右。此室由校內張鳳琪小姐主管，時我道及您与王老的淵源，她謁誠表示歡迎您到訪。

　　專此，敬頌
圖存平安吉祥！

　　　　　　　　　　　　後學 維樑 謹上
　　　　　　　　　　　　　2013-1-8

（内子陳婕維從不曾見面，仍囑我向您問好。）

圖 159

黃維樑信

圖160

金耀基、徐匡迪（原上海市長）、吳家瑋、榮智健

　　同在香港的大學界，我與吳家瑋校長見過幾面，九十年代中期，當時我是中大的副校長，很感意外的，香港科大頒授我榮譽博士學位，與我同獲此殊榮中的一位是中國工程院院士、上海市長徐匡迪先生。

　　九十年代，香港著名企業家霍英東先生成立「霍英東獎金委員會」，家瑋兄是委員兼召集人，我與沈君山，還有幾位大陸名校校長，都是委員。自此，我們在香港或南沙有定期的集會。有家瑋兄做召集人，每次開會都十分有效率、有效能，當然也十分愉快。我對他的通達，善言與識見都留有深刻印象。二〇〇六年，霍英東先生去世，「霍英東獎金委員會」也停了，我與吳家瑋先生已多年未見面。爾來，「港灣區」的討論高唱入雲，我不禁想起了吳家瑋，他是提出港灣區這個概念最早之人。

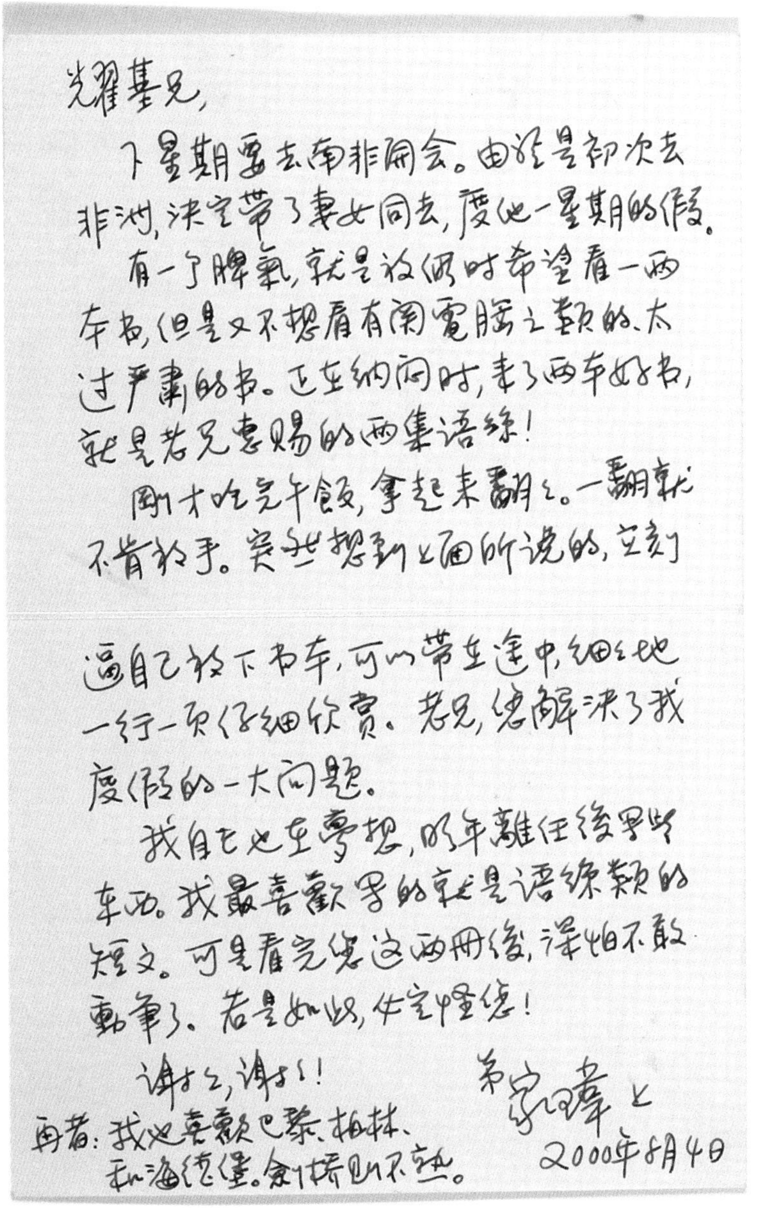

耀基兄，

　　下星期要去南非開会。由於是初次去非洲，決定带了妻女同去，度他一星期的假。

　　有一了脾氣，就是放假时希望看一兩本书，但是又不想看有関電腦之類的、太过严肅的书。正在纳闷时，来了兩本好书，就是若兄惠赐的兩集语绿！

　　剛才吃完午飯，拿起来翻之。一翻就不肯放手。突然想到上面所说的，立刻

　　逼自己放下书本，可以带在途中，细细地一行一頁仔細欣赏。若兄，您解决了我度假的一大问题。

　　我自己也在夢想，明年離任後写些東西。我最喜歡写的就是语绿類的短文。可是看完兒這兩册後，渾怕不敢動筆了。若是如此，失望煙续！

　　谢謝，谢謝！

弟家瑋上
2000年8月4日

再者：我也喜歡巴黎、柏林、和海德堡。舍拾恐則不远。

圖 161

吳家瑋信

　　二〇〇二年我就任香港中文大學第五任校長時，收到的最珍貴的禮物是國學大師**饒宗頤**先生的巨幅對聯（圖 163），聯語是「譚笑開文運，語絲傳法言」。

　　這幅篆棣兼使的對聯是這位大書法家「人書俱老」的極品，我當然喜歡不已，因為覺得太珍貴，當時就轉贈給中大博物館收藏了。這幅對聯令我更感驚喜的是饒公竟如此高看我的「語絲」。饒公一生與古人、古籍、古琴為伍，想不到他竟也愛看我白話文書寫的散文。「語絲」得饒公之賞識，自是「語絲」之幸。我與饒公之結識始於我新亞院長任內，七十年代後期，新亞的老輩學人，錢穆、唐君毅、牟宗三、徐復觀、牟潤孫等皆已先後退休，饒公是當年院中的「最為老師」。同事咸以「饒公」尊稱之而不名。饒公專志於學，我從不敢煩擾清神，但如有所求，他一定樂於幫持。八十年代初，因新亞有意邀請京都小川環樹來校主講「錢穆講座」，

圖 162

坐者：吳為山、饒宗頤、金耀基、蔡冠傑

圖 163

饒宗頤對聯

我請饒公去日本講學之便為我向小川先生先容，不久就接到饒公的來信（圖 163）。睹信思往，當年饒公應是耳順之年後不久。

　　饒宗頤，號選堂，是學問世界一位百年未必得一見之人，他研究、著述涉及的領域，從甲骨文、楚辭學、目錄學，直到敦煌學，有十三個門類之多，不止於此，饒公更是一多才多藝之人，他精於書畫，卓然成家，又擅詩、文、古琴，實今之古人也。他的傑出成就，受到眾多獎譽，他被法

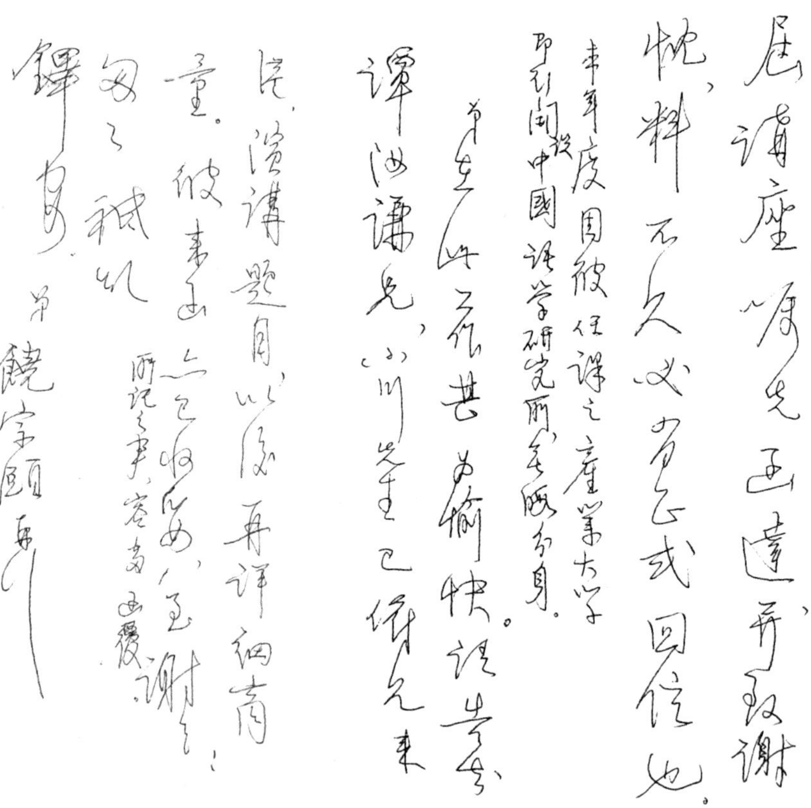

圖 163

饒宗頤信

蘭西學院選為外籍院士，並獲頒「儒蓮獎」，香港更授予大紫金勳章；垂暮之年，又被選為百年第一名社「西泠印社」的社長。饒公在生之年，已有多間饒宗頤學術館、文化館之建立。饒宗頤先生於二〇一八年二月以百歲高齡與世長辭。公祭之日，國家主席、總理、七位常委、中聯辦主任，皆送花籃並致悼辭，香港特首與香港各界逾千人致哀送別。饒公之生，國之寶；饒公之死，國之殤。

　　我誠幸運，愛我散文者多矣；成為我「語絲」知音者亦不在少，但能保持一閱讀距離，冷靜說出我的散文之所以為金氏散文之理由，則唯散文家**董橋**一人也。我讀他〈語絲的語絲〉，看到了董橋筆下金耀基的散文的特有文體。「金體文」是董橋給我的散文加冠的，一九八三年十二月的信（圖 165），董橋第一次詳說了對《劍橋語絲》非常喜歡的理由，一九八五年六月，又對〈最難忘情是山水〉長篇表示了與牟潤孫教授「等量」的評語（圖 166）。一九八五年九月我到海德堡大學做訪問教授，見到第一片落葉，開始寫出到海德堡後的第一篇散文，董橋收到後，就立時鼓催我要寫一本海德堡的「語絲」（圖 167）。真不假，我之後出了第二本散文集：《海德堡語絲》實多因董橋這位《明報月刊》主編的盛意的催促（圖 168）。

　　董橋的書信，封封是文情並茂的美文，我選出其中四信讓讀者共賞，作者得編者如董橋者，實是一福緣。董橋今日是華文世界知名的散文大家，我非常喜歡他的散文，我要回敬董橋，我要說他的散文是「董體文」。董體文是學養與才情的結合，有才情，無學養或有學養，無才情都寫不出「董體文」。董體文最有明清上佳小品文之清、雅韻味，同時也有英國散文情感與理智兼有的氣質與風格，達到情不「淹」理、理不「掩」情的境地。回想起來，我與董橋兄認識已近四十年，我們交往最多的是他任「明月」主編的那段日子，散文之外，我的不少關於香港的時（政）論都是在明月發表的。董橋離開明月，去了蘋果日報後，他忙，我也忙，我們絕少了交往，更無互通書信之樂矣。我偶爾讀到他在蘋果上發表的小品，依然是「董體文」的清雅，依然喜歡，而我自己已沒有了寫散文的時間與心情了。行政工作耗時耗神，我把僅有可支配的時間與精力只用在學術的研究

與書寫上了。直到二〇〇四年，從中大退休，我才有時間與心情寫了幾個散文長篇，但更多的時間是用在我越來越有自得之樂的書法書寫上了。

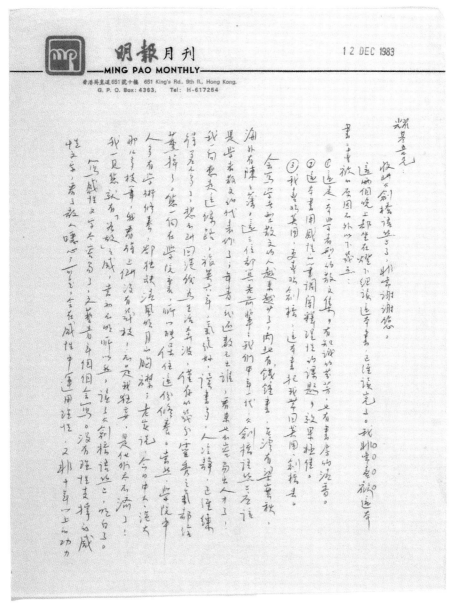

圖 165

董橋信（第一封）（頁一）

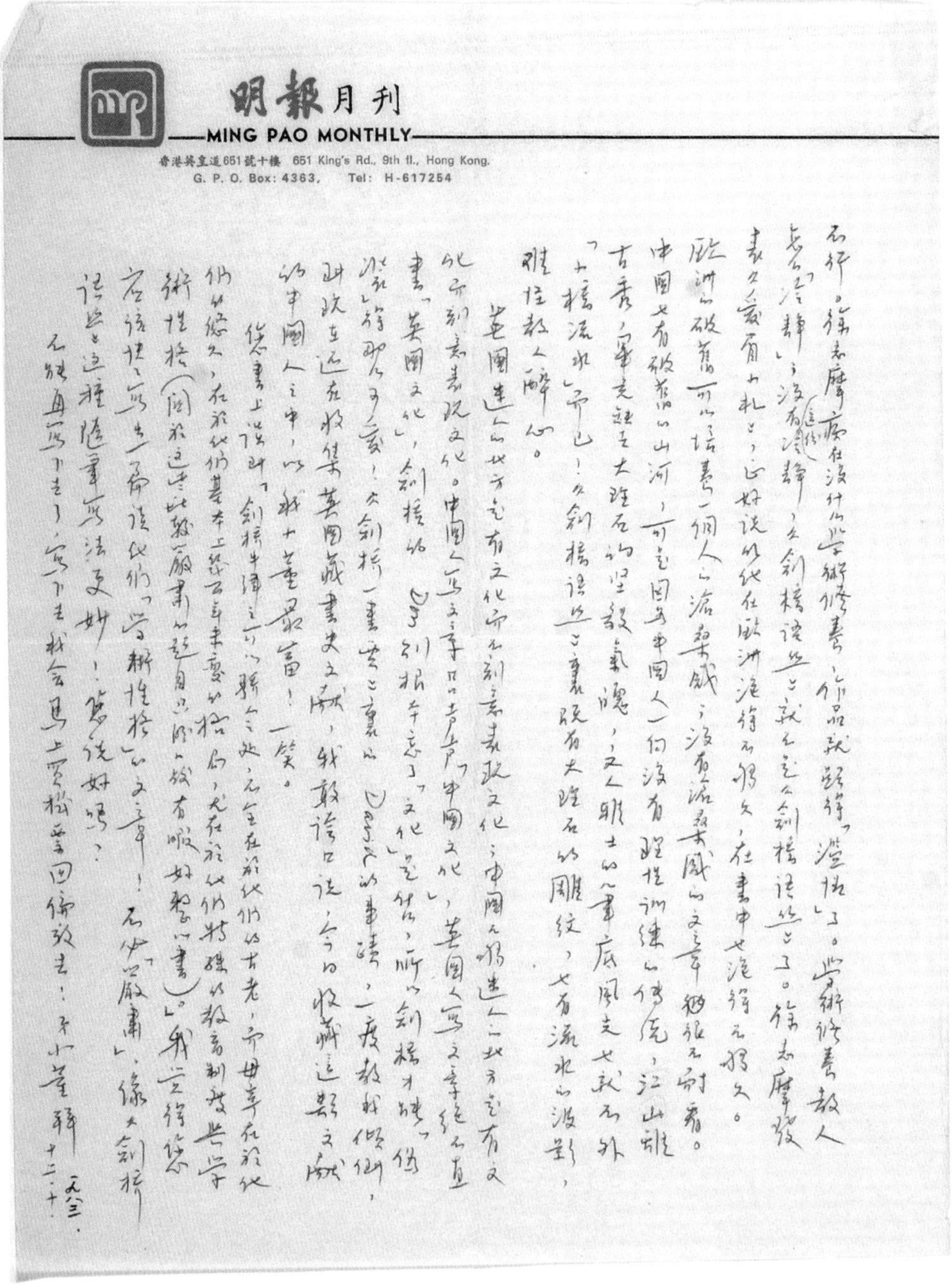

明報月刊
MING PAO MONTHLY
香港英皇道651號十樓　651 King's Rd., 9th fl., Hong Kong.
G. P. O. Box: 4363,　Tel: H-617254

圖 165

董橋信（第一封）（頁二）

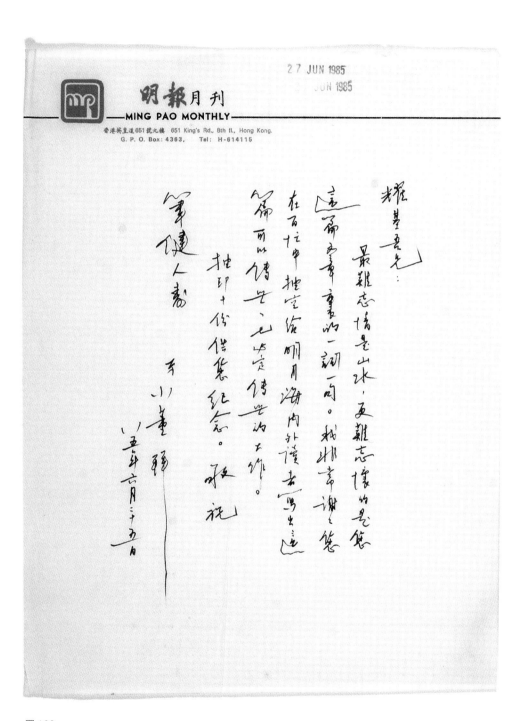

圖 166

董橋信（第二封）

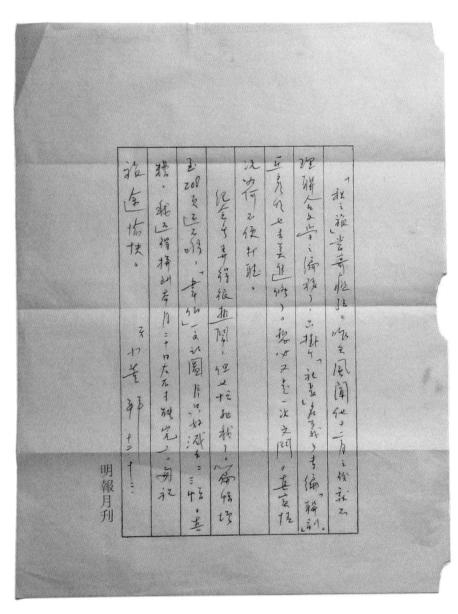

圖 167

董橋信（第三封）（頁一）

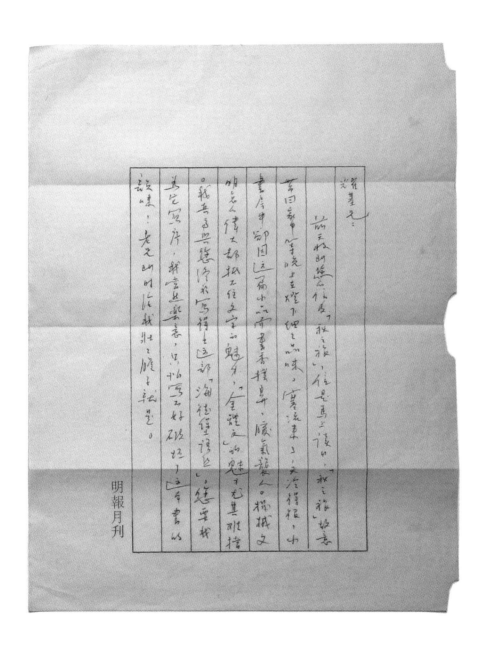

（頁二）

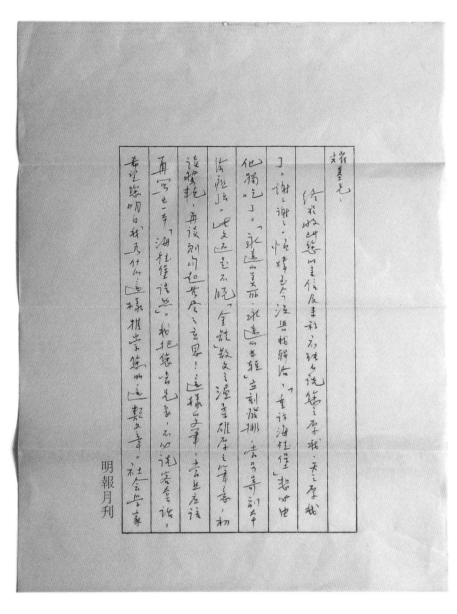

圖 168

董橋信（第四封）（頁一）

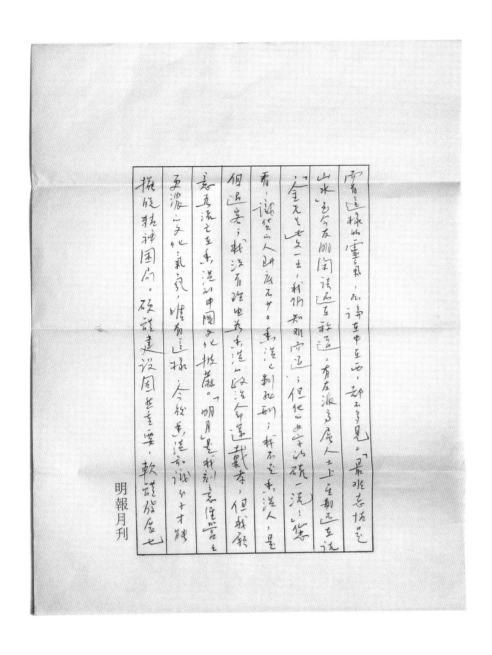

明報月刊

（頁二）

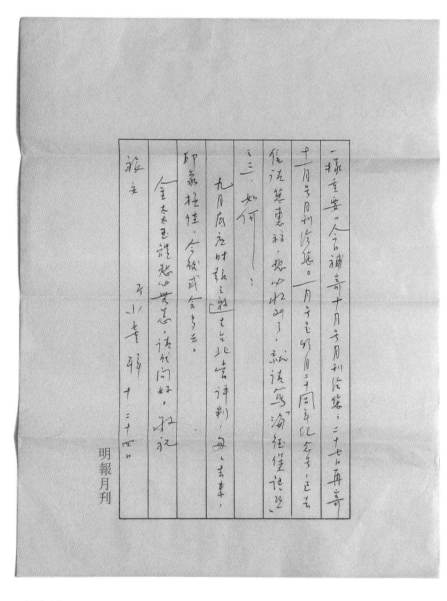

（頁三）

　　潘耀明先生（圖169）於一九九六年接任《明報月刊》主編，我知道他是應「明月」創辦人金庸先生之盛邀才上任的。我與「明月」結緣近半個世紀，自胡菊人任主編起，我就為「明月」寫過幾篇文化和政治的評論。我的《海德堡語絲》十幾篇散文是在董橋主編任內發表的，其後，有一段長時間，我沒有在「明月」寫過東西。二〇〇四年自中大退休後三年，我先後有家鄉天台及沙漠藝都敦煌之行，當我把〈歸去來兮‧天台〉長篇寄給明月的潘耀明先生後，不數日即得到他的來信（圖170）。他對此篇固青眼有加，還說要等我下一篇。信上說：「卅年前劍橋語絲、海德堡語絲已成美文範本，⋯⋯他日如能結集神州語絲，必大放異彩。」盛意拳拳，我又遇上一位散文知音的主編，真是有幸。

圖 161
站者：張國良（左一）、李子玉（左二）、李歐梵（左三）、潘耀明（右二）
坐者：單周堯（左一）、李焯芬（左二）、金耀基（左三）、金庸（左四）、倪匡（右一）

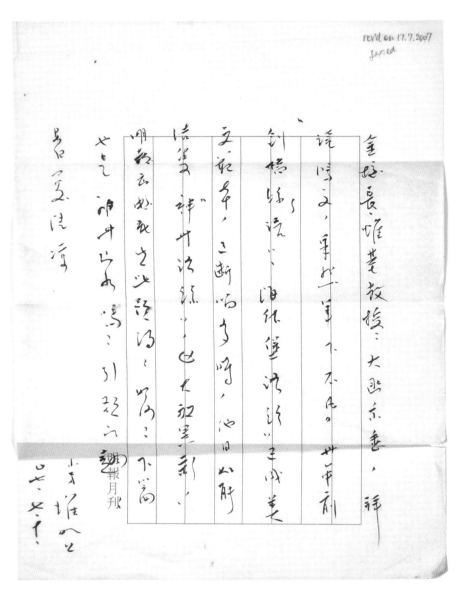

圖 170

潘耀明信

　　潘耀明兄是「明月」主編，又是香港作家協會會長，世界華文文學聯會會長，除了「明月」，還主編幾個學術與文學刊物，他可能是香港文化圈第二個大忙人（可能還有更忙的人）。的確，他把有五十年歷史的「明月」辦得有聲有色，口碑甚盛。黃維樑最喜歡耀明兄每月為「明月」所寫的「卷頭語」，他還寫了一篇長文分析這些「卷頭語」，着實地有一番推讚。「明月」五十周年的特刊，他把我的題辭「自由之思想、獨立之精神」（陳寅恪語）作了「明月」的封面。耀明兄把我的書法隨「明月」送進千戶萬家。耀明是把陳寅恪的兩句話，作為辦「明月」的宗旨的，而他竟然也如此高看我的書法，「明月」主編之厚我，多矣。

書法書寫

　　如果說，我的時（政）論書寫不是件樂事，我的書法書寫則絕對是件樂事。父親自我少年就教我寫字，我的習字回憶是快樂的。的確，毛筆寫字，我覺得是一種享受。遺憾的是，在中大工作卅四年中，我沒有或絕少拿過毛筆，二〇〇四年退休後，我在古稀之年才又重拾少、青年臨帖的翰墨之樂，寫字幾成為我退休生活的中心，每次書寫，一寫就是六、七小時，欲罷不能，「領袖如皂，唇齒常黑」，竟然樂此不疲。誠然，我之所以以書法書寫為樂事，除了書寫本身給我一種快意外，更因我的書法常給我帶來好事、樂事。

我的岳父**陶鼎勳**先生因為看到我的文章，看到我的書法，欣然同意我與他長女的婚事的（當然啦，我岳父早已調查了我的家世、我的學校記錄），這是書法帶給我的第一件好事、樂事。我岳父是留英工程師，是一家私營公司的主持人。早年在資源委員會工作，與孫運璿先生（後曾任台灣行政院院長）等幾位在台灣經濟上有關鍵性貢獻的人都是同事友好。孫老伯還是我與元禎婚禮大宴的總主持哩。岳父做人做事頗有些「西化」，對官場一套不習慣，也不喜歡，但他倒喜歡中國書法，也能寫一手好鋼筆字。我們的關係有時更像是朋友，他是我四個兒子眼中最好的「阿公」（圖171）！岳父在美國去世已三十多年了，如他在世，一定會喜歡我今日的書法。當然，他會更喜歡今日四個孫兒都已成家立業，且都已為人之父了。

圖171
金潤生（金長子）、陶鼎勳（金岳父）、金潤宇（金三子）、
金潤之（金二子）、金潤賓（金幼子）、陶元禎（金妻）

在我退休的歲月中，因書法結緣的有多位相知相悅的朋友。香港中文大學（深圳）校長**徐揚生**，他是香港時期的同事，但去了深圳後，我們才有書法上的交流，他不但是書法家，他還能製造機器人，教機器人寫書法，他也是科學與人文雙修雙美之人。

此外，中大文化所的鄭會欣博士（董浩雲傳記的作者）、武漢商、學兩棲的陳新林博士、浙江寧波的金正飛先生、城大圖書館前館長景祥祜博士、《今日中國》的總編輯謝剛先生、深圳書畫收藏家雷雨先生、廣東順德的民間學者李少魁先生、北京戒煙運動的第一大推手臧英年教授、馬來西亞的名學者鄭赤琰教授、香港能寫一手好詩的蕭壯雄先生、大陸來港自學有成、與我時有砌磋琢磨的書畫家陳興先生，當然，還有我的姐夫唐元欣先生和胞弟外交家金樹基先生，他們都是懂書法，並愛好我書法之人。我的書法是因與他們交流不斷而日有寸進的。

當然，我的書法知己**趙東曉**博士自是十分重要的一位。趙東曉是有六十年歷史的香港書畫名社「集古齋」的總經理，也是香港中華書局的主持人。中華書局百年大慶之年，他出版了我的《是那片古趣的聯想》一書（是我三本語絲的選文集），收入香港散文典藏之列，他更於二〇一七年三月、十月分別在香港與上海舉辦了二場「金耀基八十書法展」（圖172），出版了《金耀基八十書法集》及《金耀基八十書法作品集》（圖173）。在上海書法展中，我還作了一場「我的書寫人生」的演講。說真的，我對二次書法展是十分滿意的。我曾笑言，作為一個現代的書法書寫者，我比古人幸運得太多了。王羲之、顏魯公、蘇東坡，誰一位曾得有過個人的書法展？！

圖 172

文宏武、劉遵義、董建華、金耀基、江宜樺、董橋

攝於金耀基八十書法展

圖 173
《金耀基八十書法集》、
《金耀基八十書法作品集》

　　說到書法展，我特別要感謝兩次為我主禮揭幕的嘉賓好友，香港書（法）展的是：香港前特首董建華先生、中大前校長劉遵義教授、台灣前行政院長江宜樺教授（他是城大的訪問教授）、聯合集團董事長兼總裁文宏武先生、散文家董橋先生。上海書（法）展的是：上海政協副主席徐逸波先生、上海著名書法家周志高先生、中國藝文界名士祝君波先生等。祝君波先生全心為我操持上海書（法）展，辦得如此圓滿成功，真是我書法緣中一「幸緣」也。

　　我書法緣中的另一幸緣是與著名書法家及書法理論家**陳振濂**先生的結識。我因參與主持「香港西泠學堂開班儀式」暨「陳振濂書法藝術展開幕儀式」（圖174），與陳振濂先生會聚的。陳振濂是西泠印社副社長兼秘

圖174

「香港西泠學堂開班
儀式」暨「陳振濂書
法藝術展開幕儀式」

書長，他是中國藝文、篆刻界的領軍人物。我在未曾與斯人見面之前，早已讀過斯人書法理論的文字。我多年來深感自中西文化相接觸以來，新的文學理論、新的繪畫理論，自王國維、徐悲鴻以次，已多有建樹，唯獨中國的新書法理論則相對滯遲。陳振濂是我所見繼梁啟超、宗白華之後，有志在書法理論上有所建樹與開拓的一位當代學者，故我們雖屬初次見面，卻毫無陌生之感。是回第一次見到他以「閱讀書法」為主題的書法展示，實亦是他的書法理論之實踐呈現。陳氏之書法古意盎然，大有漢人竹帛上棟簡的筆趣。看其個別的字，還不能深味其美，大幅成篇的觀讀則自然樸真，滿眼天趣，書香盈室矣。陳氏語我，他的書法意宗米元章，但以我觀之，陳振濂之書法非米顛所能範圍，實盡多有自己面目的大書法家。

退休已十四年了，因我的書法而收到的友人書函，亦值得刊印在斯集，以傳書（信）之故事。

我記得，我與**鄧文正**見面是在廖鐵成先生一次邀約的飯聚上，應在廖創興銀行大樓。牛津出身的廖鐵城是銀行董事，好交學、文界的朋友，有一次鄧文正與我是座上客。鄧文正我不很熟，知道他是香港望族鄧肇堅爵士曾孫，曾留學芝加哥大學，讀科學，深受芝大博雅教育（是早年赫欽士校長所倡導）影響，特別喜歡希臘古典。不知怎的我們談到中國書法，我

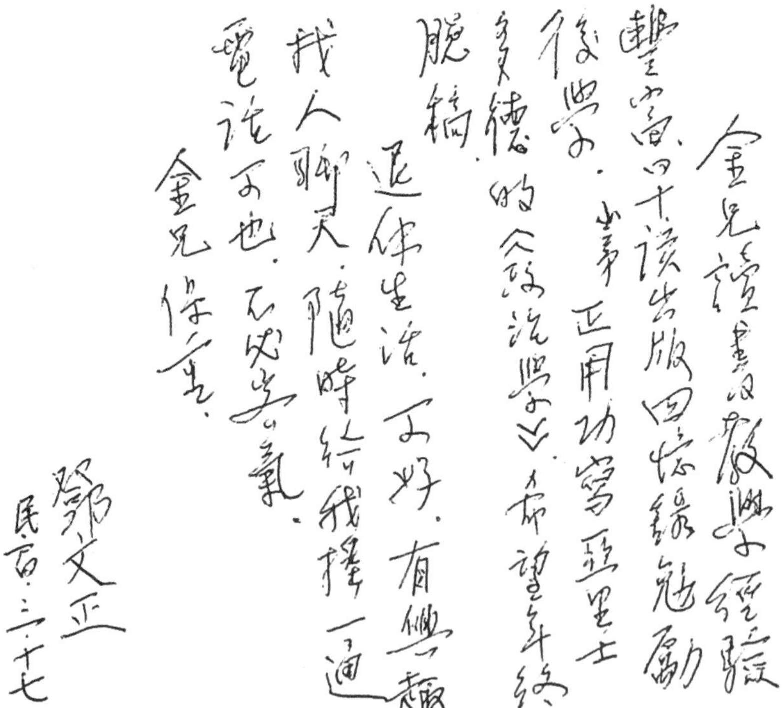
金兄：讀書法教學經驗
豐富，早該出版回憶錄勉勵
後學。小弟正用功寫亞里士
多德的《詩論學》，希望年終
脫稿。
退休生活，不好，有興趣
找人聊天，隨時給我撥一通
電話可也。不必客氣。
金兄保重。
鄧文正
民百．二．十七

圖 175

鄧文正信

忘了因何答應送他我的書法。這裏刊出鄧文正先生的來信（圖 175），是他收到我書法後寫給我的。信中他說四十年前曾讀到我寫的殷海光《中國文化的展望》的書評，文正建議我寫回憶錄，並告訴我他正用功寫亞里斯多德的《政治學》，文正還表示歡迎我隨時找他聊天。真奇怪，我退休後竟忘了找他聊天。這位一直逍遙在大學門外的獨立學者最想做的事是替香港這個「世俗之城」增添一點古典味道。

　　李歐梵先生哈佛榮休後，在香港開始了他第二個教學生涯。歐梵兄先
到港大，再來中大迄今，很為香港人文教育的風景線上增添一道光采。歐
梵是學者，也是才子，他自認喜歡做「浮游」在大學門內門外的「兩棲動
物」。所以，他的聲名也就近播遠揚在大學的門內門外。歐梵台大畢業後，
哈佛獲博士學位，先後在芝加哥、加州柏克萊、普林斯頓、哈佛任教，著
有《鐵屋中的吶喊：魯迅研究》、《上海摩登》等書，九十年代當選中研
院院士。歐梵決心來香港，我看多少是為了廣東籍的愛妻李子玉，我每次
見到歐梵，就見到李子玉，二人總是笑口滿面的。夫妻合寫的《過平常日

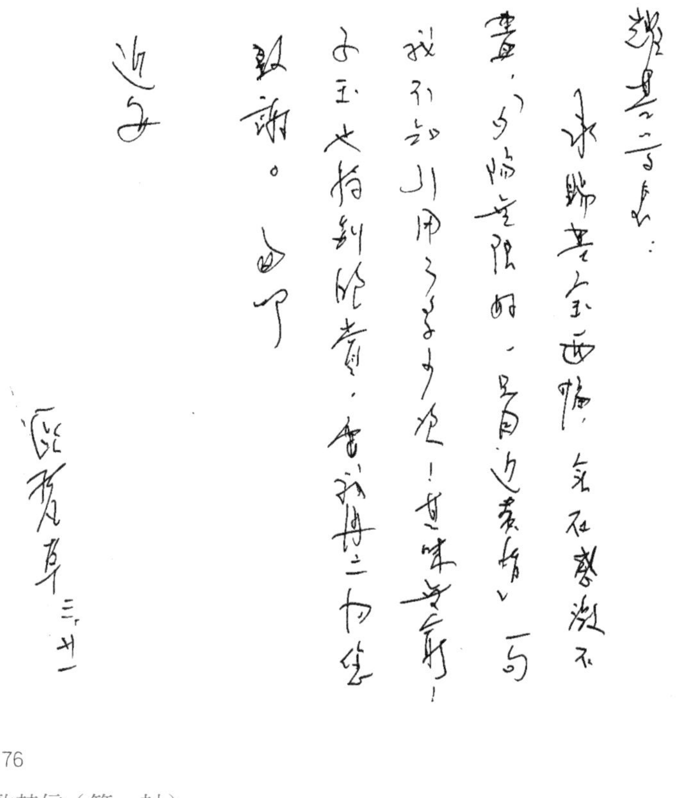

圖 176

李歐梵信（第一封）

子》、《一起看海的日子》及《戀戀浮城》，是他倆愛情的三部曲。歐梵
與子玉結婚時已六十歲，頗有「黃昏戀」的意味，所以他們特別喜歡我改
寫李商隱的詩句「夕陽無限好，只『因』近黃昏」（圖176）。這裏所刊
印的第二信（圖177）是歐梵兄要我為他的《人文六講》（人民大學出版
社）一書題簽。此書暢談小說、電影、音樂、建築並論全球化下人文景象
與危機，是極能顯示歐梵的人文關懷，以及他多方面的人文興趣與修養。
我相信李子玉一定從頭到尾聽過也迷過李歐梵的《人文六講》的。

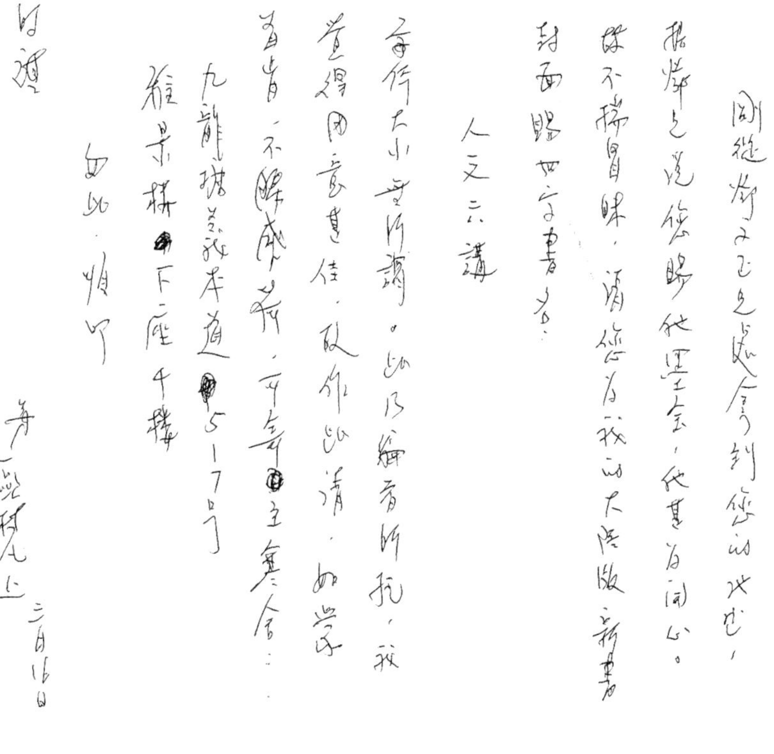

圖177

李歐梵信（第二封）

　　愛好並深諳中國書法和詩詞的科學家有多少我不知，但**鄧大量**院士肯定是一位。鄧大量是美國南加大的地球物理學講座教授，是著名地震學專家。他在台灣絕對是被諮詢最多的人。他說預測地震目前還辦不到，鞏固現有建築是當務之本。每兩年一次的院士會議期間我們總會找時間見面談談，好像他很早就愛好上我的書法。遇逢佳節，我也偶會寫字贈寄遠方的

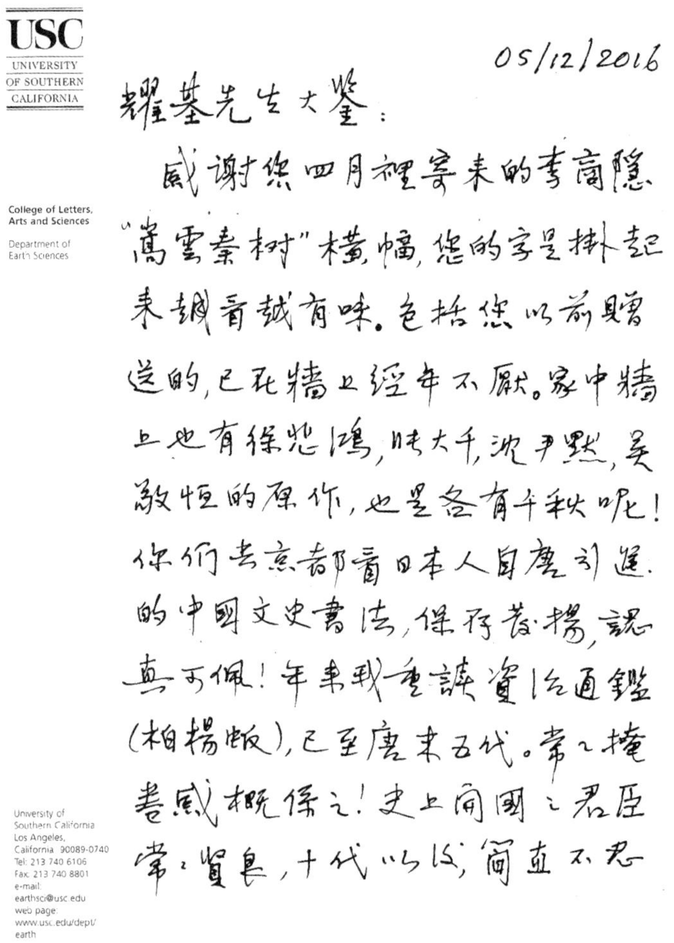

USC
UNIVERSITY
OF SOUTHERN
CALIFORNIA

College of Letters,
Arts and Sciences

Department of
Earth Sciences

University of
Southern California
Los Angeles,
California 90089-0740
Tel: 213 740 6106
Fax: 213 740 8801
e-mail:
earthsci@usc.edu
web page
www.usc.edu/dept/
earth

05/12/2016

耀基先生大鑒：

　感謝您四月裡寄來的李商隱“萬雲秦樹”橫幅，您的字是掛起來越看越有味。包括您以前贈送的，已花精上經年不厭。家中牆上也有徐悲鴻，張大千，沈尹默，吳敬恆的原作，也是各有千秋呢！你们尝京都看日本人自唐引進的中國文史書法，保存荟揚，認真可佩！年來我重讀資治通鑑（柏楊版），已至唐末五代。常^掩卷感概係之！史上同國之君臣常^賢良，十代以以，简直不忍

圖178

鄧大量信

（頁一）

鄧大量，大量兄是書香之家，家裏有徐悲鴻、張大千、沈尹默、吳稚暉等大家的作品，他把我的字與這些大家的書法掛在一起，不能不說是對我書法的情有所鍾。大量兄說看着掛在牆上我的書法，「百看不厭」，又說「愈看愈有味」，我心中暗暗地說：「愛我書者，大量也。」

USC
UNIVERSITY
OF SOUTHERN
CALIFORNIA

College of Letters,
Arts and Sciences

Department of
Earth Sciences

University of
Southern California
Los Angeles,
California 90089-0740
Tel 213 740 6106
Fax 213 740 8801
e-mail
earthsci@usc.edu
web page:
www.usc.edu/dept/
earth

卒讀！宮中荒淫，戰塲上赤地千里，白骨無边。每年都有征戰，每戰亡魂數万。戰果崔報有之，司馬光恐未敢改定或核實。於是史冊上中國人命简直草菅。戰西洋史未读，今夏甚而要向您请益：西洋人也是這麼每年每戰幾万幾万的麼？朝廷上，官署裡推出斬首或滿门掉斬也像家常便飯；人家也是這麼搞法的嗎？我们文明古国必竟也有好大個包袱呢！

　　草此敬祝

　　愉快，

　　　　　鄧大量拜啟

（頁二）

291

　　九十歲的老兵**陳劍光**先生是我近年因書結緣的朋友。「九十歲老兵」是劍光先生自謙之稱，想他昔時定是金戈鐵馬、領兵沙場之人。他與他孫兒陳洲都愛我的書和我的書法。劍光老哥不止喜我書法，還把我的書法讓他的方內方外的朋友賞觀，甚至拿出展覽。我的一幅行楷書寫的「心經」也因他入了賢宗法師住持的千年古剎的「藏經閣」（圖179）。陳洲的書室和蘭苑都有我的題字。我在香港、上海的兩次書展，劍光老哥不能遠行，陳洲都親到展場增興。如果說，他祖孫是我書法的「粉絲」，那麼，我就

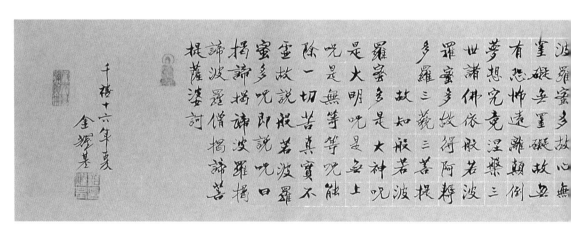

圖179

金耀基行楷書寫的「心經」

是劍光老哥篆刻的粉絲了。劍老的鋼筆字算不得精妙，但他的篆刻卻真的精妙之至。他這大把年記，手力居然刀刀生風，他先後為我製刻了「從傳統到現代」、「一蓑煙兩任平生」、「數點梅花天地心」等多方石章，都是我最愛在書法上用印的。最近他住院一個月，是為了養病，卻刻了「易得一生懶散，難遇半日清閑」一章送我（圖180、181），我當然樂於寫一幅拙字，印上他的新刻，送他老哥指教。我與陳劍光先生的結交應該是晚年的「書」（法）石（章）之緣。

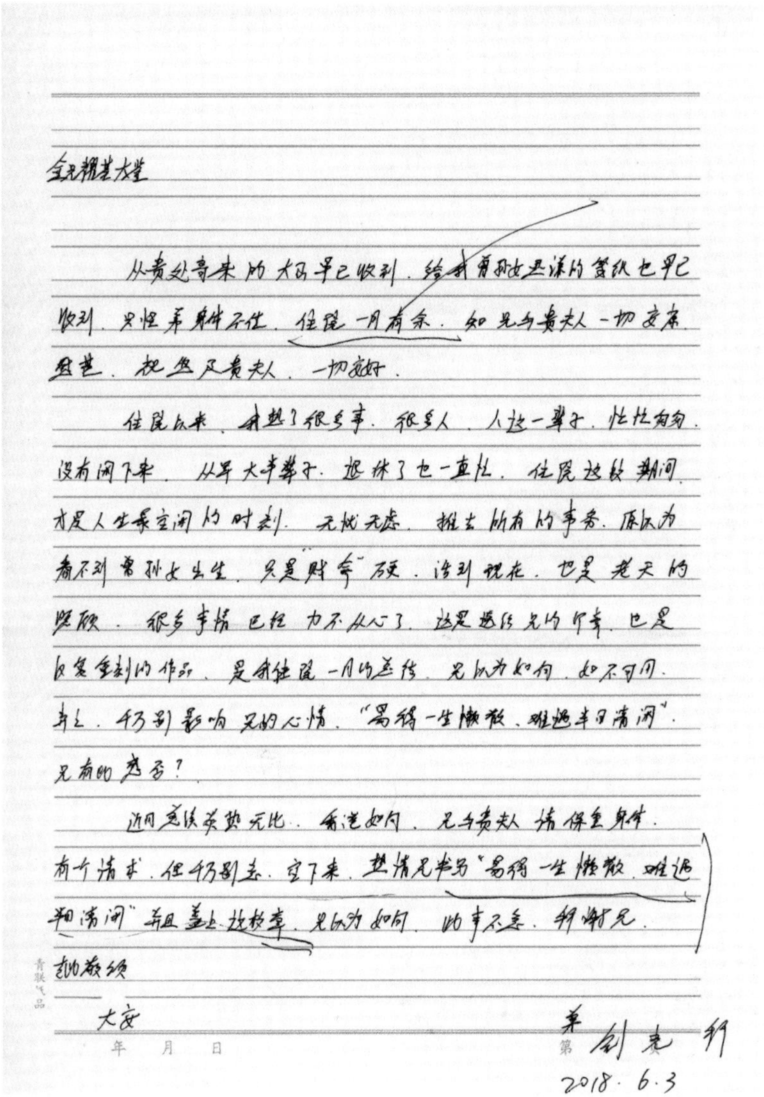

金兄耀基大兄

　　從貴处寄來的大号早已收到。给我胃那女王深的签纸也早已收到。只惜年身体不佳。住院一月有余。知兄与貴夫人一切安康无羔。祝兄及貴夫人。一切安好。

　　住院以来。才想了很多事。很多人。人这一辈子。忙忙匆匆。没有闲下来。从年大毕業才。退休了也一直忙。住院这段期间才是人生最空闲的时刻。无忧无忘。抛去所有的事务。原以为看不到当孙女出生。只是财气硬。论到现在。也是老天的眷顾。很多事情已经力不从心了。这是退伍兄的阵幸。也是自己觉到的作品。是在住院一月的差作。兄以为如何。如不可同。兄之。坏到影响兄的心情。"易将一生懷散。雌把半日清闲"。兄有的意否？

　　近闻兄成绩英勇无比。希望如内。兄与貴夫人。请保全身体。有个请求。住好到去。空了来。共请兄半写"易将一生懷散。雌把半日清闲"。并且盖上校章。兄以为如何。此事不急。却烦兄。

拉敬颂

大安

年　月　日

　　　　　　　　　　　　弟　劍光信

2018．6．3

圖180

陳劍光信

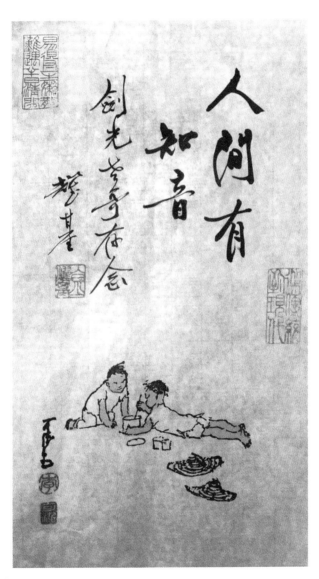

圖 181

金耀基書法　陳劍光印章（圖左上）

四十年前我第一次看到**何懷碩**的水墨畫時，便被畫的境界吸引了。懷碩畫的技法固然高超，而他苦心營構的畫面一幅幅都是有詩意、詩趣的境界。他的畫，不同於傳統的文人畫，沒有隨意即興的筆墨、筆筆皆是凝定、沉甸，有所為而為的，是專業畫家的畫。一開始，我就覺得何懷碩先生是一位有思想的畫家。

我與懷碩結識是在我看過他的畫作之後，所以一見面就談得投契。他一九七八年給我信（圖182），可見他早讀過我的現代化論述，並引為同調。懷碩好學深思，畫畫之外，更喜歡寫作，他的藝術評論為世所重，而對文化、社會、人生也多有精彩論述。他對中國畫之現代化問題思考最多。當年，他甚感傳統之僵化，頗有意作一個開發新思想的中國藝術家。

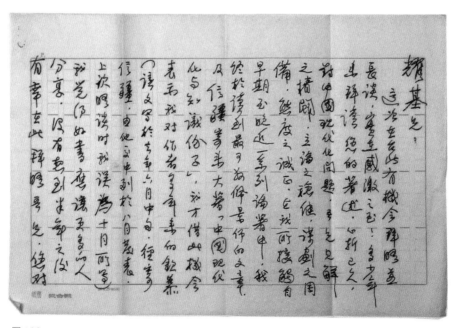

圖182

何懷碩信（第一封）（頁一）

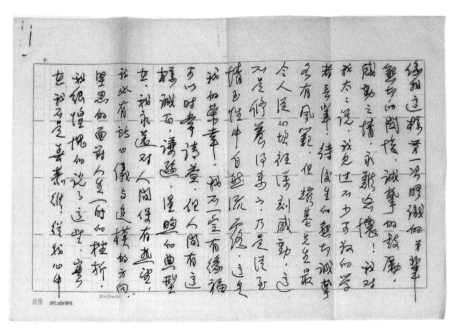

（頁二）

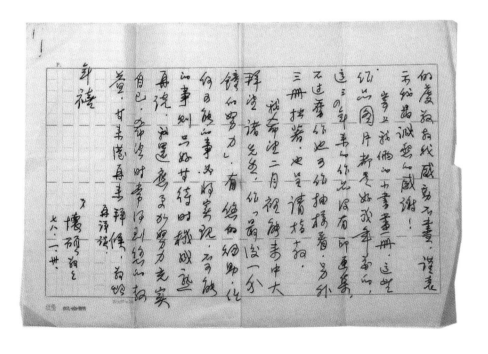

（頁三）

有一點必須一說，懷碩對傳統雖多批判，但對於一味求新、求變，好言西化、現代化而對傳統一無所知，甚至棄之如敝帚者是極不認同的。我為他的《藝術、文學、人生》一書作序，提出「沒有『沒有傳統的現代化』」的論點，他一直視為知音之言（圖183）。懷碩對傳統與現代的理

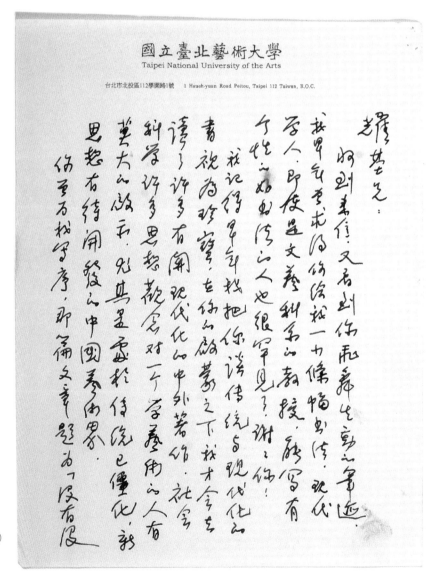

圖183
何懷碩信
（第二封）
（頁一）

性而衡正的藝術觀點與立場，甚至受到以文人畫名世的饒宗頤先生的推重。一九八九年，中文大學出版的大本《饒宗頤書畫集》，饒老還親自書函請何懷碩寫序，可見懷碩在他心中的位置。我喜歡看何懷碩的文章，也喜歡與他談天，但港台一海相隔，每次返台開會，匆匆去，匆匆回，多年

國立臺北藝術大學
Taipei National University of the Arts

台北市北投區112學園路1號　1 Hsueh-yuan Road Peitou, Taipei 112 Taiwan, R.O.C.

（頁二）

來竟未能一到懷碩碧潭書屋暢敘，實遺憾之至。二〇一四年我得懷碩一信（圖184），記起他四十年前就喜歡我送他的一幅字。我要說，懷碩是高看我青年書（法）作的第一位書畫家。今天，四十年後，他要我「再賜墨寶」，我是欣然遵命的。懷碩的畫一流，書法一流，藝評也一流，近年他少作畫，多作書法，書藝更有精進，他贈我的巨幅楷書，絕對是一傑構，但不知懷碩看到我四十年後，八十老人的書法，能入他法眼否？

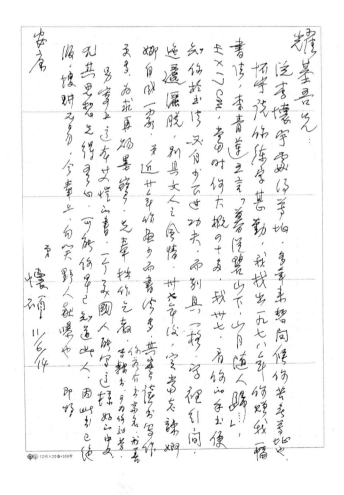

圖 184

何懷碩信（第三封）

　　長北（原名張燕）教授是一位在中國藝術史研究上有出色成就的學者，我認識長北忽忽已五年了。二〇一三年，我應東南大學人文素質教育主持人陸挺博士之邀，第二次到東南講演。陸挺人如其名，挺拔俊秀，有大將之度，他介紹我認識了東南大學多位藝術超卓之士，長北就是那年初次見面的。長北是東南藝術學系榮休教授，謙和善談，一見如故，她贈我一本漆器藝術的專著，和一本講述她人生經歷的《飛出八咏園：問道途中的流年碎影》。回港後，讀了《飛出八咏園》，對她艱辛困苦的治學經歷以及百折不回的奮志上達的精神深深欽佩，於是寫了一幅她自作的「明志」之詩贈她，表達我的敬意。這裏刊出的信（圖185）是長北教授收到我贈書法後寄來的。

　　二〇一四年，我收到了長北的新訂本《中國藝術史綱》及《中國藝術論著導讀》，這是她親身調查二十餘國，多年坐冷板凳閱讀如山古籍的成果。長北這本藝術史綱所論的中國藝術，包括了宮廷藝術、文人藝術、民間藝術、宗教藝術，是對中國藝術全面性的巡視與研究。它是集前人之成就而又有新資料、新見解的開拓性著作。此書之得全國高校人文社科優秀研究成果獎，誠實至名歸。長北與我有緣，我們互贈著作，她對我的書法也特有興趣，去年十月她就從南京到上海出席我的八十書法展，還帶上一通製訂精美的書法長卷，要我在卷首題寫幾句話。她這個長卷有二部分，前面是大書法家沈鵬先生近三十年來寫給她，與她論學的十餘通手札。後面則是我寫她「明志詩」的一幅書法橫披。長北說這是我們三人的「書法緣」。當我受命題寫時，集古齋的趙東曉、施養耀在場，直言是書法佳話。

较勘一页，[illegible]美文"光中为斯"，中国艺术研究院《中华文化画报》今年七期"文化名人"栏目有对我的八页介绍。附上。

东南大学艺术学系

28/8/14

To	Prof King
Fax#	26035238
From	Grace
Phone#	39436606

书本及其他附页现放你桌上. Thx

金先生台鉴：

陆挺先生转来您赠我翰墨一幅，札，又转来您的信和书我明志诗墨宝。我本草民，今天仍埋躬耕于南亩，从不敢存非份之想，岂料学界泰斗您，真的拨冗看了我书，且给我如此之高的评价！您的信、您的跋、您的为人、您的书在我心中播下的金色柔光，将随我到生命结束，我很珍惜，并将永存感激！

我出了一本此生最大、最难的书，调查20余国，坐冷板凳阅读古籍始竟有成。我作为回报的礼物赠送给您，并赠送您的学校图书馆此书一部、自传两本。[illegible]新亚书院为门购藏中文图书，请他们面呈于您，馆长马[illegible]会给我收藏证。另送贵校文物馆一本。此书出版，南京四学校举行了首发并关于我们学的研讨会。今将研讨会综述奉上供一览，请[illegible]评我并著作。敬祝

全府康安！

晚 长北 顿首

地址：南京市四牌楼2号·邮编：210096

2014.7.17.

圖185

長北信

　　到現在我還沒有見過**趙胥**先生，大概他第一次給我寫信應是十年前了。我知道趙胥先生是中央美術學院的一位年輕畫家，年前，收到他寄來《樸廬藏珍——近現代文人學者墨跡選》，才知他也是一位有心思、有聲名的書信收藏家。趙胥讀過我的著作，後來發現我也善書（法），就開始跟我通信的。這裏刊出的是我身邊所存的一信（圖186）。有月日，沒有年份。看了此信，我才憶起趙胥君曾在一小拍上，購得季羨林教授致我的手札一通，據他推測，季老之信被託帶的人留下了，後又流入市場。趙胥買了寄了給我，「完璧歸金」，真感謝他的好意。但真不好意思，我今天也找不到季先生的手札了。我想是因我糊塗疏忽，把它「藏失」了。這使我更相信我要盡快出這本師友書信集了。趙胥此信，也使我憶起，因他之請，為旅美的九十七歲老畫家侯北人的《樸廬讀札圖》作了「跋尾」。侯老的畫很是不凡，九十七歲仍能作這般大畫，真是畫仙了。我祝畫仙共老日月。

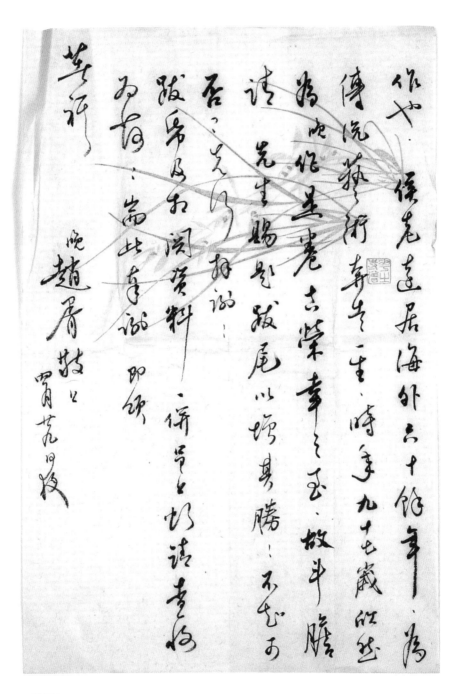

圖 186

趙胥信（頁一）

金先生大鑒：久疏問候 出維起居勝：隆……李……林先生政……先生手

札一通，此函乃晚於小拍上購得，今特寄上

以求完璧璧歸金也：

晚以為此玉畫極好，後便被托帶之，當下了。此參又係大市場，星好鴻晚新的，否則

李老禮貌之畫，使石沉大海了：

晚當為美國候北人先生為晚研作

樸庵這札圖三圖片，此圖片，候老精心之

（頁二）

305

　　我喜歡繪畫，每到巴黎的羅浮宮、紐約的大都會博物館、倫敦的大英博物館、台北與北京的故宮博物館，我不能不看的是繪畫，但我從不曾真正作畫，雖然心中仍不無學畫的衝動，不論如何，我很幸運結交了好幾位畫家，台灣的何懷碩、大陸的晁海是鼎鼎有名的大畫家，香港的李東強、劉欽棟（其夫人呂慧珠是版畫家）是大學教畫的藝術教育家，技法超卓、是具有獨特風格的畫家（圖 187），我的畫家好友中，都是以水墨畫名世，唯一的油畫家好友則是林鳴崗先生。

圖 187

劉欽棟所畫的公雞圖與
金耀基幼孫雋軒的合影

　　林鳴崗先生一九七八年自大陸來港，一九九〇年赴法，在巴黎國立大學美術院深造，常年在羅浮宮臨摹大師之作，旅法二十年。近年返港後，舉辦了幾次油畫的個展與集體展，他是香港油畫研究會主席，大力推動香港藝術的發展，幾次畫展我都欣然應邀出席。鳴崗多次指出香港應該有一流的藝術文化，才能使香港成為名副其實，真正有魅力的國際大城市，我完全同意他的觀點。鳴崗是油畫家，也是藝評家，《油畫家之歌》、《我的藝術觀》、《大道無疆：林鳴崗巴黎談藝錄》，見解夐異凡俗，他是一位極有藝術氣格的藝術家。鳴崗醉心於西方古典主義大師的藝術精髓，對印象派的莫奈，尤為心儀，他在光彩的運用上已由技而進於道矣。有好鳴崗之畫者稱鳴崗為「東方的莫奈」，非虛言也。

　　去歲，林鳴崗遊黃帝陵，默觀千年古柏，久久不能移目。隨即作了多張草稿，歸來取出宣紙，以中國水墨畫手法，縱橫肆恣，畫了十幅彩色巨畫，龍盤虎踞，氣像萬千，前人畫松者多，畫柏者少，鳴崗古柏之畫已有意識地進入中國畫之氣韻世界了。我深以為自徐悲鴻以來，歷來旅法畫壇巨匠，如林風眠、吳冠中，皆是涵泳遊走於中西藝術傳統而自出機杼者，今觀鳴崗之古柏，昂然位序於諸前賢之列矣。鳴崗喜歡我的書法，參觀了我的八十書法展後，在《香港作家》發表了〈人間有味是清歡：淺談金耀基書法藝術〉，發現他不僅知我的書法，對中國詩詞也有上佳的修養。

侯軍先生（圖188）於詩、書、畫、印、茶十分醉愛，並深得各味之妙。他很有點神奇，未讀過大學，卻被請在大學授課。十八歲時已是《天津日報》的記者，二十四歲成為《天津日報》「報告文學專版」的主編。侯軍多年在深圳報界工作，聲名甚隆，首創「學者型記者」之說，他自己所寫的都是學厚才高之作，絕無泛泛之文，著作之多，不及枚舉，《中華文化大觀》的學術篇、《東方既白》的藝術篇、《青鳥賦》的文學篇，皆一一得過大獎。

我認識侯軍這位年輕作者是在一九九七香港主權回歸之年。那時我剛過了耳順，侯軍恐還未到不惑之歲吧。九七年三、四月間，他從深圳來港對我作了二次長時間的訪談，六月完成了一篇二萬六千字的訪談錄，名曰〈世紀回眸：從香港文化看中西文化的衝突與融合〉，他讓我核稿，我

圖188

金耀基、侯軍

一字未動，因自感不能寫得更好。九七後，我們常有往來，也認識了他愛妻李瑾這位才藝了得的女性。事實上，九七年侯軍看到中大校園中我書寫的「見龍閣」三字，他自己謙稱自此便有了到香港的「求書之旅」。二〇〇八年，侯軍致我一信（圖189），他代表深圳有關單位，邀我到深圳「讀書論壇」演講。後來，我去講的題目是〈大學在現代社會的功能〉，我指出深圳在三十年中（二〇〇八年時）已由一漁港成為一座千萬人口的經濟大城市，是個奇跡，但深圳要成為真正國際級的大都會，必須在文化上有相應的發展。當然，我知道深圳早有「文化立市」的豪情，但在學術文化的「基建」上，我認為深圳必須至少要有五間以上一流的大學，因大學在現代社會有太重要的地位與功能了。侯軍當年主持了這個演講會，他是認同我的論點的，其實，他本人對深圳「文化立市」就作了許多貢獻。高興的是，今天深圳除深圳大學外，已多了好幾間大學了。

二〇一七年三月香港集古齋為我舉辦了「金耀基八十書法展」，侯軍欣然與會，他觀看了我百幅書作，熱烈地向我祝賀，又欣欣然回深圳。不久，我收到他三月十七日的信（圖190），知道他已在深圳特區報的《人文天地周刊》發表了〈金體書先睹記〉，未幾，又收到他〈自成一格始逼真〉的大文。這篇極有學理性之文，說出了我的書法之所以為「金體書」的理由。讀畢，不由歡然曰：「侯軍者，非『金體書』知音，其誰乎？」

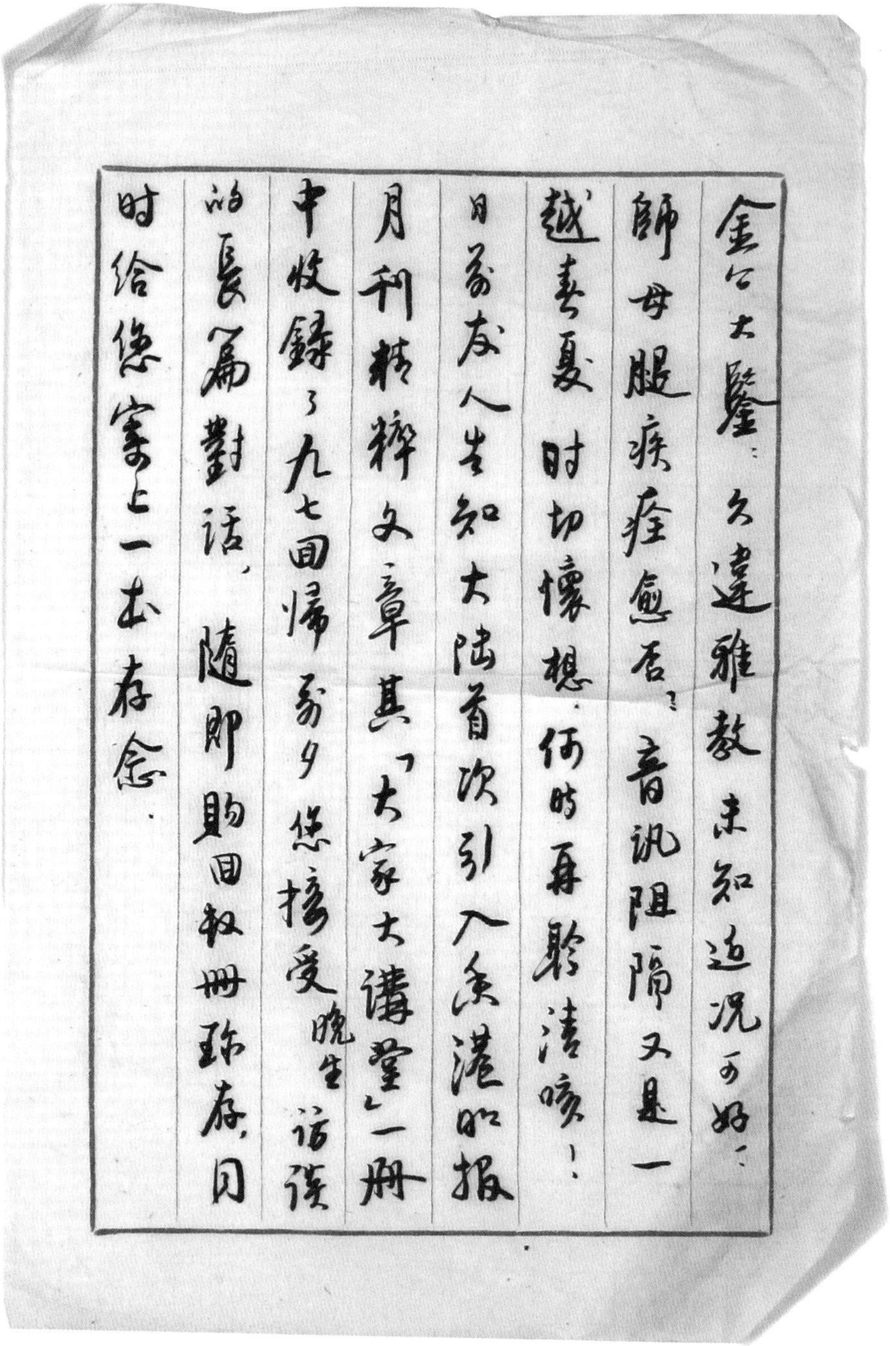

金公大鑒：久違雅教，未知近況可好，師母腿疾痊愈否？音訊阻隔又是一越春夏，時切懷想，何時再聆清誨！

日前友人生知大陸首次引入香港的報月刊精粹文章其一「大家大講堂」一冊中收錄了九七回歸前夕您接受晚生話談的長篇對話，隨即購回數冊嫁在日時給您寄上一本存念。

圖189

侯軍信（第一封）（頁一）

310

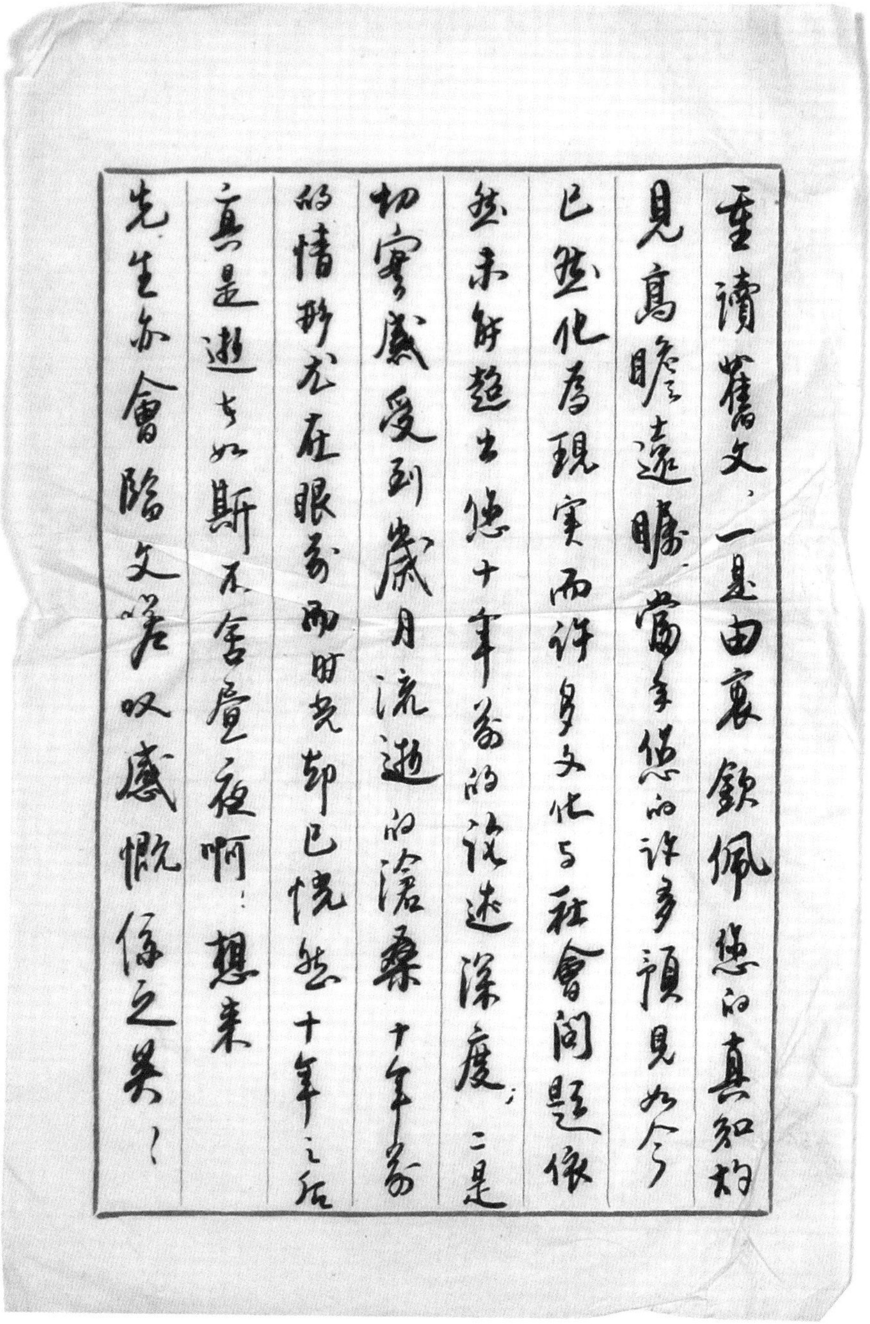

重讀舊文，一是由衷欽佩您的真知灼
見高瞻遠矚，當年您的許多預見如今
已逐化為現實而許多文化與社會問題依
然未解趨至您十年前的論述深度，三是
切實感受到歲月流逝的滄桑，十年前
的情形宛在眼前而明先卻已悦然十年之後
真是逝者如斯不舍晝夜啊！想來
先生亦會臨文嗟嘆感慨係之矣。

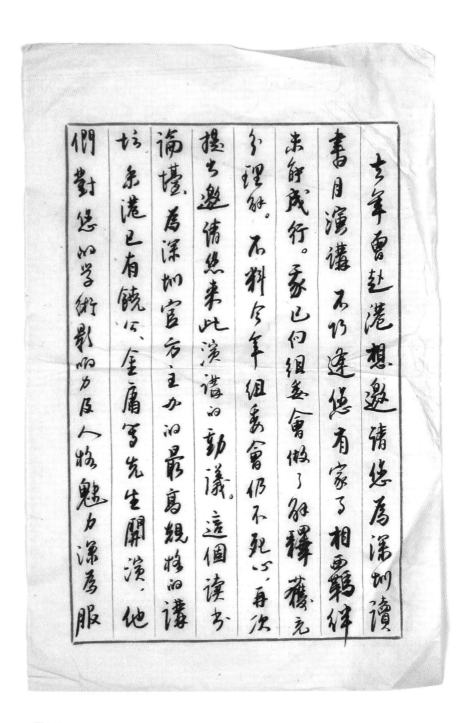

去年曾赴港想邀您為深圳讀
書月演講，不如遂您有家了相要羈絆
未能成行。家已向組委會做了解釋獲允
今理解。不料今年組委會仍不死心、再次
提出邀請您來此演講的動議。這個讀書
論壇，為深圳官方主力的最高規格的講
壇，今東港已有鏡化、金庸等先生開演。他
們對您的學術影响力及人格魅力深為服

圖189

侯軍信（第一封）（頁三）

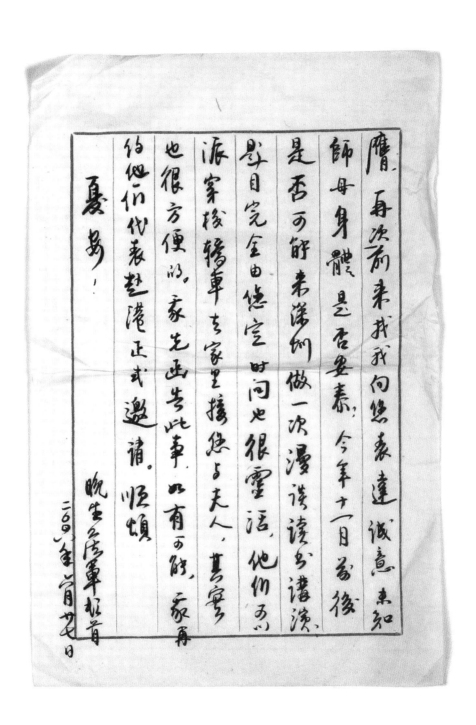

應再次前來我我向您表達誠意。東知

師母身體是否要素，今年十一月前後，

是否可節來洋們做一次漫讃讀書講演，

學目完全由您定時，同也很靈活，他們所以

派家接輔車去家裡接您与夫人，蕡堂

也很方便的，家先函告此事以有可節，家再

給他們代表赴港正式邀請。順頌

夏安！

晚生之盧軍桓首

二〇〇八年四月廿七日

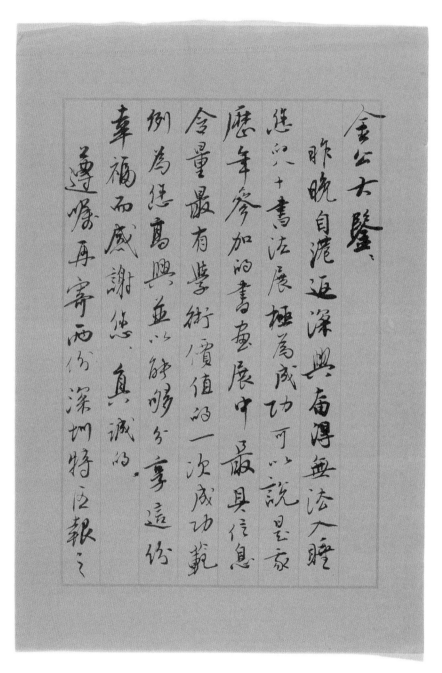

圖190

侯軍信（第二封）（頁一）

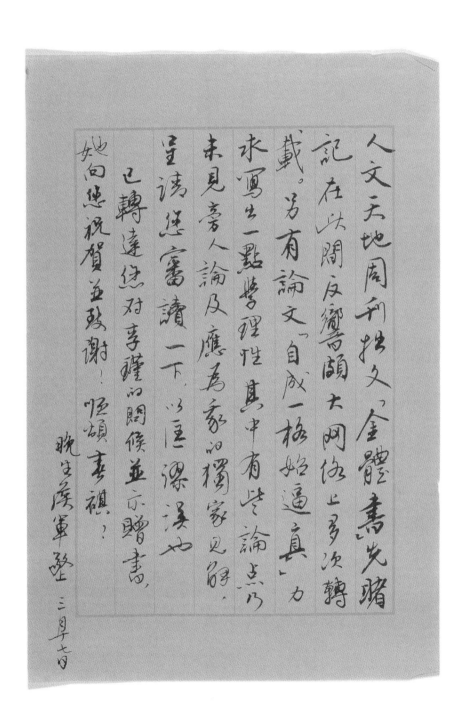

人文天地周刊批文「金體壽光瑞
記在此間反響曾頗大阿倫上多次轉
載。另有論文「自成一格始逼真」力
求寫出一點學理性其中有些論點均
未見書人論及應為一家的獨家見解。
呈請您審讀一下，以匡謬誤也
已轉達您对李瑾的問候並示贈書，
她向您祝賀並致謝！恆頌春祺？

晚生 廣軍塈
三月七日

（頁二）

結語

此集刊印的書信，時間跨度五十年，所收師友的手札，來自兩岸三地與海外，曰：「四地書」，非不宜也。從半百以上的書信中，可看到我在大陸、台灣及香港三地從少年到老年之生活的點點滴滴，也可側面看到我自中學讀書到大學教書及退休後數十年書寫人生的片光吉羽。在這個集子裏，不止是師友的書信，也是我寫師友、我寫我自己，雖是一鱗半爪，不及全貌，也幾乎是我半部的「回憶錄」了。

我必須說的，這裏所寫到的師友僅僅是我留有書信者。今日之世，用書信者愈來愈少，用電話、傳真、手機、電郵者愈來愈多，書信或將有一日再不是人間傳意達情的載體了。正因如此，我這本師友手札的結集出版，意義或更多矣。

古人曰：「見書如面」，書信是一種最有手與心的溫度的書寫。看到手札，便像有如見到書信人的本真。書札含有的情意元素，決非其他書寫或媒介可以比稱，尺素之所以可寶，正因如此。書信的魅力因書之人而有異，有可傳世之人，其書亦必可以傳世，斯集所收，其人其書可以傳之於世者，實亦多矣。於我個人言，我最珍惜的是我的知己、知音的書信。知己者，知我之人；知音者，知我之書寫者。知己實必也是知音，蓋我之生亦書寫之生也。

自古以來，有知音難逢之嘆，劉勰《文心雕龍》之〈知音篇〉有云：

知音者難哉，知實難逢，逢其知音，千載其一乎？！

　　我是幸運之人，我八十年的人生，做人做事，實不少有相知相重的知己。我五十年的書寫，尤不少有同聲相應，嚶嚶求友的知音。知己知音，不必多情，而情在焉。問情是何物？答曰：「情有多種，情之清而貴者，知己知音心中一點靈犀耳。」我生也有幸，一生正多靈犀一點相通之師友。陳寅恪先生感今世解人難得，而有「後世相知或有緣」之寄託。我則有幸，今世所交已多「有緣」之人，不少且成為「相悅相重相知」的師友。

　　何其幸哉！我的一生。
　　故名「金耀基師友書信集」曰**《人間有知音》**。

師友知音索引

（按書中出現先後排序）

人間有知音

金耀基師友書信集

金耀基 著

責任編輯 黎耀強
          吳黎純
裝幀設計 霍明志
排　　版 霍明志
圖片攝影 湯澤謙
          霍明志
印　　務 劉漢舉

出版 中華書局（香港）有限公司
　　　香港北角英皇道四九九號北角工業大廈一樓 B
　　　電話：（852）2137 2338　傳真：（852）2713 8202
　　　電子郵件：info@chunghwabook.com.hk
　　　網址：http://www.chunghwabook.com.hk

發行 香港聯合書刊物流有限公司
　　　香港新界大埔汀麗路三十六號
　　　中華商務印刷大廈三字樓
　　　電話：（852）2150 2100　傳真：（852）2407 3062
　　　電子郵件：info@suplogistics.com.hk

印刷 美雅印刷製本有限公司
　　　香港觀塘榮業街六號海濱工業大廈四樓 A 室

版次 2018 年 7 月初版
　　　©2018 中華書局（香港）有限公司

規格 16 開（248mm×180mm）

ISBN 978-988-8513-69-7（平裝）
　　　978-988-8513-76-5（精裝）

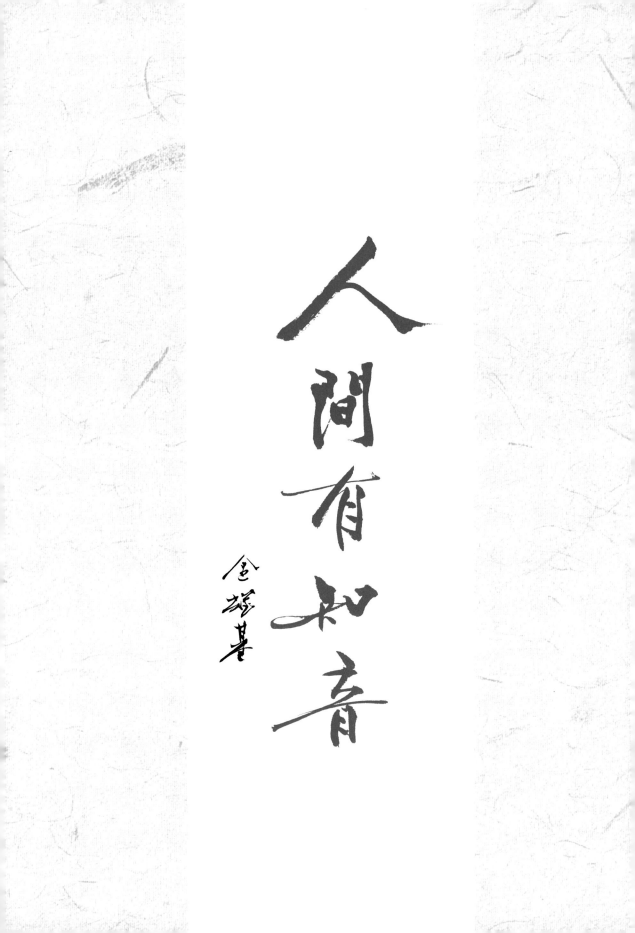

人間有知音

金耀基